天正10年の史料だけが証す本能寺の変の真実

斎藤　忠
Tadashi Saito

JIPPI Compact

実業之日本社

はじめに

先日、定評ある歴史番組で明智光秀を特集していました。大学教授や歴史研究家、作家、心理学者らが光秀について論じていたのですが、番組の半分は本能寺の変についてでした。覚えている限り、彼を扱ったどの番組も同様です。光秀といえば本能寺の変、これに尽きるようです。

番組では、なぜ謀反に走ったのか、その動機について各人が得意分野から彼の経歴や置かれた状況、内面を分析してみせ、議論が百出しましたが、結論は出ませんでした。互いに「永遠の謎ですね」と頷きあって番組は終了となりました。信頼できる直接史料が少ないですね、そう総括されたものです。

江戸時代以来、世に広く通用している説はあれど確固とした定説が成り立たない――、そうした状況をいいことに秀吉黒幕説といった無責任な陰謀論が数多く唱えられている、そう鈴木眞也・藤本正行両氏が著書『信長は謀略で殺されたのか』の中で嘆いています。確かにそうした売らんかなの本、映画、ＴＶドラマが幅をきかせています。

両氏への共鳴に促されたといっていいでしょう。前々からある感触を得ていましたが、誰もやらないなら俺がやる、一から史料を検証し直し、確かな〝事実〟を積み上げて史実を復元してみよう、そう思い立ったのです。

定番史料である『信長公記《しんちょうこうき》』を含め、通説が依って立つのは大半が江戸前期に書かれた二次史料です。歴史研究に不可欠な一次史料としては本能寺の変と同時期の日記や書状がありますが、今日流の事実を正確に伝える姿勢に欠け、情報が断片的で、史実を復元するための主軸史料としてはとても役不足です。ところが幸いなるかな、どうしたわけか従来まともに光を当てられることのなかった文献が二つもあるのです。

双方とも本能寺の変についての特集書で、分量もたっぷり、しかも変の4か月後までに書かれた準一次史料です。不足はありません。欧米流史料批判の手法を駆使すればそうとうに復元できそうだ、いや、やってみせる、そう心に念じたものです。

数年に渡る悪戦苦闘の末、それは実を結びました。うれしいことに、変の真実を復元することで光秀の謎も氷解しました。彼は無罪である、と。

コペルニクス的転回といえる独創的な論考が目白押しで、結論に至る過程は驚きの連続となることでしょう。上質な知的エンターテイメントに仕上がったと自負しており、とくと堪能して頂けたなら本望であります。

2019年4月吉日　著者

目次

はじめに……2
プロローグ　4か月後までに編まれた内外二つの史料とは?……7

【Part1　本能寺の真実】

第1章　それは朝討ち、日の出後45分ほど過ぎた午前5時30分前頃に始まった……16
第2章　本能寺の変の経過を約15分ごとに、ほぼ完全に復元……36
第3章　嫡男の織田信忠こそが謀反人!……92
第4章　変の5日前、清水の観能会後に持たれた密会こそ〝信長を討つ談合〟だった……156

目次

【Part2 信長炎上の真実】

第5章 想定外の上様の死に、クーデター派の叫び「約束が違う!」……190
第6章 変の真相を解き明かす鍵はキリスト教……226
第7章 いったい何者らがクーデター計画を立て、推進したのか?……260
第8章 なぜ、光秀は割を食いかねない役回り本能寺包囲を引き受けたのか……298
エピローグ 光秀冤罪の淵源、信長の遺骸消失のミステリー……317
あとがき……326
参考文献……328
本能寺の変を巡る出来事経過表〔1582(天正10)年〕……330

プロローグ

4か月後までに編《あ》まれた内外二つの史料とは？

『惟任退治記』は通説の基となった貴重な準一次史料

本能寺の変のイメージを我々日本人に植えつけた作品といえば、本能寺で最期を遂げた織田信長の定番史料、太田牛一《ぎゅういち》の『信長公記』をまず挙げることができる。しかし、それは知識人層に対しての記録であり、広範な影響という点では、豊臣秀吉の出世物語で、その中に彼のお館様《やかたさま》、信長の登場する一連の太閤記物が大きく勝る。中でも元禄時代に刊行された『絵本太閤記』の影響は計り知れず、それを基にして大当たりした浄瑠璃《じょうるり》版『太功記』、歌舞伎版『太功記』はそれ以上に見過ごせない。

昭和に入ると、それらを基に吉川英治が小説化した『新書太閤記』、それを基にしたNHKの大河ドラマ『太閤記』（1965年）が大ヒットするなど、もはや太閤記物の独壇場であった。

太閤記とは秀吉の出世物語の総称で、代表作は二つあり、それぞれ江戸初期に刊行された。一つは小瀬甫庵《おぜほあん》の手になる『甫庵太閤記』（『豊臣記』とも）、もう一つは川角三郎右衛門《かわすみさぶろうえもん》の手になる『川角太閤記』。後者は作為が少ないとされ、そのためか『絵本太閤記』は後者を底本にしている。注目すべきは、その『川角太閤記』が本能寺の段を述べるに際し、おおまかに描いた後、委細は『信長公記』にあり、それに譲るとしていることだ。だとすると、改めて本能寺の変のイメージは、『信長公記』が大元だといっていい。なお、小瀬甫庵は『信長公記』を基に、太閤記物の乗りで潤色著しい『甫庵信長記』を著したが、当初から手厳しい評価を受けており、見るべきものはない。

では、その前の桃山時代、すなわち秀吉政権下で出されることはなかったのか。

そんなことはない。知名度が低く一般には知られていないが、実はそれらの基となる作品が出されていた。秀吉のお伽衆、大村由己《ゆうこ》と太田牛一が著した書で、由己の作品は『惟《これ》任《とう》退治記』をその一編として含む、いわばシリーズ本の『天正記』、牛一のそれは『太閤軍記』――現存せず、『太閤様軍記の内』がその抜粋版として残る――である。

同じ著者牛一の手になる『信長公記』は、『太閤軍記』の本能寺の変より前の段を底本にしていたことはいうまでもないが、ここに無視し難い問題を指摘したい。どうしたわけか『天正記』『太閤軍記』以外で、変についてはむろんだが信長について、言及する作品が江戸開幕以前で世に出ることはなかった。江戸初期以降の活況に比べると、不可解というほかない。この落差を、そしてまた右2作品の著者がともに秀吉の手のうちにあるお伽衆だった点を重視すると、秀吉の存命中、信長及び変に関して箝口《かんこう》令、すなわち情報統制が敷かれていたのではないか、との疑念が湧く。実際その見方が通説となっているわけだが、私も是としたい。

後にシリーズ本として総称される『天正記』のうち、本能寺の変を語る一編たる『惟任退治記』は、秀吉の台頭最初期に出されたもので、類例のない価値を持つ。何よりも変の余韻いまだ冷めやらずの時に書かれた作品なのだ。変が天正10年（1582年）6月のことで、脱稿については奥書に天正10年10月とあり、変の4か月後に完成したことになる。

なぜ4か月後だったのか。秀吉は同10月、亡き主君の葬儀を己《おのれ》が実質的に主催する正当性を大々的に喧伝する必要に迫られたからだ。そのため、史実を忠実に伝えるのではなく、その正当性を謳《うた》う趣旨で貫かれているのである。太田牛一は秀吉のお伽衆の同僚である大村由己と情報を共有し、現存する『太閤様軍記の内』も多くを由己の『天正記』と共有する。ならば、その20年後に成立した牛一の『信長公記』本能寺の段も由己の『惟任退治記』と情報を多く共有しているから、『惟任退治記』を底本にしているということが十分にできる。なお、『太閤様軍記の内』は変について『川角太閤記』などの太閤記以上の見るべき情報を含まない。

そうとなれば、変のイメージの源泉はさらに遡って『惟任退治記』だといい直せよう。

（※惟任とは明智光秀が信長から賜った明智に代わる姓である）

「信長の死について」と題された『イエズス会1582年日本年報追加』

もう一つ、まったく同時期に、つまり1582年10月半ばまでに編まれた史料がある。イエズス会の『1582年日本年報追加』がそれで、表題に「信長の死について」とあるように本能寺の変特集号といえる。年報に仕立てるため、本州要部を管掌する都教区からの報告書に若干、編集の手が入るが、準一次史料と見なすことができ、その信憑性は計り知れない。

その基史料は事変に遭遇し、事の次第を眼前にした会士らによる報告書だが、宣教師（司祭）たちは宗教人とはいえ、近代的な文書主義による報告を義務づけられ、見習い修練の中でそれに耐える叙述法を叩き込まれていた。公家の日記や秀吉のお伽衆の文書とは、比較にならない近代的客観性が求められていた。しかも同書は程なくローマで活字化されるのだが、西洋知識人の検証にさらされる前提に立つもので、内輪向けの、底の浅い護教主義的な文献ではなく、一級の資料性を持つのだ。先に挙げた理由とともに、看過すべき史料などでは絶対にないのである。

そうしたわけで、公家や僧侶の日記を除くと『惟任退治記』と『1582年日本年報追加』をおいてほかに同時期史料がないばかりか、その情報のオリジナル性は貴重の一語に尽きる。後者は翻訳――欧語文の日本語への翻訳――の制約に加えて、外国人の目を通した物の見方に依拠する記述だから隔靴掻痒《かっかそうよう》を否めないが、それを踏まえて活用するならば史実の復元に大いに資するはずだ。前者にはそうしたことがない代わりに、秀吉の偏向（バイアス）が強くかかるという厄介な制約がある。

しかし、いくら秀吉が強《し》いた歴史修正の所産とはいえ、世人に読み聞かせるのが目的の冊子でもあったから、世の記憶がいまだ生々しい中、変から4か月の間にできた歴史修正などたかが知れている。世代が移り人々の記憶が薄れた中でさまざまな憶測を加えて書かれた後代のものに比べれば、修正の程度などさしたるものではないはずだ。

公家衆にも読み聞かされたのに、彼らの日記に「偽りごとが目につく」といった非難の声が見い出せないことから、かけられた偏向は世人が許容し得るレベルの、軽度で単純な段階であったことが想像される。ならば、偏向のかかりようを見定め、作為の要素を割り引いて、あるいは信頼できる情報で補完して読むなら、一次史料に準じると十分にいい得る。

そうした見方をする先学は多く、たとえば昭和の歴史学者・桑田忠親はこう述べている。

ともかくも事件直後の記録であるだけに、見え透いた嘘は書けなかったと見えて、これを当時の正確な史料と比較しても、ほとんど誤りは見当らぬ。～～（中略）～～。信長の葬送の直後に書かれたものであり、史料として参考すべき点が多い。（『ここまでわかった！明智光秀の謎』新人物文庫・第1章より引用／筆者が現代仮名遣いに修正・以下同）

そうなると、『惟任退治記』に明らかに見てとれる自家撞着、矛盾点は、少なくとも秀吉が加えさせた〝控え目な〟偏向の所産と見て差しつかえあるまい。同書の矛盾点はそうした偏向の痕跡、あるいは露頭といえ、裏を返せば真相解明の糸口に十分なり得る。

一方、イエズス会の『1582年日本年報追加』については護教的傾向にあることは否めないが、国内史料を補える利点は計り知れない。たとえば国内史料との間で、宣教師たちが信長と接した回数などに極端な差異がある。彼らの手になる複数の史料によると、夥しい回数、信長と会っていたが、定番史料の『信長公記』などは数回分に言及するだけである。あるいは、キリシタン（キリスト教徒）大名だった藩祖の事績について、藩史はどこのものも、キリシタンだった事実を抹消している。言うまでもなく、秀吉時代から明治初頭までのキリシタン禁制を憚っての曲筆、改竄が原因である。

だとすると、安土時代について、ことに信長や本能寺の変関連の史料について、確実にその轍の下にあるといえよう。たとえば、信長の嫡男信忠や追放された前筆頭家老佐久間信盛、現筆頭家老柴田勝家ら織田家中の主だった者たちがキリスト教の篤いシンパ（共鳴者）だった――、この意味するところは深遠である。

国内史料からはとても望めない数多くの証言の存在は、重く受け止められるべきものだ。秀吉以来280年に渡る禁制の世を経て、国内におけるそうしたもろもろの証言はすべて失われてしまったからである。

こうしたことを踏まえた歴史認識を欠いては、とても本能寺の変の真相は解き明かせまい。埋もれていたもろもろの証言に依拠する緻密な作業を通してのみ、光秀の冤罪は晴らせるのである。

そんなわけで、これから『惟任退治記』とともに主軸史料の両輪として活用し、変の真実を復元していきたい。

※　一次史料とはある事象についての同時代史料をいい、日記、書簡、報告書、覚え書き、公文書などが該当。二次史料はそれらを基に後世、執筆あるいは編纂したもの。

※　引用した『1582年日本年報追加』ほかの訳文は擬古文であるため読みづらいが、訳者の意図を重んじたいので、ご容赦願いたい。

Part1 本能寺の真実

第1章　それは朝討ち、日の出後45分ほど過ぎた午前5時30分前頃に始まった

「朝討ち」が「夜討ち」と偽られている!?

本能寺の変はいったい何時頃、始まったのだろうか。これについて我々は強固なイメージを持つ。そう、未明になされた夜襲だ、と。小説や映画、歴史ドラマ、コミックなどを通して培われた映像がたやすく脳裡に浮かぶほどで、10人中9人がそういうに違いない。松明《たいまつ》を手にした明智勢が夜闇の中、本能寺を囲み、火矢が打ちこまれた信長の宿舎が燃え出す。縁に出た寝間着姿の信長が小姓《こしょう》たちとともに応戦するも、矢尽き刀折れ、もはやこれまでと諦める。奥の間へ入り、炎の中、自刃《じじん》して果てる——。

まずは、この問題を検証の俎上に載せてみたい。これに関して大きな矛盾を指摘できるからだ。その場面は当然ながら通説の淵源『惟任退治記』にも見え、こうある。

その外の諸卒（将兵）をして四方へ人数を分け、御所の廻りを取り囲んだ。夜昧爽《やまいそう》の時分、合壁《あいかべ》を引き壊し、門の木戸を切り破り、一度に颯《さ》っと乱れ入った。

～～（中略、以下同）～～。将軍（信長）は夜討ちだと知らされると、森蘭丸《らんまる》（乱丸）

に問うた。そこで蘭丸は「惟任が謀反」と申し上げた。（原文は漢文体。筆者が現代語訳する。以下同）

当時の本能寺は、旧条坊の一区画・町に相当する約１２０メートル四方の広さがあった（『本能寺文書』永禄11年9月4日付書状）。２００７年の発掘調査などにより、境内東北寄りにその4分の1近くを占める築地塀《ついぢべい》（築地壁とも）と堀で囲まれた一画があり、その約40メートル四方の敷地のうちに殿舎を含む武家様式の館が営まれていたと推定されている。

注目したいのは、そうした武家殿舎、信長の宿所である御所を囲んだ明智勢が、その塀のうちへ押し入ったのは夜昧爽の時分、つまり夜も白々と明け始める頃だったという点だ。夜昧爽とは手作業がなんとかやれる薄明時の初期をいうから、襲撃に先立つ包囲はそれより前、未明になされたことになる。なお、当夜は新月の夜で、晴れた未明の空に月はなかった。

変は旧暦6月2日、現行グレゴリウス暦で7月1日のこと。夏至の日から10日ほど後の日の出は午前4時45分過ぎで、なんとか手作業ができる薄明になるのは夏至の頃で日の出の50分ほど前だから、本能寺襲撃はこの記述に従う限り午前4時前頃には始まったと見ることができる。

何が問題なのか。実はこの襲撃について、『惟任退治記』は何か所かで「将軍（信長）は

（森乱丸から）夜討ちだと知らされると〜〜」、「（松野平介は）夜討ちの知らせを聞いて〜〜」というように、「夜討ち」と表現する。しかし夜昧爽の指す時間帯は夜ではないから夜討ちといえず、明らかに矛盾を生じている。

この点、他の史料を援用すると夜討ちでないことは容易に証されるのだが、ともかくここに、秀吉が事実を偽って朝討ちを夜討ちに変えたがっていた可能性が浮かび上がるのである。このことは何を意味するのか。夜討ちであったと歴史修正する作為の裏に、いったい何が潜んでいるのだろうか。

夜討ちと強弁し得る巧みな改竄

『惟任退治記』の示す変の開始時間について、もう一段掘り下げて考察してみたい。偏向のありようを、つまり史実がどう歪められているのか、その傾向を、いや、手口を見極めるために。

『惟任退治記』によると、明智光秀の軍勢は信長の嫡男・信忠が立て籠った二条御所を攻め落とすと京洛を出た。そして「その日の午時《うまのとき》に坂本城に至った」。つまり午前11時から午後1時を範囲とする午の刻に明智家の居城のある琵琶湖畔の坂本（滋賀県大津市）に至ったというのである。（※二条御所は皇位継承予定者・誠仁《さねひと》親王の宮。経費等の問題で誠仁

親王の立太子の儀は見送られていたため、公式には皇太子と呼称されない）

一方、『1582年日本年報追加』には、二条御所を落とすと「朝の8時か9時の頃」に都を発ったとある。二条御所から坂本城まで15キロ強。山道もある。1時間に4キロの行軍――歩兵部隊の一般的な速度――で約4時間。「朝の8時か9時の頃」を計算がしやすいようにその時間幅の中間値をとって8時半前後と見立て、その頃に洛中を出たとすると、午後12時30分頃に着くことになる。午の刻に該当するから、坂本到着の時刻について内外両史料は一致した認識に基づいていることになる。

また、『老人雑話』という江戸初期の書がある。医師にして儒学者の江村専斎《えむらせんさい》が老いて後、諸々の体験――変は18歳の時に体験――と伝聞とを門人に語り聞かせたものだが、その中に「さて（明智は）安土へ取り懸けんとて、その日の午の前より（洛中から）東に赴く」とある。「午の（刻の）前（の刻）」は午前9～11時を指すから、これもこのことをおおむね裏づける。

そうなると、先の坂本への到着時刻は史実に近いと見て無理はなさそうである。とすれば、明智軍の主力は早急に安土を確保しようと洛中を発ったというから、大村由己が二条御所の落去（落城）を、出立時間の8時半前後を少し遡る午前8時過ぎ頃のことと認識していた可能性は高い。むろんここに証したように、同じ認識に立つ『1582年日本年報追加』に採録された報告書を記した京の「被昇天《ひしょうてん》の聖母教会」、俗にいう南蛮寺の司祭カリオンも落去時の認識を共有していたであろう。ちなみに急ぎ離京した明智勢だが、途上の要衝・瀬田の大橋が先んじて落とされたため、やむを得ず安土を諦めて坂本へ向かったのである。

認識の共有は『信長公記』にも、おおむねの但《ただ》し書きつきになるが見出せる。「辰《たつ》の刻（午前7～9時）信長御父子、御一門歴々を討ち果たし」とあり、変が信忠の害死、つまり二条御所の落去を〝午前8時過ぎ〟を包含する辰の刻に収束したとしているからである。

二条御所の落去が午前8時過ぎだとなると、次のことが問題となる。

『惟任退治記』には二条御所での戦闘が「数刻」に及んだとある。時間幅をいう「刻」はおよそ30分間を指し、数刻は2～3時間を意味した。詳しくは後述するが、『惟任退治記』からは親王一家が退去したり、迎撃態勢を整えて大手門を開け放ち、明智方を待ち構えるなど攻防の開始まである程度の時間経過が読み取れる。それを小1時間と暫定的に見立てるならば、［小1時間＋戦闘時間の数刻（2～3時間）＝3～4時間弱］が算出される。少なくとも文面からは午前8時過ぎの二条御所の落去から3～4時間弱ほど遡らせた頃に、つまり分かりやすくするためこの時間幅の中間値をとって3時間30分弱を遡らせると、午前4時50分前後が算出され、この頃に二条御所での変は始まったことになる。いや、それは事実ではなく由己がそう描いている、ということになる。

また、『惟任退治記』に、本能寺が落去すると光秀は「軍勢を休ませず二条御所へ向けた」とあり、また「2万騎」の寄せ手に対して本能寺境内にいた信長の小姓、奉公衆は100人弱だったというから、本能寺側の攻防は短時間で収束したことが推測される。二条御所への移動も含めたそれらに要された時間をここでも、兵力差をかんがみて暫定的に小1時間と見立てると、本能寺襲撃の始まりはさらに小1時間遡らせた午前4時前後のことと算出される。

当日の日の出は午前4時45分過ぎであり、夏至の頃の払暁《ふつぎょう》は3時50分前後からとなるから、右の〝午前4時前後〟は払暁が始まる頃の襲撃開始を意味し、『惟任退治記』がとる「夜討ち」なる表現は、やはり不適切といえる。

暫定的に見立てた値によって算出したこともあり、即断は控えたいが、しかし午前4時前後と示される時刻の微妙さ、未明なのか払暁なのかのどっちつかずが曲者《くせもの》に思えてならない。先に引いた『惟任退治記』の一節では、包囲の開始は「夜昧爽の時分」より前のこととなっており、包囲開始は明らかに夜に属す未明のこととなる。この（戦闘を含まない）包囲を強いて襲撃行為に含めるなら、つまり包囲を含めた作戦全体を本能寺襲撃と定義づけるなら、夜のうちに始まったそれは強引に「夜討ち」といい得る。包囲を経た後の襲撃自体が払暁になってから始まったにせよ、である。

私にはこの強弁し得るという点が、どうにもうさん臭く思われてならない。

むろん他の史料で検証するなら、包囲自体の始まりも払暁に入ってからと証されるのだが、いずれにせよ、『惟任退治記』の示す「どっちつかず」を意図的なものと見ることはできないだろうか。

厳密にいうなら「昧爽」という成句に「夜」が冠せられること自体、不可解である。「夜昧爽」なる成句が漢籍に存在しないからだが、由己は強弁できる余地を残そうと「昧爽」の意をぼかすべく、わざわざ「夜」を冠したとも受け取れる。そう、秀吉の校閲に備えてだ。あるいは秀吉が校閲に際してそうした微妙な狡い表現、どっちつかずの表現を使わせたことも十分に考えられる。

秀吉にとって、本能寺の変は夜討ちであって欲しかった、是が非でも夜討ちにしたかったのだ。間違いないだろう。ともかく我々はなぜ秀吉が夜討ちにこだわったのか、それを解き明かさねばなるまい。彼がそれにこだわるほど、それが真相解明の有力な糸口となろうからである。

一次史料はすべて日が昇ってからのことだとする

目を他に転じると、信憑性の高い史料たちは明確に秀吉の思惑を打ち砕くことになる。たとえば公家の山科言経《やましなときつね》の日記『言経卿記《ときつねきょうき》』天正10年6月2日の条に、明智勢が本能寺を「卯《う》の刻に（中略）謀叛に依り押し寄せ、即時に前右府《さきのうふ》（信長）は討ち死にす」とある。信長の元に押し寄せ襲撃したのが卯の刻、つまり午前6時前後——卯の刻は午前5～7時を指す——であり、襲撃が始まると「即時に（すぐに）」信長は討ち死にした、という経過が読み取れる。

襲撃が「即時に」終えたことは『1582年日本年報追加』とフロイス（後述）の、後年、年報や報告書を基に執筆した『日本史』にも見え、それぞれ「速やかに信長を斃《たお》した」、「いとも迅速に終結した」とある。そうなると、襲撃は早く見ても卯の刻初期の午前5時少し過ぎのことであり、確実にはそれ以降に始まり、程なく終えた、そう見て差しつかえないだろう。

旧熊本藩主家に『細川忠興軍功記《ほそかわただおきぐんこうき》』（寛文4年／1664年編）が伝わるが、それに「二日の朝五ツ時分、御殿に火をかけ信長様、御自害を遊ばされ候」とある。朝五ツ時、これは不定時法なので夏至過ぎの頃だと午前6時28分前後（京都時間）になるが、その頃に御殿に火をかけて自害し果てたことになる。襲撃開始はその少し前のこととなるから、襲撃が日の出過ぎであることは確実であり、二次史料とはいえ、未明でないことの確かな傍証となる。（※当日の明け六ツは午前3時50分頃）

卯の刻のうちで最も早い5時少し過ぎ頃に襲撃がなされたと仮定したとしても、午前4時45分過ぎの日の出以降の出来事であり、夜昧爽の時分のことだとする『惟任退治記』とは、どうあっても合わない。ましてやそうだとしたがっている「夜討ち」は未明の、つまり払暁より前の襲撃を意味するからいっそう相容れない。

他の史料が襲撃は〝すぐに〟終えたと口を揃えるのに対して、そういわず、ある程度長い時間続いたかに述べているという点で、『惟任退治記』が独り襲撃時刻について食い違いを抱えていることは明白である。こうしたことからも、同記が「夜討ち」だと偽っていることは動かし難い。

海外史料『1582年日本年報追加』も日の出後のことだと記す

国外史料でも確認しておきたい。

イエズス会の宣教師たちは1581年以降、報告書を九州在の日本準管区・文書記録係ルイス・フロイス（1532～97年）の元に送っていたが、そうした中で京・南蛮寺の長、司祭（神父）フランシスコ・カリオン（1553～90年）が本能寺の変について詳細にしたためており、『1582年日本年報追加』にほぼ原文を保って採録されている。

『1582年日本年報』は和暦で天正10年10月15日付、その続編たる『1582年日本年報追加』は同10月20日付になっており、九州へ届くのに要す時間及び年報作成に要す時間をかんがみると、年報の脱稿よりだいぶ前にカリオンが報告書を送ったことが察せられる。ならば、報告書作成は8月後半あたり、聞き込みは6～8月前半あたりが適当となろうから、自身の目撃体験も含め、記憶の生々しいうちに記された一次史料に近い記録と見て無理はない。

その『1582年日本年報追加』（随時『同年報追加』と略す）の当該一節にこうある。

（明智軍は）夜半出発し、都に着いた時、すでに明け方であった～～（中略）～～。三万人は日の出前に、僧院を完全包囲した。

これを基にしたフロイスの著書『日本史』から、並行する一節も引いてみよう。

真夜中に出発し、暁光《ぎょうこう》が差し込む頃にはすでに都に到着していた。～～（中略）～～。明智は日の出前に三千の兵をもって同寺を完全に包囲してしまった。（「五畿内篇Ⅲ」第56章）

都に着いたのは明け方で、包囲は日の出前には完了したというから、包囲は少なくとも払暁の時間帯の半ばから後半になされたことが推察される。（※『同年報追加』の「三万」は誤りとされるが、私は同寺の外周だけで3000、その一街《いちがい》二街外周《まわ》りも含めて合計でそのくらい、ないしそれを下回る兵力と見る）

カリオンは当日、本能寺から一街を隔てた――120メートル+αの距離――3階建て南蛮寺聖堂の最上階から比較的近距離で目撃していたが、前掲文に続けてさらにこう報告している。

市においては事は全く意外で、何か騒ぎが起こったことと考えて、その報を伝えた。~~(中略)~~。わが聖堂(南蛮寺)は信長の所(本能寺)よりわずかに一街を距《へだ》てたのみであった故《ゆえ》、キリシタン等がただちに来て、早朝のミサ(祭儀)を行なうため着物を着替えていた私に対し、宮殿の前で騒ぎが起り、重大事件と見える故、しばらく待つことを勧めた。その後銃声が聞こえ、火が上がった。(『1582年日本年報追加』より)

朝のミサはかつては日の出を合図に始まり、その前に教会が鐘をついて町や村の住人に参会を知らせていた。変の当日は日の出を見届けた午前4時50分頃に始める段取りでいたと推察されるが、式服に着替えるといってもさほど時間は要すまいから、そしてまた司式用具等の準備もあろうから、15分前くらいに着替え始めた、つまり着替えは午前4時35分頃からと見ることができる。そうなると本能寺の周囲で騒ぎが起こり始めたのは4時30分過ぎ頃、それに続く御殿前の騒ぎは4時40分前後、「(知らせに来た者らは)ただちに来て~~」とあるから4時45分前後にはカリオンの元に一報が入った、そう想定して無理はあるまい。

文脈から見て騒ぎは本能寺の包囲に伴って始まったようだが、何ゆえか。『同年報追加』に「(光秀は) 銃は皆、火縄に点火して引き金に挟むことを命じ、槍も整えさせた」とあるように、臨戦態勢にある将兵が上様《うえさま》（信長）が宿る本能寺を囲み始め、続いて一部が境内に入り出したのだ。これに驚く寺内外の者らとの間で、いまだ戦闘が始まりそうになかったにしろ、さほど時間を置かずに騒ぎが起こって当然である。

騒ぎの始まりを午前4時30分過ぎとするなら、包囲開始はそれより少し前のこととなろうが、3000の将兵が約120《メートル》四方ある寺の周囲――堀を伴う土居《どい》が巡る（『老人雑話』）――に迅速に展開したとすると、カリオンがいうように包囲の終えたのが日の出前だから、その間の約15分という時間経過は適切といえる。何よりも彼が聖堂の居室3階から望見していた点は重要である。当日は晴れていたから日の出はよく見えたはずで、それを目視できた彼がそういうのだから、厳密に午前4時45分頃までに包囲が完了した、そう理解して問題はあるまい。

長くなったが、以上のことから包囲の開始は午前4時30分前あたり、そう結論づけたい。だとすると、『惟任退治記』の「夜討ち」なる表現はいっそう論外となり、強弁の余地を供する「先立つ包囲は未明になされた」かの記述も、そしてまた「午前4時前後の頃（夜昧爽の時分）に襲撃が始まった」かにいう時間経過構成も、作為の所産と断じることができよう。

（※『同年報追加』は、厳密には変の3週間ほど後までに会士たちの体験記からなる草稿が書かれ、変の経過、概要などについてはそれ以降に京洛内外で伝聞、収集した情報を取り込んで成立した。その意味で、伝聞情報が早期に秀吉が世に喧伝させた変の趣旨、筋書きに影響されていた可能性を否定できないから、同書の十分な編集史分析が必要となる）

「夜討ち」が通説となった経緯

ところが、そうなると先に述べたことと矛盾してしまう。公家たちが日記の中で、『惟任退治記』について偽りごとが目につくといったことを誰も書いていないからだ。どう説明したらいいのか。

まず、京童《きょうわらべ》を含む当時の世人がどれだけ正確な事変の経過認識を持っていたのか、疑問である。情報は錯綜し、加えて襲撃・迎撃に関わった明智、織田双方の少なくとも将士クラスが、一連の戦闘で2週間ほどのうちにほぼ死に絶えているからだ。そのため信憑性の高い情報のみを集め、変の再構築をするなど至難だったはずである。となれば、少なくとも時間経過について日記の執筆者が、巧みに手を加えられた『惟任退治記』を論評することは、もやもやした疑念を抱きながらも困難だったに違いない。

幾らかでも理性的たらんと努める者らはともかく、曖昧な経過認識の下にある世人が時流に媚《こ》びて、あるいは流されて「卑怯な裏切り者のやることらしく、あれは夜陰に紛れた闇討ちだったのだ」などと、秀吉の喧伝に呑まれていったのは無理からぬことだったに違いない。

洛外の人、あるいには後人は一層そうであったろう。公式情報として流布される唯一の『惟任退治記』を除き、ほかに適切な情報など望めない世である。年月を経るに従い、刷り込まれた人々が多数派となり、そしてだめ押しとして秀吉のお伽衆の手になる作品を底本とする読み物が江戸期に入ると堰を切ったように数多く書かれ、それによっていつしか夜討ちが通説となった、ということではないか。秀吉の狡《ずる》さが勝ったというほかあるまい。

ここで、次のことを指摘しておきたい。『惟任退治記』の中で秀吉がそうだとしたがっている「夜討ち」を「朝討ち」に、また「夜昧爽の時分」を「日の出の時分」に、あるいは「数刻」を「二、三刻」に、それぞれ置き換えたならどうか。そう、これだけで他の史料とほぼ辻褄《つじつま》が合ってしまうのだ。ならば、秀吉が由己に指示した偏向処理は、少なくとも幾つかにおいては言葉を差し替えることでなされた、と見ることができないだろうか。

原稿を読み上げさせ、それを聞くことで校閲した秀吉が、まずは時間経過の修正を由己に求めた。その所産たる時間構成をとる現行『惟任退治記』を我々は目にしているのだ。

本能寺襲撃の開始は午前5時30分前後、二条御所のそれは午前7時前後の頃

南蛮寺の司祭カリオンは、ただならぬ騒ぎが始まったとの知らせを受け、手を休めて成り行きを見守っていた。「しばらく待って」いると、

その後、銃声が聞え、火が上った。次に（これは）喧嘩ではなく、明智が信長に叛《そむ》いてこれを囲んだという知らせが来た。（『1582年日本年報追加』より）

という。銃声が聞こえ、火の手が上がったとあるからには、ここでやっと謀反の実体たる襲撃が始まったことになる。ならば、明智軍が本能寺に至り、包囲を始めた当初から信長方を襲撃したのではなく、喧嘩のような騒ぎがまず境内の周囲で、続いて境内の御殿前でもわき起こり、それが「しばらく」続いて以降に始まったことになる。そしてまた銃撃を伴う襲撃が始まったことで初めて、騒ぎを伴う包囲が謀反の一環、その前哨事であったと、南蛮寺の関係者は認識するに至った、そうした流れも読み取れよう。

符合するように、『惟任退治記』にもほぼ同じ趣旨の記述が見える。

（京都所司代の）村井入道春長軒貞勝《しゅんちょうけんさだかつ》は（本能寺の）御門の外に家（役宅）があり、御所の震動するを聞きて、初めは喧嘩と心得て、物具《もののぐ》（甲冑）を付けずに走り出でて、騒ぎをあい鎮《しず》めようと欲した。しかし惟任（明智勢）の人数二万余騎が囲みを成し、（村井貞勝は）境内へ入ろうと術計を尽すも叶わなかった。これにより貞勝は信忠の御陣所の妙覚寺《みょうがく》へ馳せ参じ、この旨を言上した。

初めから襲撃だったのではなく、まず包囲に伴って喧嘩のような騒ぎが起こり、襲撃が敢行されるまで「しばらく」続いた経緯が読み取れよう。「騒ぎをあい鎮める」要領で、言葉による説得などの「術計」を尽くすため包囲勢の中を動き回ったと見受けられるが、ここで留意すべきは、貞勝が明智軍将兵の間を拘束されることなく動き回れたという点である。その後、信忠の元へ「馳せる（走る）」ことができたから、傷つけられることもなかった、言い換えれば干戈《かんか》を交えることもなかったことが察せられる。つまりこの一節は、ある時点まで事変が戦闘行為を伴わない大きな騒動であった何よりの証拠といえるのである。

奇しくも、情報源の異なる国内外の準一次史料同士が一致したことを証言しているわけだが、それゆえ史実性は限りなく高い。となれば、包囲に伴って喧嘩のような騒動が続くも、（通説がイメージする）謀反の実体たる銃撃を伴う戦闘行為は〝しばらく〟なかった、言い換えるなら、包囲に伴う喧嘩のような騒動が「しばらく」続いた後で銃撃を伴う襲撃がなされた、そう理解して無理はあるまい。

では、それらが始まった具体的な時刻についてはどうか。包囲のそれについては判明しており、問題は襲撃の方となるが。

ところで、『信長公記』は辰の刻、午前8時前後（午前7〜9時）に信忠も討たれ、その時をもって変は収束した、つまり二条御所が落去した時点をもって変は終了したと述べる。

先に考察した通りだが、これに関して『言経卿記』は二条御所（下御所《しも》）の幼児や女房衆、勤番衆を含む親王一家がそこを出て、北へ1200㍍ほど離れた帝の坐《いま》す上御所《かみ》へ入り終えたのが、同じ辰の刻だとしている。同じ辰の刻の出来事だが、これを、時間経過的に見て辰の刻の時間幅2時間の中でも、辰の刻の早い頃、午前7時過ぎ〜同30分前後の頃に親王一家は上御所に入り終えた。一方、一家が出てから二条御所での攻防が始まり、それが続いて後、辰の刻の遅い頃、午前8時過ぎに信忠らは討たれた、そう想定すると筋が通ろう。

さらに、一行が1200㍍の移動にやや遅めの時速3㌔ほどで30分弱を要したと見立てるならば、6時40分前後〜7時前後の頃に一行は二条御所を出た、そう推測することもできよう。

先に見た『惟任退治記』『1582年日本年報追加』及び『信長公記』の証言に加えて右

の推測からも、午前8時過ぎ頃に二条御所が落去したことが改めて証されようが、それを基にして新たな時間経過が導き出せそうである。つまり、『同年報追加』が二条御所での戦闘は「1時間以上に及んだ」と証言することから、二条御所の攻防戦は午前8時過ぎから1時間強を遡らせた午前7時前後に始まった、と。さらにこのことから、親王一家が退出した時刻について先に6時40分前後～7時前後と幅をもって導き出したが、この幅を狭めることができる。すなわち、一家の退出が終え若干の間を置いて戦闘が始まったと見立てて、かつ攻防が始まった午前7時前後と辻褄が合うよう調整するならば、6時45分前後が適切な時刻として導き出せるから、この時刻の頃に退出した、と。

さらにまた、一次史料である勧修寺晴豊《かじゅうじはれとよ》の日記『晴豊記』の一部、通称『天正十年夏記《なつのき》』6月2日の条の記述から、二条御所が包囲された時点より親王一家が退去する6時45分前後まで、相応の時間を要したことが読み取れる。それを小1時間と暫定的に見立てるなら、そしてまた『日本史』は信忠が籠城し、午前8時過ぎ害死に至るまで2時間だったと記すことから、二条御所の包囲についてこういえそうだ。いささか幅があるが、『言経卿記』（↓p22）がいう卯の刻の範囲にある午前6時前後に包囲が始まり、成った、と。

さらにまた、本能寺から二条御所まで碁盤の目状の条坊街路経由で700メートル《メートル》余とさしたる距離ではないから、軍勢がその移動に要するであろう15分ほどを遡った（卯の刻の範囲の内にある）5時45分前後から、本能寺の襲撃を終えた軍勢が順次、二条御所へ向かった、と解すことも十分にできよう。

加えてまた、襲撃が始まると御殿は炎上し信長の害死をもって「すぐに」終えたというが、武家殿舎が火を放って盛んに炎上するまでそれなりの時間を要すであろうから、〝すぐに〟の時間を15分ほどと見立てるならば、その分を遡って攻撃開始を卯の刻たる5時30分前後と見立てることも、そう無理なことではあるまい。

そうなると、先に問題にした「しばらく」がどのくらいの時間をいっているのか解《と》けそうである。先に4時45分前後にはカリオンの元に一報が入ったと導き出したが、御殿の襲撃開始が5時30分前後だから、約45分間が「しばらく」の内実ということになる。

便宜上それ相応に見立てた数値を幾つか用いたが、追々の検証を通して見過ごせない錯誤、矛盾が生じなければ、時間経過の指針として大略、問題あるまい。結局のところ、本能寺の包囲開始は午前4時30分前の頃、その完了は4時45分前後、襲撃開始は5時30分前後、御殿炎上に伴う襲撃の終了は5時45分前後（御殿の炎上はこの後もしばらく続いたであろう）。一方、二条御所ではその少し後、6時前後から包囲が始まり、6時過ぎ頃に完了。6時45分前後に親王一家の退去が終え、7時前後に攻防が始まり、8時過ぎには落去をもって終了した――、こう整理することができよう。

歪《ゆが》められた襲撃の経過のうちに隠された重大事

本章を終えるにあたり、『惟任退治記』の偏向のありようとその対処について、こうまとめることができそうである。同じ出来事について他の一次史料と一致するなら、その一節は秀吉による偏向を被っておらず、他の一次史料と相反するなら偏向を被っており、その一節は彼の思惑で史実が曲げられている、と。

ほかと食い違う所こそ秀吉の思惑の所産であり、そうした傾向を把握することは重要である。そうすることで問題箇所を見定めることができ、他の史料が触れていない出来事であっても、それにかかる偏向を除き、適切な補正を加えることで史実を復元することが期待できるからだ。逆に、他の一次史料にあって『惟任退治記』にない所は、秀吉の指示で削除されたのかもしれず、他の一次史料の記述で補うことになろう。

それにしても、秀吉は本能寺の変においていったい何を隠したがっていたのか。それは歪められた時間経過、出来事経過の復元を通して浮かび上がって来ると期待される。次の章から、これまでに明らかになったことを援用して真相解明に突き進みたい。

第2章　本能寺の変の経過を約15分ごとに、ほぼ完全に復元

襲撃前の時間をかけた包囲にこそ真実が秘められている

『惟任退治記』は扱いようで一次史料に準じる貴重な史料だが、秀吉の思惑に沿った偏向がかかっている。幸いなことに、そのかかりようは比較的シンプルであるため、史実を曲げた箇所を幾つか指摘することができた。何よりも挙げるべきは時間経過であった。

復元できた時間経過では、本能寺の包囲開始が午前4時30分前で、襲撃開始は午前5時30分前後。包囲開始から襲撃開始まで1時間ほどあるのに対して、襲撃開始から信長の害死までわずか15分ほどとなるが、なぜ明智勢は包囲を始めて1時間もの間、交戦せずにいたのか。なぜすぐに攻撃に移らなかったのか。何か干戈を交えることのできない理由があったのか。

一方の二条御所では、包囲完了が午前6時過ぎで、襲撃開始は7時前後、そして8時過ぎにその落去をもって変は終了。包囲に約1時間、襲撃には1時間強を要したことになる。

『惟任退治記』はいずれの包囲についても要した時間に言及しないが、大まかには推測できる。「夜半より亀山を発ち（中略）本能寺の御所へ押し寄せ（中略）御所を取り囲み、夜

味爽の時分、合壁を引き壊し、門の木戸を切り破り、一度に颯っと乱れ入る」とあるように、未明に包囲を完了し、払暁の始め頃に襲撃を始めたかに読める。つまり、手元がなんとか見える薄明になるまで暫時の間、包囲し続けた、と。むろん、これは確かな史料から復元した時間経過に合わず、偏向の所産、偽りごとにほかあるまい。

一方、二条御所では「光秀は信忠の御陣所を尋ぬるに、二条の御所へ立て籠もると聞き、軍兵を息をも続かせず押し寄せる。先駆けの兵ども、面《おもて》を振らず攻め掛かれり」とあり、そもそも包囲などせず、二条御所に着くなりすぐに攻めかかったという。これも偽りである。

こうして見ると、時刻及び時間経過が著しく歪められているのは包囲そのものである。となると、包囲にこそ秀吉が隠さんと図った何かが秘められている、そう見て無理はない。

襲撃は融和的で喧嘩のような騒ぎがしばらく続いてから

本能寺の包囲で気になるのは、喧嘩のような騒ぎを伴っていたと記される点である。信頼すべき史料のいずれもが、すなわち『惟任退治記』と『1582年日本年報追加』、それに次ぐ『信長公記』と『日本史』が揃って言及しているだけでなく、『惟任退治記』が所司代村井貞勝の視点で、『同年報追加』と『日本史』が南蛮寺司祭の視点で、『信長公記』が信長周辺の視点で、それぞれ述べていることは情報源が異なることを意味し、包囲が喧嘩のような騒ぎを伴っていたことの信憑性を格段に高めよう。

先に触れたように、貞勝は騒ぎを喧嘩によるものと思って甲冑も纏《まと》わずに駆けつけたが、それは臨戦態勢にある鉄砲隊を擁す完全武装の明智勢の中へであり、加えてしばらくの間そうした明智方将兵の間を動き回っていたという。このありようはやはり意味深長である。

この貞勝は信長の信任が厚く、長らく所司代《しょしだい》を任されていた寵臣《ちょうしん》だから真っ先に血祭りに上げられるべき人物だろうに、反乱軍側に拘束もされずにいたとはなんとも不可解だ。洛中の治安を預かる身ゆえ、当然、明智軍部隊長に向かって上様の近辺にあって過剰な臨戦態勢で展開する理由を問うたはずだ。その緊迫性や役目柄から詰問調で。しかし揉めることもなく、やがて貞勝は現場を去り、信忠の元へ向かったというのである。

明智方の動向についても同様で、貞勝の後をつけて行方を追うことはなかった。彼がこ こ10日ばかり共にいることの多かった信忠の元へ向かうことは容易に察しがついたはずで、行く手を遮《さえぎ》り拘束してもよさそうなのに、そうした節も窺えない。

いずれも考察する程に、不可解の印象を深めざるを得ない。となれば、秀吉の偏向を強く被《こうむ》る包囲そのものにとどまらず、包囲に伴う喧嘩騒ぎについても深く掘り下げて検証する必要がありそうだ。本章はこれから少し難しくなるが、しばらく辛抱の程を願いたい。

信憑性の高い司祭カリオンの報告にも、包囲の様について初めは喧嘩騒ぎだと思い、ミサの開始をしばらく遅らせて成り行きを見守っていた、すると銃声とともに襲撃が始まったとある。我々がイメージする謀反が、そう、信長への攻撃が始まったわけだが、その時、第2報が入り、これは謀反である、騒ぎは単なる喧嘩によるものではなく、包囲がそれに起因するものだと聞かされたという。『日本史』はこのカリオン報告を基にして、分かりやすくこう記している。

明智は天明前（払暁）に三千の兵をもって同寺（本能寺）を完全に包囲してしまった。～～（中略）～～。ほとんどの人には、それはたまたま起こったなんらかの騒動くらいにしか思われず、事実、当初はそう言い触らされていた。～～（中略）～～。まもなく銃声が響き、火が我らの修道院（カザ／南蛮寺）から望まれた。次の使者が来て、あれは喧嘩ではなく、明智が信長の敵となり叛逆者となって彼を包囲したのだと言った。（『日本史』五畿内篇Ⅲ第56章より）

著者のフロイスは変の数年後に任地の九州からかつて教区長を務めた畿内へ出張し、裏付け取材に努めたが、その成果だろう、年報の報告者カリオンが単に「喧嘩騒ぎだと知らされた」とした記述に、「人々が『あれは騒動だ』と言い触れていた」と書き加えたのである。

人々がそう言い触れていたとは、何を意味するのか。それをわざわざ加筆したのは、どうしたわけか。察するに、都中があれは戦騒《いくさ》ぎではなく、喧嘩騒ぎだと広く取り沙汰していたということを、つまり南蛮寺の司祭らが喧嘩騒動だと一人合点していたのではなく、実際的にも人々にそう見なされた騒動だったことを客観的事実化をしたかったということではないか。言い換えるなら、世間が秀吉政権の情報操作によって事変は当初から騒動などではなく戦闘だったと思い込むようになっていたため、ややもすると「次の知らせ」の内容が騒ぎは当初から戦騒ぎだったかに取れるカリオンの報告の記述を、そしてイエズス会日本支部のそれに関する見解を、それぞれ補強し明確化するために、くだんの文言を加えた、となろうか。

要するにフロイスは、少なくとも銃声が聞こえ出す時まで干戈を交える戦闘行為はなかった、それは客観的事実である、そういいたかったということである。

それを踏まえるならば、包囲中は誰も（後で明らかになる殺戮を伴う）謀反だと認識できない程に融和的な装いの下、むろん同じ織田家中の者同士という朋輩《ほうばい》意識も効いていただろうが、抜刀する者もなく、しかし掴み合い、怒号が飛び交っていた、そうイメージしていいのではないか。さすがに所司代だから乱暴狼藉は受けなかったが、貞勝が無傷だったのはそれが我々のイメージするような謀反などではなく、喧嘩のような騒動にとどまる類のものだったからにほかあるまい。我々のイメージ通りの「謀反」となるのは「まもなく」

して銃声が響き出し火の手が上がったあたりから――、そう改めて認識していいのではないか。

この点『信長公記』ではどうか。太田牛一は『惟任退治記』の大村由己と相並んで秀吉のお伽衆を務め、秀吉をよいしょするかの読み物を著した。先に述べた通りだが、秀吉政権の下で由己と多くの情報を共有していたし、執筆に際して20年ほど前に出された『惟任退治記』の多くを倣《なら》ったであろうが、しかし微妙に異なる。

六月朔日《ついたち》（1日）、明智勢は、夜に入って老《おい》の山へ上った。右へ行く道は山崎の天神馬場、摂津《せっつ》国の街道で、左へ下れば京へ出づる道である。ここを左へ下って桂川を打ち越え、ようやく夜も明け方になった。

すでに信長公の御座所《ござしょ》・本能寺を取り巻き、四方より乱れ入った。信長公も御小姓衆も、当座の喧嘩を下々の者どもがしているものと、おぼしめされていたところ、一向にそうではなく、鬨《とき》の声を上げ、御殿へ鉄炮《てっぽう》を打ち入れてきた。（『信長公記』巻十五より）

由己が村井貞勝の視点で、つまり外側から包囲網に近づいた織田方の視点で喧嘩騒ぎだとするのに対して、牛一は境内の、信長の周囲がそう見ていたとする別の視点で描いている。彼は裏付け取材を周到に行なったことで知られるが、脱出した侍女らからも多く聞き出しているから、それに依った確度の高い情報である。それが下々の喧嘩騒ぎかと思える包囲が続いた後に、鬨の声と銃撃が始まったとしているのである。

こうして見ると、当日の朝、寺の内外、及び京童ら世人が、鬨の声と銃声を伴う襲撃と御殿の炎上を目にするまで、明智勢の包囲のありようが通常イメージされる謀反の様相にない喧嘩のような騒ぎであった、少なくとも明智、織田双方の将兵については一線を超えずになんとか織田家中同士、朋輩意識の下にあった、そう捉えていたことはもはや疑いないだろう。

そうとなれば、ここに、変はある時点を境に二つの異なる様相に分かれていた、そう我々は認識を新たにすべきだろう。

事変は二つの段階に分かれていた

ここで注目したいのは、『1582年日本年報追加』『日本史』『信長公記』が『惟任退治記』に違《たが》って、喧嘩騒ぎが続いた後に発砲を伴う襲撃が始まったとしている点である。

仮に『惟任退治記』が言外にいうように「包囲に喧嘩のような騒ぎが伴っていなかった」ならば、どうなろうか。穿《うが》ちすぎかもしれないが、そうした包囲は明智勢に対して騒ぎ立てる者らの集まりようのない時間帯、(同記がそうだとする)未明になされたことの蓋然性に寄与する。そうならば、他の資料と共通の経過をとらなかったのは、由己が、包囲は未明のことゆえなんらかの騒動など起こりようもなかったと含意するため、筆を曲げたことによる作為と解すことはできまいか。

ところがどうしたわけか、襲撃によって本能寺が炎上し信長が害死したとある段のすぐ後、所司代の貞勝が登場する場面で、包囲中に喧嘩騒ぎのあったことが言及されるのだ。襲撃前の肝心な包囲の場面で触れられずじまいだったのに、である。

この不可解をうまく説明するため、こう見たらどうか。由己の目に、襲撃の前に喧嘩騒ぎがあったのでは都合が悪かった。そもそも喧嘩のごとき騒ぎが収まったとしても、そうした後の襲撃では夜討ち、未明の奇襲とはなり得まい。前触れなしの不意打ちでないと夜討ちの意味がないのだ。そうしたわけで出来事経過に作為を施した、そう解すことでこの不可解を説明できるのではないか。

あるいは読みようで、くだんの場面で言及される御殿の震動を伴う騒ぎは、ほかならぬ震動を伴う門の木戸や築地壁の破壊から始まった襲撃騒ぎだと解《かい》せなくもない。そこで由己の肩を持つべくそれぞれ震動を伴うこの騒ぎと襲撃とは同時に始まった――震動は同一のものとなるが――、由己はそう意図してくだんの一節を書いたとするなら、どうだろうか。しかしそうなると、なぜ騒ぎで駆け付けた貞勝が信長の寵臣として真っ先に血祭りに上げられなかったのか、またなぜ彼は眼前の襲撃を目にして上様救出を周囲に叫び、手を打たなかったのか、に答えなければならなくなる。そうとうに無理なことであろう。

やはり明らかな矛盾を生じていることになり、先に見た夜討ちについての矛盾とともに稚拙《ちせつ》な作為というほかない。良質な文章を書く彼がそうせざるを得なかった事情をかんがみると、気乗りせぬまま秀吉の課す偏向に応じていたことが、そしてまた秀吉が包囲の段に関してよほど強く情報操作を、つまり史実の修正を求めていたことが想像される。

そこで秀吉の偏向に惑わされないよう、変の経過を、「喧嘩のような騒ぎを伴うが戦闘を伴わない包囲の段階」と、それに続く「鬨の声と銃撃を伴う襲撃の段階」とに分け、前者を第1段階、後者を第2段階と呼ぶことにしたい。

この第1段階をこそ秀吉は著しく縮小ないし抹消せんと図っていたことになるわけだが、その具体的な手口として秀吉は由己の原稿を校閲した際、騒ぎ出す者らが集まりそうもない未明の奇襲であるかに装うことで、喧嘩騒ぎを伴ったはずの包囲の段階、すなわち第1段階を無意味なものにする腹づもりだった、言い換えるなら、第1段階を意味なきものとするためにこそ、事変を未明の奇襲、夜討ちだと偽る歴史修正を図った、そう理解することも十分に可能なのではないだろうか。

だとすると、うまく秀吉の偏向を除去して第1段階の実相を解き明かすことができれば、事変全体の実相はおのずと垣間見えてくることになる。

本能寺の包囲に伴う喧嘩のような騒ぎは50分強の間、続いた

包囲が始まった時刻についても、牛一は由己に倣わなかった。前述の指摘も考え合わせると、そうしなかったのは秀吉の没後に『信長公記』を著したから秀吉への憚りがなく、自分の知る限りにおいて真実に近付けようと図ったから、と解せなくもない。

まず由己の方だが、「その外の諸卒（中略）御所（本能寺）の廻りを取り囲み、夜昧爽の時分に一度に颯っと乱れ入る」と記し、未明に包囲が完了し、払暁に入って手元が見えるようになると襲撃を開始したとしている。そのくせ別の幾つかの場面では、夜討ちだとい い、襲撃は未明だったかに装っている。

対して牛一は、京洛西方の桂川を越え、下京《しもぎょう》西郊に迫ったのが「夜も明け方」、つまり払暁だったとし、それから包囲を始めたとしている。桂川を渡り、下京西郊に至ったのが払暁に入る頃なら、本能寺へ至って包囲を始めたのは払暁の後半、ないし日が上る頃ととれる。むろん払暁の入洛なら、いくらこじつけても由己がいう夜討ちとはいい難い。

ところで牛一は、喧嘩騒ぎが起こり、「喧嘩を下々の者らがしているものと、おぼしめされていたところ、一向にそうではなく」の後で、鬨の声と銃声が始まったとするが、喧嘩騒ぎだと「おぼしめされていた」時間とは、いったいどのくらいなのか。

現行暦7月1日頃の日の出は午前4時47分であり、手作業ができる薄明となるのは夏至の頃でその50分強前となるから、西郊に至ったのは午前3時50分前後と推測できる。大軍勢が幾筋かの条坊街路を進んで本能寺へ至り、周囲に織田方人士や町衆が駆けつけ、それらとの間で騒ぎを惹起するに足る兵数が展開し出すには、それなりの時間を要する。午前4時過ぎに包囲担当部隊の主力が下京西木戸を抜けて入洛したとするなら、そこから本能寺周囲へ至って展開を始めた時刻について、午前4時30分前後が導き出せる。

先に復元した変の時間経過によると、喧嘩のような騒ぎが始まったのは午前4時30分過ぎのことで、包囲が始まったのはそれより少し前、4時30分前であった。先の復元は傍証を得たことになる。

一方、同じ復元により得られた発砲を伴う襲撃の開始時刻は、午前5時30分前後であった。そうなると喧嘩だと「おぼしめされていた」時間については、包囲に伴う喧嘩騒ぎが午前4時30分過ぎからのことだから50分強の間となろう。これが第1段階の実相の一つということになる。先にカリオンが襲撃が始まるまで成り行きを見ていた〝しばらく〟の時間について約45分間だと導き出したが、それより少し長いことになる。むろんその差異は信長らが包囲の渦中にあったのに対して、カリオンは一街、120メートル＋α離れた場所に身を置き、知らせに接して初めて、そして間接的に事の重大さ、切迫さを認識したことに起因するだろう。

秀吉は、明智勢が包囲していたまさにこの50分強の間になされた喧嘩のような騒ぎを、いや、本能寺の変の実相かもしれない騒ぎを誘発した何事かを、第1段階もろともに著しく縮小ないし抹消せんと欲していた、そして由己がそれに同感したかは不明だが、最初期から従っていたといえる。むろん由己と情報を共有していた牛一も、独自の情報を持っていなかったようで、そのため同傾向の記述をとったのであろう。

では、この50分強の間、あるいは先に見たカリオンらの45分の間に何があったのだろうか。

京都所司代や馬廻《うままわ》り衆が本能寺へ駆けつけるも明智勢と戦わない不可解

気になるのは、信忠が立て籠《こ》もることになる二条御所に、多くの織田方将兵が集まったことである。『惟任退治記』にこうある。「将軍（信長）の御馬廻り衆で、惟任（明智勢）に隔てられて二条の御所へ馳せ加わる者は一千余騎なり」と。

『惟任退治記』は馳せ参じた将兵のリストに貞勝父子の名を入れているから、信長の直《じき》参《さん》、いわば親衛隊士である馬廻り衆が貞勝のように本能寺へ駆けつけたことが察せられるが、いずれも包囲の明智勢に「隔てられて」境内に入れなかった。それら馬廻り衆で信忠の元へ参じた者は1000余騎——厳密には（職種上の）馬廻り衆と勤番国衆《くにしゅう》の数——だった、というのである。

その彼らも貞勝と同じように行動した。包囲の明智勢の中に立ち交じり、暴行や拘束を受けることなく境内に入ろうと努めるも「隔てられた」、つまり武器によらず言葉と体を張って阻まれたことが察せられる。それにしても所司代とその手兵、馬廻り衆が本能寺へ駆けつけるも明智勢と戦わないとは、通説に立脚するならなんとも不可解なことである。

不可解といえばもう一つ、変の当日朝、本能寺には信長の小姓、奉公衆が100人弱しかおらず――『信長公記』は小姓衆二、三十人+奉公衆、『1582年日本年報追加』は少数とする――、一方『惟任退治記』が二条御所に入ったその将兵を「五百計《ばかり》」と述べるように、信忠自身は勤番衆を（家康の警固のためもあり）少なくとも500人は擁していたというのに、同じ洛中にありながら、なぜ信忠は父の警固に割かなかったのか。加えて同寺の門前に所司代の貞勝がありながら、なぜ貞勝は手勢の所司代兵を本能寺警固に振り向けなかったのか。戦国の主君警固の習いからすれば刀しか帯びぬ小姓、奉公衆数十名がそば近くに控えるだけで、甲冑をまとって完全武装した将兵が一人として夜通し主君の宿所を守護しなかったなどという不手際は、まず考えられない。

となれば、当然割いていた、従って本能寺には警固兵が多数いた、そう見るべきなのではないか。察するに『惟任退治記』は配備された警固兵を、なんらかの事情で信長方の将兵にあらずと見ていた、だから100人弱しか同寺にはいなかったかに書き記した、その視点は牛一ら他の著者にも共有されていた、そうした可能性も視野に入れるべきかもしれない。

でなければ、父・信長は信忠を信じていなかったことになるが、しかしそれはあり得まい。貞勝が主君の警固に手勢を割かなかった理由も同時に説明できなければならないし、本心から息子を疑っていたなら初めから小人数で上洛などしなかったはずだ。敢えてそうしたのは信忠と貞勝の手勢が己の警固にあてにできたからにほかあるまい。

そうだとして、信忠は割いたと解すなら、それはくだんの1000「余」騎のうちに含まれているかもしれない。その数として彼の勤番衆500人の半分、2~300人が妥当ではなかろうか。彼らは信忠に帰属するからいずれかの時点で現場を離れ、その元へ、そう、二条御所へ向かったことが察せられる。このことは先に挙げた不可解解明の糸口になるかもしれない。

ところで『惟任退治記』は、馬廻り衆が二条御所に馳せ加わった時点を光秀が本能寺の炎上と信長の自害死を確認する前のこととする。御殿炎上の前となれば信忠の元へ馳せ参じたのは襲撃より前、要するに第1段階のこととなるが、これは重要なポイントである。

上様警固に割かれた信忠の勤番衆がくだんの1000「余」騎に含まれるなら、彼らが主君信忠の元へ戻ったのはまさに明智勢による包囲中、(信忠の勤番衆を除く)この約1000騎が信忠の元へ馳せ参じた時以外にあるまい。同じ第1段階に信忠の元へ向かったとなれば、物の見方を逆転させて、多くの馬廻り衆はともに騒ぎを起こしていた信忠の勤番衆の動きに同調して本能寺を離れ、二条御所にある信忠の元へ向かった、そうした可能性も十分に考えられる。（※十余、百余などとある場合、「余」は親数の2、3割を表す。十余とあれば十二ないし十三をいう）

ここで確認しておきたいことがある。信長の死はそれとおぼしき死骸が検分され、上様に間違いないと同定されることで公定のものとなる、それが戦国の習い――基本的には首《くび》実検《じっけん》をもってなされる――だが、内外の史料が証言するように、明智勢は焼け跡から遺骸を見出すことができなかったのである。

すべてのお堂や僧坊、塔頭《たっちゅう》施設、境内の森――さいかちの木立や竹藪《たけやぶ》とも（『川角太閤記』）――が焼け尽き、また多数の兵による囲みようから見て脱出できたとは考えられず、さらにまた御殿から退避した者らの話からも奥の御座所で焼死を遂げたのは疑いない、少なくともそう憶測するほかなかったはずだ。そして戦略の上からも士気の上からも、早い時点で光秀は断を下して「上様は亡き者となった」と布告し、次の軍事行動に移ったと考えられる。現に、程なくして明智軍が（いまだ炎上中の）本能寺の現場を離れるなど「上様は死んだ」ことを前提に行動しているからである。

とはいえ、光秀が「死んだ」と発表したとしても、「神罰仏罰を退けてきたあのお方のことだ、死ぬなどということがあるのか、いまだ死んでいないのではないか、秘密の方法で逃げおおせて、いずこかに隠れて一息ついているのではないか」といった疑念が、御殿が焼け落ちた後もしばらくの間、人々の脳裡にわだかまっていたことは十分に考えられる。つまり、もしやの憶測が勝《まさ》って信長が死んだとは誰も確言できなかった、ということである。

羽柴秀吉は中国大返しの途上で書状を各地の武将に送ったが、中川清秀《きよひで》に宛てた書状が残っており、具体的な退避場所などの情報を添えて「上様は明智の謀反を切り抜けて生きておられる」などとしたためている（『摂津梅林寺《ばいりんじ》文書』）。これは大きな効果を発揮したのだが、そうした偽情報が通用したということは、世情が実際にそうであったことの恰好の証左と言えよう。

そうなると、少なくとも御殿落去の数時間後あたりまでは「御殿が炎上した、ないしは焼け落ちたイコール信長の死」を前提に事の次第を語ることはできまい。このことをわきまえておいて欲しい。史料に炎上に伴って死んだとあったなら、それは結果を知っていて結果の知見・後知恵に叶うよう書き記した記述と見てよい。たとえば山科言経は『言経卿記』6月2日の条で「（攻撃が始まると）即時に信長は討ち死にした」と断定しているが、当日夜の時点で信長の死はさまざまな状況から確実視されていたから、「遺骸は発見されずじまいとのことだが死んだのは確実であり、それは（攻撃開始後に起こった）御殿炎上の時にほかあるまい」と結論づけて、当夜そう書き記したということである。

『惟任退治記』も似たようなもので、貞勝から本能寺落去を聞かされた信忠は本能寺へ駆け入って、父に殉じるためもろともに切腹しようぞと皆に諮ったとある。彼の父はすでに死んだ、その前提に立つ叙述である。そもそも、なぜそこで殉死うんぬんなのか。なぜ命を懸けた父の救出なり敵討ちを口にしないのか。理に叶っていない。先の言及を踏まえるなら、ここも後知恵によって、その時点ですでに父・信長は死んでいたとする前提で、加えて奮戦死を遂げたほどにあっぱれな若武者であるという前提で、それに見合うよう彼が言動したかに記述された、ととるほかない。

諸々そうなら、貞勝は第1段階のうちに信忠の元へ向かった、そう理解すべきが妥当となろう。

本能寺を囲む明智勢は織田方と交戦する意志を持っていなかった!?

むろん、それは貞勝だけのことではない。『惟任退治記』に、光秀が御殿の炎上を見、信長の死を確信して二条御所へ向かうより前に、馬廻り衆1000余騎は信忠と合流できたとあるから、馬廻り衆も第1段階のうちに二条御所にある信忠の元へ向かったことは間違いない。

そのはずなのだが、事はそう単純ではない。そのように記しているにもかかわらず、この馬廻り衆が馳せ参じたと述べる場面の直前の段は、信忠が注進に接して父に殉死すると決心し、家臣にともにそうしようぞと諮る場面であり、さらにその直前の段は御殿の炎上と信長が切腹する場面なのだ。一見、御殿の炎上と信長の死に続く流れのうちにあり、となれば本能寺側の第2段階に属し、彼らが馳せ参じたのは本能寺側の事変終了か、それ以後のことと解すのが妥当のようでさえある。しかし、そうだとすると矛盾する。

繰り返しになるが、馬廻り衆は選り抜きの親衛隊士であり、勤番中の彼らは主君と死を共にする定めにあった。炎上のさなか、あるいは焼け落ちた後に駆けつけるも、武器も取らずに行く手を阻まれてすごすご若殿の元へ向かったとは、なんとも解《げ》せない。主君の死がいまだ確定していないのに救出もしない、たとえ死んだ可能性が高いとしても殉死覚悟の敵討《かたきう》ちを含む武器を取った騒動すら起こさない、つまりなんら命をかけた行動もせずに主君が襲撃されつつあった場所、あるいは襲撃が一段落ついた場所を後にすることなどまず考えられない。

実は、先の見方を助長するかのように無自覚な論者の目には、他の史料もこれと同様の流れをとっているかに見えてしまう、というやっかいな問題がある。たとえば『1582年日本年報追加』にこうある。「光秀は信長を斃《たお》し、かの寺院を悉《ことごと》く焼いた。事変はすでに都中に知れており、数人の殿は駆けつけたが、街が占領されていたため入ることができず、世子《せいし》の邸に赴いた」と。

本能寺の炎上と信長の死が述べられた後に「数人の殿たち」——彼らは信長の堺行きに同行するため上洛していたとあり、その意味するところは彼らが少なからずの将兵を伴ってそうしていたということ——が本能寺に駆けつけ、行く手を阻まれたので信忠の元に向かったと読めようが、問題なのは「事変はすでに都中に知れていた」理由が、明智勢の旗指《はたざし》物群が本能寺を囲む様と御殿が炎上する様とが盆地中から望見できたゆえ、と思えてしまう点である。

しかし、よく考えるなら「事変はすでに都中に知れていた」のは御殿の炎上よりだいぶ前、御殿の震動するかのような大騒ぎが洛中に聞こえたことによるはずであり、またそれによって都中が驚き、野次馬が本能寺周辺に駆けつけ、一層騒ぎを大きくしたことにもよるはずである。

そうならば、御殿の炎上より前の、その大騒ぎが持ち上がった後あたりにこそ数人の殿たちは信忠の元へ駆けつけた、そう理解しないといけないはずである。

ここで留意しなければならないのは、本能寺側の出来事群の叙述を終えた後に、改行を伴って二条御所側の段が置かれているという点である。編集史的に見て、それぞれの段の覚え書き、原資料が場所ごとにひとまとまりの出来事群から成っていたとするならば、それらがばらされることなく、ひとまとまりにそう配置された可能性が考えられる。だとすると、二条御所側での初期の出来事が本能寺側の出来事群終了の後に起こったという保証はない。ならば、二条御所側の初期の出来事は本能寺側で異変が進行していたその中途で起こった可能性に目を向けるべきではないか。

だとすると、本能寺側の段の後に二条御所側の段が続いているからといって、本能寺側の終了とともに二条御所側の出来事が始まると解す必然性はないことになる。

この点、『惟任退治記』も本来、『同年報追加』の事例に該当していたと思われる。しかしこちらは何よりも秀吉の校閲があり、それが災いしたようだ。秀吉は由己の原稿を校閲した際、前述の生じやすい誤解の轍に足をとられ、二条御所側の始まりは本能寺側の終了の後に続くと思い込んだ、そのため上様が御殿の炎上とともに死んだ事態を受けて当然、武家の息子らしく振る舞ってしかるべきだとして、文中で（敵討ちなどではなく）信忠に殉死の切腹を口にさせるなど、上様の死を前提にした記述に修正させた、というように。

そうならば、くだんの「本能寺側の終了とともに二条御所側の出来事が始まる」といった先入観も、通説の淵源たる『惟任退治記』により形成された、そう解して無理はないのではないか。（※右のかっこつきの一節「敵討ちなどではなく」の意味するところは、信忠が父の敵討ちをするに値しない身上にあったことを、つまり父の死を招いた謀の中核にその身を置いていたことを、敵討ちを口にさせないことで含意暗示させたということである。信忠の謀については後述する）

『信長公記』も似たようなもので、信忠は本能寺を指して走り、途中、貞勝と行き合ってすでに御殿は落去したと聞かされ、二条御所へ方向転換する、そして信長の死を前提に諸事が進行する、という筋書きをとる。そう書いたのも当然と思われる。何よりも牛一は『惟任退治記』を底本としていたし、事変の伝聞取材者に過ぎないため先述の誤解の轍に容易に足をとられたであろうから。

これですっきりした。もはやこう断言していいだろう、本能寺側で鬨の声と銃撃を伴う襲撃が始まる前、本能寺が包囲されているさなかに、村井貞勝や馬廻り衆、数人の殿たちは二条御所にある信忠の元へ駆けつけた。包囲を始める明智勢と揉め、騒ぎ立てるも干戈を交えることはなく、そしてなんらかの事情に促されて信忠の勤番衆とともに二条御所に向かった、彼らの上様が臨戦態勢下にある明智軍に囲まれるがままに放置して、と。この状況から少なくともいえるのは、貞勝や馬廻り衆、数人の殿たちは明智方と、そして明智勢は織田方と、それぞれ交戦する意志を持っていなかったということである。

先に、『惟任退治記』が著しく縮小ないし抹消したがっている第1段階において、なぜ明智、織田双方の将兵は戦おうとしなかったのか不可解としたが、改めてそれを問いたい。いったい、なぜ？　そう、その答えは交戦する意志を持っていなかったからである。ならば、双方は馴染んでいた、少なくとも御殿内を除く境内内外の織田方人士は明智方の目的、志を容認していた、あるいは尊重していた――。そうだとするならば、一歩進めて双方は目的、志を共有していた、そうした可能性すら視野に入れるべきとなろう。

入洛した信長は僅かな近習《きんじゅう》しか伴っていなかった。『惟任退治記』はお供《とも》衆100人弱、『信長公記』は小姓衆二、三十人プラス奉公衆とする。一見するとそれゆえ容易に謀反を許したわけだが、この点『1582年日本年報追加』はこう明言する。信長とともに都に留まる兵は少数だったと述べた後で、「ただし二、三日後堺に赴く際、同行するため留まっていた大身《たいしん》たちもあった」と。フロイスの『日本史』も「だが、同所（都）には（中略）信長の堺行きに同行すべく待機していた数名の有力な武将たちもいないわけではなかった」と記す。信長の（実体は近習である）兵はごく少数だったと述べながら、そう書き加えるとはどういうことか。

察するに、少なからずの将兵を伴う数名の有力な武将（大名）たちも信長を護衛、救出するでもなく、第1段階のうちに信忠の元へ参じたことで――その中には信長の実弟・織田有楽斎長益《うらくさいながます》、末弟の織田長利《ながとし》もいた――、最悪の事態を防げなかった、どうしたことか、と報告者のカリオンが嘆じていたゆえ、あるいは有力な武将たちが村井貞勝や馬廻り衆たちと同様に明智勢と馴れ合っていたことを知っていて、カリオンは行間でそれを仄《ほの》めかそうとしていた、ということなのではないのだろうか。

親衛隊たる馬廻り衆は上様の死を招いた何事かに関わっていた!?

謎解明の糸口になろうか、『信長公記』に気になる一文がある。「湯浅甚助《ゆあさじんすけ》・小倉松寿《おぐらまつじゅ》の両人は、町の宿にて謀反発生の報を承《うけたまわ》り、敵の中に交り入って本能寺へ懸《か》け込み～」と。明智勢のふりをして紛れ込み、本能寺に駆け込んだというのだ。これは二条御所の方でも見られ、小沢六郎三郎が同じように明智勢を装って駆け込んだという。

ほかには見えない話だから太田牛一が取材をして得た逸話なのだろうが、なぜ採録したのか。その一方で『惟任退治記』では言及される、本能寺に馳せ参じるも戦わずして二条御所に向かった1000余騎の馬廻り衆について、なぜ牛一は触れようとしなかったのか。むろんここに見た数人の殿たちについてもだ。どうにも解せない。

察するに、カリオンの仄めかしに通底しているのではないか。つまり、牛一の目には彼らと包囲する明智勢とが戦闘するでもなく馴れ合い、奸計にせよ力づくにせよ、上様救出のために境内に突入することもせず二条御所に向かったことに、むしろ憤りを覚えていたからではないか。

ならば、牛一は上様の死を招いた何事かに彼らが関わっていたがゆえに彼らを憎み、本能寺の場面に彼らが居合わせた事実の黙殺を図った、そう解すことも可能なのではないか。

しかしそうなると気になるのは、馬廻り衆のうちの、部隊長と目される福富秀勝《ふくづみひでかつ》、野々村正成《まさなり》の名を二条御所で信忠とともに討ち死にした者らのリストに加えている点だ。一見、矛盾することだが、牛一にしてみれば彼らの奮戦と討ち死にを明智勢と馴れ合って境内に突入しなかった不忠事の贖罪《しょくざい》と見なし、贖《あがな》いは済んだとして名を加えた、そう考えれば辻褄は合おう。

諸々そうならば、こう結論づけることも可能なのではないか。『信長公記』が触れようとしない『惟任退治記』『1582年日本年報追加』ほかに見える、織田方の人士が本能寺の周囲へ駆けつけ、騒ぎ立てたにもかかわらず戦わずに離れ、信忠の元へ向かったとする情報は史実に近い、あるいは史実だ、と。

だとすると、明智勢と戦おうとせず融和的とすらいえる貞勝や馬廻り衆、数人の殿たちを含む織田方将兵の不可解なありようには、変の真相に関わる何か重大な裏がある、そうした想定も十分に成り立つのではないだろうか。

疑えば、こうもいえる。本能寺から二条御所あるいは信忠が宿所としていた妙覚寺《みょうがくじ》まで、直線で600メートル《メートル》ほど、条坊街路を辿れば700メートル《メートル》ほどとさほど離れていないのに、なぜ明智勢は部隊を分遣しなかったのか。信忠は妙覚寺を定宿《じょうやど》としていたから、その居場所など心得ていように、なぜそうしなかったのか。さもなくば、策敵《さくてき》要員を放って動向を探ってもよかったのだ。

当時、本能寺の周辺は寂れ、町屋が密集する街区ではなかった（『老人雑話』）。だから、フロイスが包囲を担った兵数として挙げる3000で包囲は事足りる。少なくとも総数1万を優に超える軍勢がありながら、なぜ分遣できなかったのか。いや、しなかったのか。

先に導き出したように、福富秀勝らの率いる約1000騎の馬廻り衆、所司代貞勝とその手兵、数人の殿たちとその手兵は、明智勢と戦う意志を持っていなかった。それと同様、光秀と彼の軍勢は信忠とその軍勢に対しても敵意、戦意を抱いていなかった、そうした可能性がここでも浮かび上がってきた。

だとするなら、本能寺内の信長勢との間でも馴染み合っていたといわないまでも、少なくとも互いに戦意は抱いていなかったということはないのか。何より圧倒的な兵力だから力押しに攻め込めば、即座に信長の首級を挙げられたはずなのに光秀はそうしなかった。少なくとも変の第1段階においては信長を襲い、亡《な》き者にする意図はなかったことになるまいか。その包囲は殺害を除く何事かを叶えるための環境作りに過ぎなかった、そうした可能性も視野に入って来よう。

さらにこうもいえる。くだんの馬廻り衆は全馬廻り衆――おそらく3000人前後――のうちでも、すなわち信長の全親衛隊士の中でも、特異な存在だった、と。つまり、どうしたわけか変当日の早朝、日の出頃には洛中におり、入洛したに違いない前夜から（『惟任退治記』に従う限り）本能寺境内の警固に就《つ》くわけでもなく、また現場に駆けつけるも上様を包囲されるがままにして信忠の元へ駆けつけ、その癖その中の名の通った馬廻りたちはそこで信忠とともに奮戦死を遂げたくらいだから、信長には必ずしも忠実でないが信忠には忠実であった、と。何やら親子の間にきな臭さが漂いそうだが、だとすると、くだんの馬廻り衆のなんたるかをもう少し突き詰めねばなるまい。

通説による刷り込みを排すなら、一歩進めてこう考えられないだろうか。彼らはすでに信忠の指示を仰ぐ関係にあった。信忠は己の意に馴染む彼らを、なんらかの目的のために（父以上に＝後述）早く入洛せよとせかせた。そのため6月1日の昼間、少なくとも夕方までに数百騎は入洛し待機していた。その払暁、予想だにしなかった明智勢が現れて上様の宿所を包囲し始めた時、驚き、そして騒ぎ出すも、かねてより明智勢と意の通じ合う所あって干戈を交えるに至らなかった。そして明智勢による包囲がなった後のある時点で、信忠が己の元へ呼び寄せたため彼の手兵とともに二条御所へ向かった、と。要するに、彼らは信忠に同心していた、そして明智勢に対しても似たありようにあったのだ。

穿ち過ぎかもしれないが、彼らがおそらく信忠に入洛をせかせられたことと、明智勢と馴れ合っていたこと、包囲されるがままに主君信長を放置して二条御所へ馳せ参じたこと、そして彼らになされたであろう明智方包囲勢による言い繕《つくろ》いや説得とは、それぞれ無関係ではなく通底していた、すべて関連づけられていた可能性を我々は認識せねばなるまい。

少なくとも変の最終段階の直前まで、光秀は弑逆《しいぎゃく》を意図していなかった!?

襲撃の描写について、解明の糸口になるかもしれない不可解を指摘できる。すでに触れたことだが、『惟任退治記』がその始まりを「御所の廻りを取り囲み、夜昧爽の時分、合壁を引き壊し、門の木戸を切り破り、一度に颯っと乱れ入る」と描くのに対して、『1582年日本年報追加』は喧嘩騒ぎがあった「その後、銃声が聞え、火が上った」と描き、また『信長公記』も喧嘩騒ぎの後に「鬨の声を上げ、御殿へ鉄炮を打ち入れた」と描く。問題は銃撃の有無で、ほかが襲撃は発砲を伴うと証言しているのに、『惟任退治記』だけは銃撃に言及していないのだ。

襲撃開始の様を表す「一度に颯っと乱れ入る」なる描写についても、『信長公記』などは似た文言で「御所の廻りを取り囲み、四方より乱れ入るなり」と書き記してはいるが、しかしこの乱入によって「喧嘩のような騒ぎ」が起こるのみで、つまり第1段階のくだんの記事要素・喧嘩騒ぎが招来されたとするのみで、襲撃がなされた第2段階のことだとはしていない。

だとすると、『惟任退治記』のそれに似る『信長公記』の「御所の廻りを取り囲み、乱れ入るなり」の一節が描く出来事は、本来、第2段階の襲撃場面には属さない、第1段階に属す別の似た出来事の場面ではないかとの疑念を余儀なくされる。

そうならば、『惟任退治記』の一節も、第2段階の襲撃場面にあらずとすべきなのか。しかしその中の文言「合壁を引き壊し、門の木戸を切り破り、一度に颯っと乱れ入る」は破壊的で暴力性に溢れる。とても融和的とはいえない。襲撃の場面にふさわしく、第2段階の出来事そのものに見える。いったいどちらに属すのか。

こうなると発想を変え、黒白に分けるのではなく作中で第1段階と第2段階の出来事同士が混交されていると見たらどうか。つまり、こうだ。著者の由己はある部分についてはあからさまな史実の捏造をしたのではない。取材して得た第1段階に属す場面の素材と第2段階に属すそれとを作中で混ぜ合わせた。初期の戦闘を伴わない境内への突入シーンと銃撃を伴う戦闘の開始シーンとを切り貼りして融合した、と。言い換えれば、取材をしているうちに各人から語り聞かされる実は第1段階に属す突入シーンと、それとは別の第2段階のシーンとを同じものだと捉えてしまった、さらにその認識はお伽衆の同僚・太田牛一にも受け継がれた、と。

察するに両者に、ことに由己にいえることだが、秀吉の指示に従ってそうした叙述を取ったのは、基本的に変が第1段階と第2段階に分かれていた認識を明確に持っていなかったからではないか。すでに牛一について指摘したことだが、彼もしょせん当事者ではなく、あくまで伝聞取材者だったからだろう。

記事要素の混ぜ合わせについては、たとえば次の例でうまく示せるだろう。由己が取材して得た素材の中に、第1段階に属す「明智勢は本能寺へ押し寄せ、囲んだ。しばらくすると四方より土居を越えて境内へ一度に乱れ入った」があった。一方で第2段階に属す「御所の周りから鬨の声を上げ、御殿の築地壁を引き壊し、門の木戸を切り破り、発砲しながら乱れ入った」があった。由己は両者を同じ本能寺の変の開始場面に属すと見なし、両者を切り貼り融合して「明智勢は本能寺の御所へ押し寄せ、取り囲み、夜昧爽の時分に合壁を引き壊し、門の木戸を切り破り、一度に颯っと乱れ入った」とする『惟任退治記』の描写を得たのではないか。

では、なぜ由己は銃撃うんぬんを省いたのか。変当日の払暁に銃声はいっさい聞こえなかった、これを京の人々は承知していたからだ。銃声が京都盆地中に轟き渡ったのは、襲撃の始まった午前5時30分前後以降であり、それゆえとても偽りごとを書けなかったということではないか。

そうなると、ここに真相の一端がより明瞭に見えてくる。この喧嘩騒ぎの中、貞勝やくだんの馬廻り衆、数人の殿たちが明智勢の中やその周辺を動き回っても暴行を受けるでもなく拘束されるでもなかった状況、いわば双方の融和的な関係、第1段階の実相を、秀吉は都合の悪いことだとして抹消し隠そうと図った、と。

秀吉が第1段階を抹消したい程に、その段階における明智、織田方双方は融和的であり、馴染んでいた。互いに戦う意志など持っていなかったのだ。とりもなおさずそれは、喧嘩のような騒ぎの段階における明智勢が武力による流血の謀反を、そう、主君の弑逆《しいぎゃく》などおよそ意図していなかった可能性に強く繋《つな》がろう。このことを心得ておいていただきたい。

変の前半を詳細に記す一次史料『本城惣右衛門覚書《ほんじょうそうえもんおぼえがき》』が証す意外な真実

幸いにも、包囲の始まる午前4時30分前から1時間ほど続いた変の第1段階（騒ぎは50分強）について、詳しくその内実に触れる一次史料がある。『本城惣右衛門覚書』といい、明智軍の斎藤利三《としみつ》隊に属していた本城惣右衛門有介《ありすけ》なる徒侍《かちざむらい》が老境に至って親族宛てにしたためた覚え書きである。

同書には江戸初期に流布した書物から得た状況や憶測による心理描写、会話といったものが幾つかの例外を除きほとんど見えない。ほぼ当人の体験に依拠する記述のみで、先学諸氏の評価は高い。記憶に磨滅、混濁が混じっていることを念頭に入れても、きわめて信頼の置ける、ほかに優先されるべき史料である。

長いが、本能寺の段を引いてみたい。

明智殿が謀反を致し、信長様に御腹を召させ申した時、本能寺へ我等より先に入ったなどと言う人がいるならば、それは皆、嘘をついていると言いたい。そのゆえんは、こういうことである。

我等は、信長様に切腹させる事だとは夢とも知り申さなかった。〜〜(中略)〜〜。斎藤内蔵助《くらのすけ》(利三)殿の子息と小姓の二人が本能寺の方へ馬に乗って向かっている間、我等は徒歩にてその後に付き、方はらまち(片原町?)へ入った。

その二人(とそれに従う将兵)は(寺の土居沿いに)北の方へ向かった。(それと別れて)我等は皆、堀の際を東向きに参った。そして(橋を渡って)本道(西洞院通《にしのとういんどおり》)へ出で申した。

(少し北へ進むと)その(境内東側に接する、西洞院通西側の西洞院川にかかる)橋の際《きわ》に人が一人おり、そのまま我等は(襲って)その者の首を取り申した。

それより境内に入ったが、門は開いていて、鼠ほどのものもおらず、かの首を下げたまま内へ入り申した。

おそらく北から入った弥平次《やへいじ》殿(明智秀満《ひでみつ》)の母衣《ほろ》衆の二人が、「首はうち捨てよ」と申したので、堂(本堂)の下へ投げ込み、(本堂の)表から入った。広間にはひとりの人も無かった。蚊帳が吊られたままで、人の姿は無かった。

庫裏《くり》の方より現れた下げ髪を致し、白き物を着た女一人を、我等は捕らえ申したが、(我等侍は一人もいなかった。女が「上様は白き物を召しているようです」と申したが、(我等はその上様が）信長様とは思ってもみなかった。その女は（部隊長の）斎藤内蔵介殿に渡し申した。

（敵方の）御奉公衆は袴《はかま》に片衣《かたぎぬ》で、股立《ももだち》を取り、二三人が堂の中へ入ってきた。そこで我等は首をまた一つ取り申した。その者は一人、奥の間より出て、刀を抜いていた。帯も致さず、浅黄《あさぎ》色の帷子《かたびら》を着ていた。

その頃には、もはや味方も大人数が入っていたが、それを見て敵方は崩れ申した。我等が蚊帳の陰に隠れたところ、（首を取った）かの者が出てきて、前を過ぎたので、後ろより斬り申したのである。

あの折には、皆と共に首を二つ取り申した。褒美として我は槍を下され申した。の〜口ざい太郎坊の配下にいた時のことであった。（本能寺の段より）

ここに名の見える斎藤利三と明智秀満は明智軍の部隊長だが、話の内容から両人が包囲と襲撃を采配《さいはい》していたこと、また惣右衛門自身は斎藤隊に属していたことが読み取れる。

一読して感じるのは、人気がなく閑散としていることだ。条坊街路の西洞院通に面した門――おそらく木戸口――を抜けて境内に入っても人っ子一人おらず、また本堂の内へ上がっても同様で、しばらくして入ってきた信長の奉公衆（勤番衆）も2、3人といった体《てい》である。

惣右衛門らより先に境内に入った者はいないと冒頭で断言しているから、少なくとも境内東側の南寄りの門から入った明智勢は少数だったようだ。「の〻口《ののぐち》ざい太郎坊」は組頭、いわば小隊長と見られるが、「組」は30人前後であることが多いので、それくらいの人数で門を潜り、数人ずつに分かれて境内に展開し、行動したものと考えられる。

「もはや味方の大人数が入っていた」となった「その頃」（原文は「其折節《そのおりふし》」）まで、人気がなく閑散とした状況が続いていたようだ。女の言を除くと音声・物音に言及のない点が気になるところだが、単に言及がないだけなのかもしれない。

それはともかく、明智勢がなだれ込み、信長と小姓、奉公衆が奮戦するといった我々のイメージする本能寺の襲撃とだいぶ様相の異なる点は否めない。

ここで留意したいのは、信忠が派遣した警固兵はどこにいたかだ。それは御殿区画であろう。かつて僧兵も擁したことのある本能寺だが、天文《てんもん》年間の移転後は信仰に専心する僧院であり、堀を伴う土居が囲むも乗り越えは難なく、単に寺院域、境内を示すに過ぎなかった。

そのため信長は寺域の東北側の一画を築地壁と深さ1メートルの浅い堀で囲んだ上で、武家様式の館を造営したのである。築地壁はある程度堅固な造りで防衛が期待できる施設だったから警固兵は守り難い境内全域ではなく、そうした御殿域のみに展開していたはずである。平時であるから信忠の宿所・妙覚寺と同様、不寝番の兵は多くなく、過半はもう一つのお堂や幾つかの僧坊、塔頭の坊で就寝し待機状態にあったと見られる。そうしたわけで惣右衛門らが入った南東寄りの寺域に彼らの姿が見えなかったことは、十分にあり得たのだ。

気になるのは、惣右衛門らの行動が味方の大人数が入った頃までだったという点だ。彼ら「のゝ口ざい太郎坊」を組頭とする一隊はいったい何者なのか。敵を討つのに蚊帳の陰で待ち伏せするところを見ると、一般の将兵のようにも見えない。母衣衆、つまり大将か部隊長の使い番の指示に従う立場にあり、加えて味方に先駆けて境内に入ったこと、身柄を確保した「上様」のことを知る女を部隊長に引き渡したことも考え合わせると、何か特殊任務、もしかして包囲下にある境内の策敵《さくてき》を仰せつかった組と見える。

母衣衆の二人は惣右衛門らと行き合うと、下げていた首級を打ち捨てよと命じたが、何ゆえか。惣右衛門らはそれを本堂の床下に投げ込むが、それは隠したことを意味しよう。手柄の証拠をみすみす放棄するわけにはいかないからだろうが、しかし深読みするなら首級を下げていることは殺意を持って行動していることを相手に、そう、織田方に見せつけることになる。織田方にそう見られぬように打ち捨てよと命じたのだろうか。つまり融和的な態度に徹しなければならなかったということなのか。それはともかく、仮に彼らが策敵要員であったなら、その時に母衣衆の二人に策敵結果を報告したことになろう。

惣右衛門らは本堂へ入ってもう一つ首級を取るが、それはその頃、もはや大人数が境内に入り込むなどで異なる段階に入り、策敵の任を解かれたゆえであり、そのため一つめの首を床下から回収し、本陣に二つ持参して槍などの恩賞に与《あずか》れたと見ることができなくもない。（※詳しくは後述するが、彼らは徳川家康を討つ軍事行動だと思い込まされていた）

それにしても、境内はむろん本堂にも人気がなかったとはどういうことか。寝込みを襲われたのなら信長の奉公衆は蚊帳の中で寝ていてもよさそうだが、そうではなかった。惣右衛門らが入った時にはすでに退避しており、見当たらなかった。

一つしか考えられない。彼らが本堂に上がる前に気づかれたということだ。織田方は開け放たれた門を閉ざす暇もなかったようだが、彼らが門前でやった行為ゆえ、あるいは門を抜けるあたりの首級を下げた姿を見咎《みとが》められて「敵襲！」と叫ばれたのであろうか。

しかし敵は存外、少人数だったから、信長の奉公衆は上様の癇癪《かんしゃく》を恐れて「このままでは名折れだ」とばかりに迎撃を試みた、そのため浅黄色の帷子に帯を巻く暇もなく出てきたのではないか。女にしても白い衣を着ている。上様もそうだという。帷子も含めいずれも寝間着だから起き抜けだったことになるが、払暁の、午前4時30分前の侵入だったから当然であろう。

もしこれが未明のことだとすると、本堂の中は真っ暗で、服装の詳細を見てとることなどできない。それに夜襲なら松明などを持ち、あるいは火矢を打ち込むものだが、そうだったとしても惣右衛門が見て取ったような装束の詳細は見て取れまい。何よりも明かりの件はいっさい言及がない。夜討ちでないからだろう。こうしたことからも、先に見た包囲開始の時を、つまり作戦開始の時を午前4時30分前の頃だとした想定は蓋然性を増そう。

明智勢は襲撃の前、包囲段階ですでに御殿の前庭にまで入り込んでいた

フロイスの『日本史』に一見、冒頭で惣右衛門らが首を取った門前の場面と同一かと思える場面が見出せる。「明智の軍勢は御殿の門に到着すると、真先に警備に当たっていた守衛を殺した」と。しかしこれは似て非なるかなである。なぜなら、惣右衛門らは条坊街路に面した門の外、堀を渡る橋のたもとで（首を取る対象たる）武士を討っているが、こちらは御殿の門でのことで門が違うからだ。

『1582年日本年報追加』『日本史』ともに、明智勢が包囲したのは本能寺／僧院／寺院であり、銃声を伴う襲撃はその内の御殿／宮殿に対してなされたことだと書き分けている。そうなると、御殿の門内への突入はまさに襲撃のためだったことになる。

明確に書き分けていることは、喧嘩のような騒ぎについてもいえる。重ねての引用になるが、『同年報追加』はこう書き記す。

三万人は天明前に僧院を完全に包囲した。市においては事は全く意外で、何か騒ぎが起こったことと考えて、その報を伝えた。〜〜（中略）〜〜。わが聖堂（南蛮寺）は信長

の所（本能寺）よりわずかに一街を距《へだ》てたのみであった故、キリシタン等が直《ただ》ちに来て、早朝のミサを行うため着物を着替えていた予《よ》に対し、宮殿の前で騒ぎが起こり、重大事件と見える故、しばらく待つことを勧めた。（以下略）

本能寺を包囲した段階ですでに騒ぎとなり、程なくしてさらに宮殿、つまり境内の御殿の前でもそれとは別に重大な、喧嘩のごとき騒ぎが起こったことがわかる。留意すべきは第1段階なのに御殿の前にまで明智勢が入っている点、そしてそこで騒ぎがわき起こってもそれがすぐ武力衝突に発展していない点だ。これについて『日本史』は、重大事件たるのゆえんを「そのような場所（＝そのようなことがあり得ない御殿の前）であえて争っているから」とし、あくまで争いごとによる喧嘩のような騒ぎだとしている。

では、第1段階における寺の周囲及び御殿前の騒ぎは具体的に何を意味するのだろうか。

御殿前の門が襲撃前に閉じられ、そして襲撃時に切り破られたとは何を意味する？

その前に、『惟任退治記』の記す「合壁を引き壊し、門の木戸を切り破る」という一文が、何を意味するのか明らかにしておきたい。先にこの場面は（由己が取材して得た素材の中にあった）初期の融和的に境内へ入ったシーンと、第2段階の築地壁を引き壊し、門の木戸を切り破るなど銃撃を伴った戦闘開始のシーンとを融合したものではないかと推察したが、ここでその融合された場面をそれぞれの要素ごとに分離してみたい。

『老人雑話』に「四方にかきあげの堀ありて土居を築き、木戸ありて構えの内也《うちなり》」とあるように、本能寺は外周のほとんどが堀を伴う土居に囲まれていた。土居とは一種の土手、土塁で、引き壊せる類の物ではない。そうできるのは築地壁であり、そうした塀はまさに御殿を囲むにふさわしい。加えて完全包囲により寺の外周はむろんのこと、ある時点から御殿域を除く全境内に明智勢がなだれ込んでほぼ占拠していたから、信長らが立て籠もる御殿の門は奉公衆により堅く閉じられていたろうが、境内を囲む土居の方の諸門が閉じられているいわれはない。ならば、切り破られた門は閉じられていた方の御殿前の門ということになる。

この暴力的で破壊的な行動は、いまだ（干戈を交えないという意味で）融和的だった御殿前の大騒ぎが一区切りついて以降のもの、つまり第2段階のものだ。大騒ぎに一区切りがついた時にこそ門の木戸は閉じられた。そして始まった襲撃で築地壁が引き壊され、門の木戸が切り破られたといった経過が想定できよう。だとすると、いよいよもって戦闘が始まるまで続いたであろう喧嘩のような騒ぎの50分強の間に、何があったのかが気になる。

とにかく我々は先入観に囚われていようから、自由に発想してみたい。

惣右衛門らが表の門から入って後、境内南東寄りの本堂、僧坊のあたりで策敵活動を続けていたある時点で大人数が入ってきた。そこで手柄話は終わるから策敵活動はその時点で終えたことになろうが、その大人数はその後、鬨の声と銃撃を伴う襲撃に与ることになる将兵でもあろう。いずれにせよ、惣右衛門らの策敵活動は襲撃段階の前の、本能寺外周の包囲に並行する何らかの作戦の一環だったことが考えられる。

なぜ惣右衛門は発砲を伴う戦闘に一言も触れなかったのか。他の史料たちは100名近くの小姓、奉公衆が討ち死にした苛烈な戦闘を詳しく描いているのに。しかも惣右衛門らは肝心な御殿域に入ってもいない。考えられることは一つ。第1段階のある時点で任務を終えて境内の外へ出たから、言い換えれば「何らかの作戦」がもはや不要となったゆえ、と。

だとすると憶測も交じるが、こう整理することができる。惣右衛門らは午前4時30分前にはある作戦のため境内に入り策敵活動に従事した。一方、北側の門から入った一部将兵は武家殿舎の築地塀の門を抜けて前庭に入り、信長らとの間で何事かを始めた。しかし時を経ても埒《らち》が明かなかった。膠着の打開策として境内に大勢を招き入れた。それはある作戦および惣右衛門らの任務・策敵の終わりを意味し、それまで以上の騒ぎを御殿前に誘発し第1段階の終焉を招来した。

前掲の一節に「その頃には、もはや味方も大人数が入っていたが、それを見て敵方は崩れ申した」とあった。崩れたとは明智方の視点によるが、信長方の視点によると思われる一節が『信長公記』に見える。「透き（隙）もなく敵勢が乗り込んでくるので（異読あり）、面（表）の御堂（本堂）の番衆（勤番／奉公衆）たちは信長のいる御殿へ退き、御殿の小姓衆と一手になった」と。御堂は惣右衛門らが策敵していた所だが、御堂（本堂）、僧坊、庫裏などに分宿していた信長方の奉公衆がそれらから引き上げて御殿域へ移ったことが、惣右衛門らの目には崩れたと映ったのかもしれない。

では改めて、なぜ御殿の門は閉じられたのか。そして何があったゆえに、その木戸は乱暴にも切り破られることになったのか。

意想外の真実、「切れた」信長は弓と槍をもって明智勢を門外へ追い出していた

『惟任退治記』を精読すると、注目すべき一節が見出せる。

信長は弓をおっ取り、広縁を差して打ち出で、向う兵五六人を射伏せた。その後は十文字鎌（槍）にて、敵の数輩《すうばい》を懸け倒し、敵を門の外にまで追い散らした。数か所の御疵《きず》を蒙《こうむ》（被）ったものの、御殿の中へ入った。

問題は「信長が敵を門の外にまで追い散らした」である。門の外にまで追いやったのな

ら、当然その際に門扉は堅く閉ざされたはずだ。先に大村由己は、第1段階の初期における戦闘を伴わない境内への侵入場面と、第2段階の発砲を伴う戦闘開始場面とを混交・融合して、変の開始シーンを造作したと推察した。その通りだとして、ここに掲げた一節を、第2段階の要素が少ないゆえ本来は前者、つまり変の第1段階に属す場面だったとしたなら、どうだろうか。

この一節から後者の要素を取り除くと、本来の第1段階の骨格と記事要素が残る。それは作為を除去した史実に近いものであり、次のように復元できる。

まず御殿の前庭で何事かが持たれた。それは「争い」「騒ぎ」の様相を呈して埒が明かず、しかも信長はいらいらを募らせて遂に「切れた」、と。

こうした彼の性向について、フロイスは『日本史』の中で「元来、逆上しやすく、反対意見を言われることに耐えられない性質であった」と証言している。ならば、前庭で持たれたこととは武器を用いず、少なくとも表面上は融和的であり、喧嘩のような争いに発展し得ること、何よりも信長の癇に障ること、となる。

意に違う意見が逆上を誘うというから、そうした意見が発せられやすい場が想定される。信長が家臣に諮問する評定や軍議などではあり得まい。明智勢は信長を包囲し拘束する優位な立場にあるからだ。とはいえ、形の上では上様を立てていたろうが。

そうなると一つしかあるまい。それは交渉の場だ。それも家臣側主催の、信長の意に逆らう、そして呑み難い要求が突きつけられる強訴だ。これなら条件を満たし、信長もさほど間を置かないうちに逆上し得る。そして信長が矢を射たり、槍を振るったのは、まさに逆上の帰結、そう結論づけられる。

気になるのは、そのような強訴に近い交渉事が応じてもよいとすんなり受理されたのか否かだ。寝込みを襲うように御殿域に入り込んだ斎藤利三らを応対したであろう森乱丸ら小姓たちが、お願いの儀これありとして上様を呼び出すよう請われてすんなり受け容れたであろうか。信長による拒絶のありようからしても、そしてまた「直訴事《じきそごと》は言語道断」と常の信長が拒絶する習いを踏襲して小姓たちが追い出しにかかったことが想像される。利三らにしてみれば必死である。ここに「出て行け」「上様をここへ」といった応酬が始まり、程なく怒声の応酬へ発展したことが推察される。その騒ぎを収めんと上様が出座すると、さすがに、少なくとも明智方は幾分か収まったであろうが。

当初の利三ら明智方将兵がいかほどの人数だったかは不明だが、100人前後が妥当だろう。これが仮に数百人レベルの大人数となれば、早朝ミサを前にしたカリオンが報告を受けて初めて「重大事に見ゆる」と認識したとはならず、聖堂の3階にいた彼の耳と目に騒音が直接届き、驚いて本能寺方向を目視し、これは重大事だと報告が来る前に自ら認識したであろうからだ。

そうなると、100人前後とはいえ、現場では「重大事に見ゆる」程に応酬はひどかったことが察せられる。そして先に述べたように、埒が明かないことから大人数が境内へ招き入れられることになった、という経過が想定される。

ここで整理してみたい。埒が明かないなどの経過を辿って後、大人数が利三らに加勢する。おそらく築地壁の外周に旗指物を林立させ、鬨の声をあげさせて内側を威圧した。しかしそれが逆効果となったか、強訴は信長の逆上で頓挫する。前庭に居並ぶ斎藤利三と明智秀満の両家老を含む明智方将兵に対し、信長は「成敗してくれようぞ」と威嚇の矢を射まくり、そして槍を取り門外へと追い散らす。逃げ惑う将兵の抵抗によって腕の傷も含め数か所負傷するが、静粛を取り戻して御殿の中へ戻った、となろうか。つまり、御殿を始め本堂、僧坊、庫裏など境内に分宿していた小姓、奉公衆100人弱が御殿に集まって一手となり、信長に寄り添って奮闘し門外へ押し出したのだ。

明智方将兵は槍を振るう眼前の上様に恐れ憚ったろうから、信長は本気の抵抗を受けず、そのため数か所の傷を負うだけで門外へ追い出すことが叶った、そう見ていいだろう。その結果、信長のそうした振る舞いを最終回答と受け取り、現場で醸された激情から明智方の首脳部は、ほかにも何らかの事情が作用していたろうが、一歩踏み出したのではないか。すなわち理をもってではなく武をもって応えるべし、と。目的のためなら上様の御身を誤って傷つけることぐらいは辞さずの姿勢である。

以上のことから包囲開始後に騒ぎが起こり、襲撃開始までの50分強の間に、最終的には決裂するが、殺し合いになる手前で踏みとどまったという意味で、辛うじて融和的な装いの下、御殿の前で強訴に近い交渉事が持たれたであろう高い可能性を認識したい。

では、その交渉の内容とはなんだったのか。第3章以降で考察したい。

定番史料『信長公記』の致命的な限界は変が2段階に分かれていた認識の欠如

大村由己もそうだが、それとさほど変わらず『信長公記』の太田牛一も、事変が大きく第1段階と第2段階とに分かれるという明確な認識がなかった。

牛一は、本章の前の方で引用した一節「六月朔日《ついたち》（1日）、（明智勢は）夜に入って老《おい》の山へ上った（中略）鬨の声を上げ、御殿へ鉄炮を打ち入れてきた」に見えるように、明智勢に取り巻かれて喧嘩のような騒ぎが起こり、それがしばらく続いて後、発砲を伴う襲撃となったと叙述するにもかかわらず、つまり第1段階から第2段階への移行に言及しているにもかかわらず、その一方で本能寺の段全体の流れは「包囲イコール襲撃」の観点に支配されており、現に個々の場面の幾つかでは第1段階、第2段階の記事要素が混交し、あるいは取り違えている。

たとえば、御殿前の場面で信長が相当数の矢を射たり、槍で戦ったと牛一は描くが、由己と同様に本来、第1段階に属す場面なのに、あたかも第2段階に属す末期の意地を示すべくなされた抵抗の場面として描いている。

信長公は初め御弓を手に取り、弓を二、三つ替えて射遊ばしたが、いずれも耐久限度が来て弦が切れた。そのため、御鎗に持ち替えて御戦いなされ、御肘に鎗疵を被《こうむ》って、御殿の中へ引き退かれた。〜〜（中略）〜〜、内より御南戸《おなんど》の口を引き立て、無情に御腹めされた。（『信長公記』巻十五）

この一節は、初めは弓を使い、その後は槍で戦い、腕（肘）に傷を負い、そして御殿の中へ戻った、といった記事要素に分解できるが、先に見た『惟任退治記』の並行場面（↓p75）はこれらと記事要素を共有する。しかしこちらに一つ欠ける要素がある。それは「門外まで追い散らした」である。いったん門外へ追い出し門扉《もんぴ》を閉ざした、これが略されているわけだが、第1段階の存在と、そしてそれに属す出来事だとの認識が牛一に欠けていたため、矛盾しかねないこの要素を持て余し、省いたのではないだろうか。

信長は御殿備えつけの弓を2、3張り手に取って射たが、どれも弦が切れるまで矢を放ったというから数分のことではない。原文に「いずれも時刻到来候《そうらい》て」、つまり「どれも時間経過とともに弦の耐用限度が来て」とあるから、矢継ぎ早に射たとするなら15分、20分が経過したはずだ。矢数の多さは半端ではあるまい。そうなると『惟任退治記』に信長は向かってくる兵5〜6人を射伏せたともあるから、中にはあたる者もいたが、多数の矢数を威嚇のため射た。少なくとも顔や胴体を外して。最後の弓の弦が切れた後は槍を取り、敵の数輩かけ倒したというが、それも同様の槍の振るいようだったに違いない。

いずれにせよ、この場面は〝切れた〟信長による一方的な成敗《せいばい》、威嚇攻撃に終始したようであり、対して明智勢は鉄砲や弓を用いることもなく、必殺の気迫が窺《うかが》えない。双方とも大声を上げ、混乱の極みとなったろう。そうやって迫る信長に将兵が抗《あらが》ったゆえだろう、信長に数か所の傷を負わせるくらいで退き、門外へ追い出されたなどとは、その将兵が殺し合いを生業《なりわい》とする戦国の兵《つわもの》ばかりだということを思うと、とてもありそうにない話である。

となれば、やはりそこでは殺意どころか危害を加える意志もなかった、つまりそうした下知《げち》がなされていなかったと理解しなければなるまい。そして何事かを上様に呑ませなければならなかったのだが、あの上様を眼前にして萎縮し、恐る恐るの手ぬるい強訴となった、そのため御殿前から追い出された。

そうした後、門扉が閉ざされて初めて明智勢は上様の激怒の程を思い知ったに違いない。上様がここから救出でもされたなら、いったい我ら一同はどうなろうか、などと。

信長負傷の真実　第1（包囲）段階で肘に槍疵を、第2（襲撃）段階で腕に銃創を負う

先に見た『信長公記』の一節から、「腕（肘）に槍の疵を負う」という記事要素が抽出できるわけだが、江戸初期に編まれた徳川家康の業績を軸にする史書『当代記』には「右の肘を槍に突かれた」とあり、この記事要素を共有している。では、『惟任退治記』に見える「数か所の御疵を蒙《こうむ》り」という一文はどうか。大久保彦左衛門尉忠教《ひこざえもんのじょうただたか》の著した『三河物語』本能寺の段にも「一鑓《やり》突かれた」とあり、記事要素の共有を想定できる。

ところで、同様の言及は『1582年日本年報追加』にも見える。

明智の兵は宮殿の戸に達して、ただちに中に入った〜〜（中略）〜〜。内部に入って信長が手と顔を洗い終わって、手拭《てぬぐ》いで清めていたのを見た。そしてその背に矢を放った。信長はこの矢を抜いて、薙刀《なぎなた》、すなわち柄の長く鎌のごとき形の武器を取ってしばらく戦ったが、腕に銃創を受けてその室に入り、戸を閉じた。

注目すべきは、銃創を負ったという点だ。被弾したわけだから、第2段階の発砲を伴う襲撃場面に属す記事要素といえる。この点、先に見た腕に槍傷を負いながらも明智方将兵

を門の外へ追い払う場面は第1段階に属す。腕に負ったという点で一見、似ているが、槍傷と銃創とは異質であり、また信長が振るった武器、槍と薙刀は似ているが同じ物ではない。だとすると、記事要素「腕に槍の疵を負う」を共有する記事たちと、右に掲げた『同年報追加』の一節とは、同根の並行記事関係にはないことになる。

この一節を底本にして編まれた『日本史』本能寺の段には、こうある。

明智の軍勢は御殿の門に到着すると、真先に警備に当たっていた守衛を殺した。〜〜（中略）〜〜。そしてこの件で特別な任務を帯びた者が、兵士とともに内部に入り、ちょうど手と顔を洗い終え、手拭で身体をふいている信長を見つけたので、ただちにその背中に矢を放ったところ、信長はその矢を引き抜き、鎌のような形をした長槍である薙刀という武器を手にして出て来た。そしてしばらく戦ったが、腕に銃弾を受けると、自らの部屋に入り戸を閉じた。（「五畿内篇Ⅲ」第56章）

こちらでも腕に銃弾を受けたとある。槍疵ではない。また信長が多数の矢を射たとはなく、むしろ逆で、弓を携えた明智方の兵が屋内へ入って信長に矢を射ている。加えて信長が振るった武器は薙刀とある。『同年報追加』とともにこれだけ記事要素が食い違うのだから、先に見た『信長公記』ほかの場面とは属す段階が異なると見るべきだろう。

ところで背に矢を受けた時、信長は手と顔を洗い、手拭いで清めていた――『日本史』は加えて身体を手拭いで拭いていたとする――という。変が朝の出来事であり、また手と顔を洗うとあるから起床時のそれと見なしがちだが、そう決めつけていいものか。手を洗っているのだ。起床時の洗顔では手を水に浸すものの、手は洗うまい。濡れをとるため拭くことはあっても。

繰り返すが、変の真相を解明するために通説の刷り込みを可能な限り排したい。そこでこの場面を、ある汚れを落とすため顔と手を洗い、そして手拭いで身体を拭き清めていたと解したならどうか。信長が成敗して回った時に返り血を浴びたため手水鉢《ちょうずばち》の水でそれを洗い流し、また手拭いで身体を拭き清めていた、と。

こうして見ると、いずれの史料に共通している記事要素は柄の長い武器で抗戦したこと、腕に傷を負ったこと、一戦した後に御殿の中に入ったことの3点だ。一見して似た場面だが、似ていたがため似て非なる場面なのに研究者たちは同じ場面と見なして、変の真相を読み解き損なってきたといえる。

信長が肘に槍疵を受けたのは第1段階のことで、それは明智方の出方――辛うじて融和的な装いの下でなされた強訴――に癇癪を起こし、その将兵を成敗して回った際に受けた傷である。対して腕に銃創を受けたのは銃撃を伴う襲撃の段階での負傷である。信長は銃撃を伴う攻撃を受けた時も薙刀で抗戦した。それが第1段階でなした槍で成敗して回る行為に似ていたため、江戸時代以来の研究者の多くは第1段階に属す成敗行動を変の最終段階の抵抗と見なした。加えて信長が御殿の中に入ったという行動も両場面の同一視を誘った、ということになろう。（※実は加賀藩主前田家が伝えた尊経閣本『信長公記』に「（信長公は）御長刀《なぎなた》を取り（中略）御肘に鉄砲が当たり引き退いた」とあり、牛一が知り得た二つの場面情報を持て余していた可能性が窺え、何とも示唆に富む）

対して『同年報追加』と『日本史』では、包囲の段階と襲撃の段階が、一部に混濁が認められるものの、そしてそう明瞭ではないが、ともかく分けて描かれる。勿体《もったい》ないことに、国内史料で培われた「視点」で読まれるため見過ごされてしまうようだが。

第1段階の末尾で光秀は心変わりし、上様を傷つけるのもやむなしと断を下す

光秀は、初めから信長を殺すために本能寺へ向かったわけではなかった。少なくとも包囲と強訴が主要行動であった。だとすると、光秀は第1段階が終わるに際して、いや、終わらせるに際して心変わりしたことになる。そうした意味で気になるのが、『三河物語』の一節だ。

信長も外（縁先）へ出て、「城之介《じょうのすけ》が別心《べっしん》か（信忠の謀反か）」と仰せになると、森の

お覧（乱）が「明智が別心と見えます」と答えた。「さては明智めが心変わりか」と仰せになっていると、明智勢の郎党が走り参りて一鑓突いたため、信長はそれより御殿の奥へ引き入った。〜〜（中略）〜〜。早、火をかけて信長は焼け死にたもう。

著者の大久保彦左衛門は本能寺の変についてわずかしか言及していないのだが、それでも信長が一鑓突かれた、つまり槍傷を負ったと見えるから、この一節は末尾の一文を除き第1段階に属そう。それにしてもこの一節には信長が抗戦する節が窺えない。弓をとるでもなく、槍を、あるいは薙刀を振るうでもない。

それは単に言及がないだけのことかもしれない。彦左衛門の関心は主君家康がこの変に遭遇して、いかに危機を切り抜けて三河へ帰れたかにあり、その事態に至った経緯を述べる必要から変に触れたに過ぎないからだ。

先学諸氏によると、彦左衛門は確立しつつあった幕藩体制に不満な側の視点で著した。つまり幕府公認の歴史のうち、事実に違うことを指摘し正すためもあり、同書を書いたという。典型例は、他の史料では3年前の嫡男信康《のぶやす》の切腹と嫡妻築山殿《つきやまどの》の粛清は徳川家の内情によるとするのに対して、徳川家の不名誉となる「信長の指示による」としている点だ。

ならば、多くの部分は通説に違わないものの、少なくともほかに見えないオリジナルの記事要素は、誤りを正そうとして敢えて加筆したもの、そう理解していいのではないか。

実際、「城之介が別心か」、「明智めが心変わりか」、「明智が郎党が参りて一鑓突いた」といった記事要素は、ほかのいずれにも見えない。当時の通説をそうした文言で正し、補わんとした姿勢に倣って刷り込みに囚われずに読むことは、彼の意に叶うといえるだろう。

「城之介が別心か」の「城之介」は、かつて信忠が就いていた官職・秋田城介《じょうのすけ》を指し、信忠の通称となっていた。別心とは謀反をいうから、「城之介が別心か」は「信忠の謀反か」の意となる。嫡男信忠が父・信長に謀反を起こすとは驚くべきことだが、これについては後で深く考察するとして、ここでは「さては明智めが心変わりかと仰せになった」とする一文に目を向けたい。

一般にこの台詞は、信長が、忠臣だったはずの光秀がいつしか心変わりして逆意を抱き、謀反に走ったことへの驚きを口にしたものとされるが、私はそう理解しない。短い時間幅の中での心変わりを表していると見る。変の第1段階において光秀は弑逆など考えてもいなかったが、第1段階の後半で信長が示した癇癪を伴う厳しい拒絶反応、流血の成敗行為がなされたとの報に接して言葉による強訴を諦め、力による強攻策に打って出たことが、信長の目には光秀の殺意と映った、そうした心変わりを指す、と考える。

光秀の心中を推し量ると、こうなろうか。膠着状態が続けば、どうなるか。いたずらに時が過ぎるだけだ。遅かれ早かれ上様救出の軍勢が駆けつけよう。その数は日を追って増加する一方であろう。明智方の包囲勢の士気は低下し、離脱者が続出して自壊を待つのみとなろう。そしてあの冷酷な上様のこと、そのなす事後処理は一族皆殺しの粛清しかあるまい。関わった皆に例外はない。必ずそうなる…。（※ 実は光秀の心を八方塞がりにしたのにはほかにも強い要因があった。後ほど触れたい）

そうなると、光秀が思いつく手は、これしかあるまい。早急に御身を拘束し、いずれかの砦、城に移して幽閉すること。御身を拘束したならしかるべき場所で説得、強訴を再開して目的を達すればいいし、人質として活用もできよう。ともかく主家に取って代わる謀反、主君弑逆が目的でない以上、戦術的に不利な市街地の寺院でもたついている場合ではないのだ。（※ この判断については、後ほど明らかにするが、志を共有する者らとともにこうした場合はこうすべしとあらまし取り決めていたことが考えられる）

そうした覚悟の下、築地壁を引き倒すなどして御殿を裸にし、上様を守る者どもの排除と御身の確保が目差された――。

とはいえ、光秀の思惑を重んじて無血でやると志向されたにせよ、彼の将兵にとって、これは謀反であると殺気立つ信長方の面々が相手である。少々演出されていたかもしれない大袈裟な銃声、鬨の声を背景にしてさえも身柄引き渡しを受け容れさせるのは望み薄だったろう。たちどころに双方、剣戟に陥った結果、悪あがきするなら御身に向けた威嚇発砲も辞さずの禁じ手がとられる事態に。光秀の心積もりが弑逆を伴う謀反でないにしても他人の目にはその行為はそうした謀反以外の何物でもない。信長の目に「心変わりした」

と映ったとして無理はなかったのである。（※心変わりの問題は後ほど詳しく触れたい）

威嚇発砲で屈服させようとしたと推測したが、どうしてそういえるのか。光秀の心根、最終的な意図に通底することといえそうだが。

そう、信長の腕にあたっただけだからだ。つまり、こういうことである。当時の高い鉄砲装備率から見て、信長の眼前に鉄砲が2～3挺だったことはあり得ない。威嚇を目的とする以上、十数挺あるいは数十挺の筒先が並んだはずだ。また初めから信長の命が目標だったならば、御殿前庭のうちという至近だから必ずその胸部にあたる。そうならなかったことを重視すると、いまだその命が目標ではなく、腕や脚くらいならあたっても構わない威嚇射撃だったと解すほかないからである。

信長の側からすれば、第2段階の幕開けを鬨の声とともに飾った断続的な銃声を、そして己の周囲への着弾音を耳にして「間違いなく余の命を狙っている」ととったはずだ。そして先程まで辛うじて保たれていた融和的均衡との落差に「光秀が心変わりした」と思い知り、初め乱丸に問うた「信忠の謀反」の延長ではなく、もはやそれから外れた光秀独自の行為なのか？　と含意してそう口にした、そう理解することも十分に可能であろう。

ここまでを整理し、変当日の出来事経過（史実）を復元する

本章を終えるにあたり、もろもろ導き出した変の経過を整理しておきたい。

まず、6月2日の払暁、午前4時過ぎの頃、明智勢は京洛の下京に入り、4時30分前には本能寺の包囲を始めた。一部が北門、及び南東側の門を潜って境内に入った。第1段階の始まりである。

寺の外周と、程なくして境内とで、明智勢と馬廻り衆も含む織田方との間で喧嘩のような騒ぎが持ち上がった。門前に役宅を構える所司代の村井貞勝は騒ぎを鎮めるべくその中へ割って入った。明智、織田方双方は互いに戦意を持たず干戈を交えることはなかったが、騒ぎは明智軍の過剰な臨戦態勢が招く疑念、危惧に起因していた。それは明智方の説明が織田方に受容されることで解消していったが、一方で新たな騒ぎが起った。

境内の一画、御殿の前庭に光秀の名代・斎藤利三、明智秀満を含む将兵が押し入った。激しい怒声の応酬からそれは始まり、信長に強いた交渉事はしかし埒が明かず、そこで数をもって威圧すべく大勢の将兵を境内へ引き入れた。そして、御殿の外周に旗指物を林立させ、鬨の声をあげさせるなどで御殿の信長を威嚇させた。エスカレートした強訴に信長は苛立ちを募らせ、遂に「是非に及ばず」とばかりに癇癪を起こした。弓を取って「去《い》ぬ

なら成敗してくれるわ」と矢を射まくり、槍を振るって追い回し、彼らを門外へ一掃した。

上様が「切れた」との報告に接した光秀は、予想される苛烈な報復におののきつつ（もう一つの要因があるのだが、それは後述する）、説得が頓挫した場合の次善策、御身の確保と幽閉場所への移送を図る強攻策に打って出ることに。まずは御殿を裸に、いや、上様を裸にせよ。そして御身を確保せよ。最悪の場合、幾分か御身を損ねても構わぬとの下知が利三らに伝えられた。第2段階の始まりである。

午前5時30分前後、大人数が鬨の声を挙げ、発砲を伴う襲撃、いわば「上様御身確保作戦」が開始された。築地壁を引き壊して堀を埋め、あるいは門の木戸を切り破って御殿区画内へなだれ込んだ。できうれば無血でとの光秀の思惑は霧消し、これは弑逆目的の謀反であるとして身構える信長方との間で、たちどころに流血の乱戦に陥った。

信長が薙刀を取って表へ出ると、その身柄を確保せんとする将兵が群れ集まった。成敗しまくり屈する兆しを見せなかったため、居並ぶ筒先から身体の周囲に威嚇射撃が浴びせられた。信長は腕に被弾すると観念し、御殿奥棟の御座所、すなわち寝所へ引き下がった。上様を渡すまいと奮戦する小姓、奉公衆は撃たれ、あるいは斬り伏せられていった――。

光秀は信長にいったい何を呑ませようとしたのか。彼の目的とは何だったのか。御殿区画内へ入ってきた明智勢について信長が当初、口にした「信忠の謀反」に与してそれを叶えようとしていたのか。次の章ではそれを解き明かし、第1段階の真相に迫りたい。

第3章　嫡男の織田信忠こそが謀反人！

光秀の野望・個人的な天下獲りにすげ替えられた「謀反」本来の目的

京都所司代の村井貞勝は明智勢と馴染み、その出動の目的を心得、受容していたかに見えるが、得心が行っていたようでもない。結局叶わなかったが、包囲勢の中を動き回って境内に入ろうと努めていたからだ。そこで彼について考えられることは、こうだ。光秀が遅かれ早かれ本能寺へ来て包囲することは承知していた。しかし点火済み火縄を装填した銃を多数擁す包囲の様が事前の了解のレベルを超えており、違和感を覚え不審の念を増した。そして森乱丸ら小姓衆か上様（信長）に会って、自分の与り知らぬわけがあるのか確認しようと試みた、と。

結局、境内に入れずじまいを「やむなし」として現場を離れたわけだが、抱いた不審の念はそれで「まあ、よし」とする低レベルにあったことになろう。つまり、不問に付すほどに馴染みの度合いが強かった。そうなると、気になるのは次のことだ。

明智勢が貞勝に言い繕い、そしてその言を彼が受け容れた主な理由は、光秀が心変わりする前の目的に関わるものと察せられるが、その目的とは何なのか。先に『三河物語』が言及する「信忠の謀反」に光秀が与っていた可能性に触れたが、同様に貞勝もそれに与していたのか。そもそも「信忠の謀反」とはなんなのか。

信忠が父に対し謀反を起こす――。余りに意想外のことだが、まず糸口として貞勝に想定される可能性はこうだ。通説では京都所司代として諸々の情報を掴んでいたはずなのに、いや、掴んでいるべきなのに光秀の胸中を察知できなかったと見なされるが、そうではなく、密かに彼も本能寺の包囲に通底する何らかの軍事的、政治的な目的を光秀と共有していた、と。そう想定すると諸々に辻褄が合うだけでなく、二条御所にあった信忠の元へ参じた馬廻り衆約1000騎や数人の殿たちといった他の者らにもその想定は無理なくあてはまる強みがある。「信忠の謀反」のためにこそ彼らは信忠の元へ参じたのだとすると、その一方で「光秀の心変わり」による第2段階への移行によってその共有は崩れ、「上様の死」で完全に反故《ほご》となった、そうした可能性も視野に入ることになる。

ところで、今まで信頼できるとして取り上げてきた史料たち――『惟任退治記』『1582年日本年報追加』『信長公記』『日本史』――は、こぞって光秀が兵を動かした理由、目的を明言している。積年の天下取りの野望である、と。怨みがあったと付け加える史料もあるが、こうも揃って証言されると、本当に天下取りの野望を抱いていたがゆえと思いたくなる。しかし一方で、それでは納得しきれないのも確かである。

そもそもこの野望が現実となったいわゆる三日天下は稚拙で、積年の野望にしては計画性や根回しがまったく窺えず、余りにあっけない経過を辿る幕切れだからだ。時機を捉えた決行については評価できようが、与力（寄騎）してくれると恃《たの》んだ有力な諸将のいずれからも拒まれ、何よりも己のやったことに言い訳がましい点がどうにも気になる。

これに関して、光秀による細川藤孝への度重なる書状の中に注目される文言がある。

（この度《たび》の事は）我らには不慮（想定外）の事態でしたが、それは（藤孝の嫡男）忠興《ただおき》殿などを取り立てようと思ってのことで、他意はありません。五十日、百日の内には近国を平定できましょう、倅《せがれ》の十五郎（光慶《みつよし》）や与一郎殿（＝忠興）に天下を引き渡して隠居したく思います。その委細は両人に申し伝えるつもりです。（天正10年6月9日付細川藤孝宛て書状）

味方に引き入れようと必至の説得だったとはいえ、気弱に過ぎる。天下取りの気迫が窺えず、「拙者は天下をこう運営したい」といった展望も見えない。本当に（光秀が）自ら天下を取るという野望ゆえの謀反だったのか、疑念を余儀なくされる。

この不可解をうまく説明し、解消する手は一つ。光秀は第2段階の帰結、主殺しによって（信長が生きていることが前提の）本来の目的を破綻させ、目的の共有を反故状態にした、そうした事態の出来《しゅったい》を想定すること――。この想定に立つなら彼のとり得る行動は次のごとくおおまかに推測できる。皆の共有目的を破綻させたことに、つまり想定外の結末に強い罪悪感を抱き、結果の責任を取って尻拭いを自らに強いた。皆の共有目的を取りあえず形にするため、暫定的に天下布武事業の後継者として自らが立つ。前任者の非を正した後、適任者に譲るなどと唱えて。彼が余儀なくされたであろうこうした受動性については、それをもって進取の気概、展望のかけらも見えない状態をうまく説明できる強みがある。

ならばこの想定を是として、「共有された目的」が実在したと理解して差しつかえあるまい。

となれば、光秀は確かに個人的野望でないにしろ一時だが「天下」を握ったから、天下を握ることこそが共有の目的だった、そう解することは十分に可能だろう。従来、光秀が抱いていたとされる野望、天下取りとは本来、第1段階で目指されていた皆の目的だった、つまり光秀を含む貞勝や馬廻り衆約1000騎の部隊長福富秀勝ら、数人の殿たちなど織田家中の有志が目指していた共有の目的とは、天下を握ることであったのだ。加えてこのたびの謀反、すなわち天下を己にもたらした上様の死を不慮のこと、想定外のことと言っているから、少なくとも「上様の死」によって天下を握るのではなく、別の方法によって天下を握ることにあった、ともいえよう。

本能寺の変にこうした背景・事情があったと前提するなら、秀吉の推し進めた偏向、第

1段階の著しい縮小ないし抹消という歴史改竄に一つの説明が叶う。つまり、第1段階の肝であった織田家中の有志が、もしかしたら家中の大半が有志だったかもしれないが、共有した目的を、おそらくその大義名分が秀吉個人の天下取りに都合の悪いものだったからであろうが、抹消するため、その穴埋めとしてその目的、天下取りが光秀独りの目的だったかに転嫁された。身の程もわきまえぬ野望、武士の風上にも置けぬ所業であったと形容されて、と。(※諸史料が光秀の野望説、私怨説を述べる問題については、本章の後の方で答えを示したい)

明智軍将兵が共有した憶測「家康様を討つためであろう」とは?

実は、第1段階の真相解明に役立ちそうな一文がある。前掲『本城惣右衛門覚書』の一節がそれだが、先の引用で省いた箇所にこうある。

(山陽道に繋がる街道を)山崎の方へと進んでいたところ、思いのほか京へ向かうとの下知があった。我らは、その頃、家康様が上洛していると聞いていたので、家康様を討つとばかりに思っていた。行き先が本能寺だとも知らなかった。

それればかりではない。先に引いた本能寺の段にこうあった。女を捕らえた時、女が上様は白き物を召しているようですと申したが、(我等はその上様が)信長様とは思ってもみなかった、と。惣右衛門は、女が上様と呼ぶ本能寺にいた「上様」は信長様ではなくほかの殿様だと思っていたというのだ。目的地に着いた時でさえ、いまだに軍事行動の目標が何なのか、納得の行く下知を受けていなかった。この度の軍事行動の対象は家康様に違いないと憶測していたに過ぎなかったのだ。

惣右衛門ら将兵に明智勢の部隊長、光秀の家老たちが本来の軍事目的を明かしていなかったことは明らかだ。前掲の『老人雑話』に「直《ただ》ちに京の方へ武者を推し進めた。ゆえに兵たち皆が不審に思った。桂川を渡って初めて触れが出された」とあり、どのような触れだったのか明かされていないが、このことの裏付けとなろう。

そうした光秀らの、なんらかの思惑の裏返しなのか、惣右衛門らは出動の目標がその頃、上洛中だった徳川家康だとばかり思っていたというが、この憶測は先に引いた冒頭近くの一文「我らは、信長様に切腹させる事だとは夢とも知り申さなかった」に符合する。

光秀は軍を動かす以上、将兵に命を懸けるに足るなんらかの大義名分と目的を告げていたはずだが、しかし将兵はそれを上辺《うわべ》のものと見なしていた。ならば、将兵が家康様の首であろうと憶測するがままに任せて軍を動かしていたことになる。これには傍証があり、『1582年日本年報追加』及び『日本史』の一節がそれだが、前者にはこうある。

銃は皆、火縄に点火して引き金に挟むことを命じ、槍も整えさせた。部下はこれが何のためであるか疑い、あるいは信長の命により明智が信長の義弟三河の王（家康）を殺すのであろうと考えた。（『1582年日本年報追加』より）

出動の目的は上意《じょうい》による家康討伐であろうと将兵は憶測した、という。内外の異なる情報源に由来する同趣旨の記述だから、信憑性は高い。夜間行軍のさなか、予想外の下知により辻を左に折れて京都盆地へ下っていくのだから、加えていつでも発砲できる臨戦態勢で入洛せよというのだから、惣右衛門ら将兵が訝《いぶか》り、想像を逞しくしたのも当然といえよう。

本能寺の包囲は何を名目にしていたのか？ 上様閲兵のため？

将兵の不審は似た下知によって、それより前に芽生えていたかもしれない。『老人雑話』がいう桂川渡河後に出された触れに該当しそうな下知への言及が、先の掲文の直前に見えるからだ。

都に入るに先立ち、都に入って信長に己の率いた軍兵の優秀なることを示す必要上、

十分の武装をなすことを（光秀は）全軍に命じた。（『1582年日本年報追加』より）

確かに入洛の一見それらしい目的といえる。しかしそのためにいつでも発砲できるよう火縄を装填せよとの追加下知は、それらしさを凌いで不審を募らせるに十分なインパクトを持っていたのである。

閲兵を名目にしたとする言及は、一次史料の『蓮成院記録《れんじょういんきろく》』、二次史料の『川角太閤記』『当代記』などにも見える。奈良興福寺の子院で記され続けたこの『蓮成院記録』には「人数を（信長の）御目に懸けるべき由《よし》、謀略を企て〜〜」とあり、『川角太閤記』には「軍容を検分するゆえ上洛せよ」との命令を携えた森乱丸の使者が6月1日に光秀の元に来たとあり、また『当代記』には「(5人の家老に）明日中国へ打ち立つべき人数を信長へお目に懸けるべしと披露す」、つまり光秀が閲兵目的の入洛を家老たちに明かしたとある。同様のことは『老人雑話』にも見える。

何とも不可解なことだが、『同年報追加』を始めとする他の史料たちに閲兵うんぬんが見えるのに、肝心の『惟任退治記』と『信長公記』には見えない。どうしたわけか。

作者の大村由己と太田牛一はいずれも秀吉のお伽衆であり、信長についての基本的な情報を共有している上に、20年以上後に編まれた『信長公記』本能寺の段は『惟任退治記』を底本にしていた。双方に懸念すべきは秀吉の影響だから、それもあって言及がなされなかった可能性は高い。そうなると閲兵への不言及は真相の一端を解きほぐす糸口になるかもしれない。

ここで気になるのは小瀬甫庵の『信長記』だ。なぜなら、その序に記されるごとく『信長公記』を基に書かれたにもかかわらず、底本に記されないこの件を敢えて加筆しているからだ。甫庵はこの件が『信長公記』に欠けることを異として若年の頃に得た確かな知見で補ったのであろう。そう解すなら、『惟任退治記』『信長公記』の両書に言及がないわけを秀吉の校閲ゆえと納得できるから、ほかの信頼できる史料たちの記す「光秀が閲兵を名目にした」一件は史実に近い、そう見ていいだろう。

上様ご所望の閲兵——。これを掲げることで光秀は大軍を京洛へ入れる名分を得、人目を憚らず入京する勢いで包囲を叶えたことになる。この臨戦能勢を伴う包囲については駆けつけた織田方人士の多くを当座の間、共有の目的成就のためとの名分を唱えることで納得させ得たであろうが、とにもかくにも火縄に点火し引き金に挟ませたままの鉄砲を多数前面に並べるのだから、その誇示性、威圧感は尋常なものではない。それだけでも見る者をして強い違和感を抱かしめ、光秀の真意を疑わせよう。寺の周囲での騒ぎはそうした織田方の懐疑的な者ら、あるいは共有の目的が初耳の者らとの間でなされた押し問答が高じた騒ぎだったと改めて明言できるだろう。

もし変に包囲・強訴の段階がなく、初めから襲撃一本だったなら事は簡単だ。ストレートに変の始まりからそれは光秀の弑逆を目差す謀反だった、と描写すれば済むのだから。しかしそうできなかった。史実がそうでなかったからだが、だからこそ秀吉はボロの見え隠れする体の言い訳を大村由己にあれこれ作為させ、臨戦態勢にあった明智軍を、作中においてその態勢にふさわしく初めから襲撃させることで、少なくとも第1段階で皆が共有し目指していた目的を、世から、そして歴史上から抹消させようと図ったのだ。

諸々そうならば、予定されていたであろう馬廻り衆ほかによる勢揃《せいぞろ》い、その延長たる閲兵は、秀吉の目には「光秀一派」の決起予定の場と映ろうから、憎らしくも抹消すべきものだったに違いない。「あの日、馬廻り衆らの勢揃いが予定などされていなかったら、光秀めがそれに参加するためなどと言って世を欺き、うまうまと兵を洛中へ入れ、本能寺を囲むことも叶わなかったろうに」などと言って。思いを秀吉と共有していたかもしれない由己は、そこでこの件について沈黙を保った。その思いは牛一も同様であった、そう理解できよう。

織田家中の将来を見据える家臣一同が共有した目的とは何か？

村井貞勝は9年前に所司代を仰せつかり、前日も信長の側に侍るなど信長の青年時代以来、その信任が厚く、主君の意思を知悉していた。そのため明智勢の口にしたであろう「上様ご所望の閲兵のため入洛した」について、上様のスケジュールに明智軍の名がないことを役務上、知っていたろうから疑って事を荒げてしかるべきだったが、そうすることはなかった。

先にそれは、抱いた不審の念がそれで「まあ、よし」とする低レベルにあった、つまり不問に付すほどに明智勢との馴染みの度合いが強かったゆえと推察した。それを敷衍《ふえん》するならこういえまいか。過剰な臨戦態勢に違和感を抱くも余計な軋轢《あつれき》を起こさなかったのは、「皆と共有する大きな目的のため、光秀殿には考えあってのこと」などとして看過したゆえ、と。あるいは、光秀が上様に逆らう恐怖感なども含めて負うリスクをおもんばかり、当初から少しの行き過ぎは大目に見るべしと心がけていた貞勝になされた明智方の説明、言い繕いを、彼が受容したゆえ、と。

貞勝と光秀とは深く馴染んでおり、その関係は光秀も関わる有志一同に包含されるもので、その目的とするところは一同が〝天下を握る〟ことにあった。だからこそ貞勝は同志光秀に対してこのように振る舞い得たのだ。

だとすれば、くだんの貞勝の行動は第1段階でなされたわけだから、織田、明智方双方の融和的な行動の一環と解せるだけでなく、彼の軍事より政務を専らとする長年の職能と根っからの政治向きの性向を重視するなら、貞勝と光秀とは〝政治的な目的〟を共有し、ひいては光秀も関わるなんらかの、皆が与する政治的な、そう、天下を握るという連携事の有志同士だったゆえの行動であった、そう解すことができる。

通説はこう説く。貞勝は鬨の声と銃声を伴う襲撃、そして御殿の焼け落ちるのを目の当たりにしてから妙覚寺へ走った。そして信忠を説き、籠城するに適す二条御所に移った、と。しかしそうではなかったのだ。第1段階のうちに貞勝は信忠の元へ駆けつけ、そして何らかの目的のため信忠に対し、父の座す本能寺へ向かう必要はない、二条御所こそ行くにふさわしい場所だと説いた。信忠はその言を不条理だと思うことなく容れ、ともに二条御所に向かったのである。

本能寺が過剰な臨戦態勢にある明智勢に包囲されているにもかかわらず、貞勝にも信忠にも具体的な行動で示される光秀に対する敵意は窺えないが、こうした姿勢も光秀も含む有志の集まりが織田家中に形成されていた可能性に通底しよう。ならば信忠と光秀、貞勝、馬廻り衆および幾人かの殿たちとの間に敵意の逆、親和的な関係を見ることができよう。

そうだとすると、先に暫定的な命題としておいたことは新たな証左を得たことになる。つまりここに名を挙げた者らすべてはなすべき事、目的を共有していた同志であり、一派をなしていた、そしてそれは信長に背を向けることにその趣旨があった、加えてそれは跡取りの信忠を交えているがゆえに、織田家中の将来を見据えたものだった、と。

先に光秀の目的について（個人的野望に基づくのか否かはさておいて）天下を握ることにあったとし、それは本来、皆の共有する目的であったと推察した。となれば、同じ天下を握ることを含意する「信忠の謀反」自体が気になる。先に示唆したが、同志に信忠を交えているのであれば、その目的とは「信忠の謀反」の実現だった、その成就を信長に呑ませることであった、そうした可能性を改めて視野に入れるべきだろう。

もろもろ通説に違う新奇な推測だから、にわかに受け容れ難いだろうが、論理は我々をその方向に導いているように思えてならない。

将兵の憶測は本能寺包囲の目的を偽装する光秀の巧みな情報操作だった

ここで、新たな可能性を浮かび上がらせてみたい。

本城惣右衛門らは境内に入ってからも、全作戦の目標が実は信長であることや、その信長が境内にいることなど思いもよらなかったという。そうならば、彼らは信長に代わる何者か、(自らの憶測に従って)家康を探し求めていたのは確かだろうから、「境内における謀反の状況を掴み報告せよ」、これが課せられた策敵の目的だったとなるまいか。部隊長から組頭に対し、誰が謀反を起こしたのかは明らかにされず、ただ「にわかに謀反発生の報あり。ここにも一味が潜んでおるやも知れぬ、境内を策敵せよ」などとして。

目標が誰か明かされていないから「家康様を討つとばかりに思っていた」、つまり上洛しているらしい家康様をおいてほかにないとの憶測を惣右衛門らは募らせ、境内に徳川勢とおぼしきを探し求めた。そしてまた、門の外でその首を取った武士についても、その口にしたであろうなんらかの文言が徳川方に与力する軍勢を招き入れんとしているかにとれたゆえ討ち取った、となるまいか。

先に見たように第1段階を通して包囲の目的は、さらには火縄に点火させて引き金に挟ませた程の臨戦態勢の目的は、上様を殺すことになかった。第2段階でさえ、その暴力的な様相にもかかわらずそうであった。言葉に依るにしろ暴力に依るにせよ、御殿の主・信長を威圧して何らかの要望、すなわち彼らの共有目的を呑ませることにその意図があったからだ。

一方、惣右衛門らは討つ対象は家康だと思い込んでいたが、それはおよそ共有目的とかけ離れている。なぜか。彼らの思い込み、たとえば「謀反が発生しているとのことだが、首謀者は家康様のようだから、我らの討伐対象は家康様である」となろうが、そういった将兵の憶測は光秀ら軍幹部にとって真の目的、有志一同の共有目的を偽装するのに、つまり一般将兵の動揺と計画の露見を防止する上でかなり好都合だったと思われる。

惣右衛門らにしてみれば、過剰な臨戦態勢による包囲は立て籠もる家康勢に対する威圧のためと映ったろうからだ。そこで、惣右衛門らに真の目的が明かされなかった不自然さを重視するなら、彼らの憶測は光秀ら幹部により操作され醸成された産物だった、こう考えるなら、真の目的と彼らの憶測が大きくかけ離れていたことに説明がつこう。

光秀について『1582年日本年報追加』はこう語る。「戦争に巧みで策略に富む」と。『日本史』は加えて「計略と策謀の達人であった」とも。両書にデウスの道に反する主殺し光秀への嫌悪感が認められるから割り引いて解すにしても、先の想定の蓋然性は少なからず高まろう。

ところで幾つかの一次史料が証すように、当日、家康はいまだ入洛していなかった。たとえば本願寺顕如《けんにょ》の右筆《ゆうひつ》・宇野水主《もんど》の『鷺森《さぎもり》日記』(『宇野水主日記』とも)にこうある。「(六月)二日朝、徳川殿が上洛。(中略)あたふたと上洛したとのこと」と。2日朝になって、つまり、まさに本能寺の変が進行していた頃、堺を出立して京を目差していたのだ。

ならば、すでに入洛していると早合点《はやがてん》されたとしても、なぜ家康が当日の朝までに京を目指してあわてて出立する予定であったことを、明智軍将兵が1日の夜までに知り得たのか。風聞などではとても間に合うまい。この疑念に答えるには、「知り得た」ではなく「知らされた」と発想を変える必要がある。討つ目標は上洛している家康様であろうという憶測が明智軍内に生じ、広まるよう先んじて明智軍内にその芽が意図的に投じられ、うまく枝葉がついたからだと。つまり、自然発生的風聞ではなく、意図的な風聞、つまり外部からの意図的な情報に加えて、光秀ら軍幹部による隊内世論に対する体のいい情報操作の所産だったのだ。

それにしても、なぜ家康様を討つべしとする深刻な憶測が広く受け容れられたのか。何よりも家康は20年来の上様の同盟者なのだ。にわかにそう取り沙汰されたとしても、いったい誰が信じようか。織田家中ではそうした憶測など容易に生じ得まい。ただし唯一の例外がある。信長がそうした憶測の発生を促す触れを公示した場合だ。たとえば、何らかの嫌疑、最もあり得るのは謀反の嫌疑だろうが、それによるにわかな本能寺への家康召喚の情報が公になされたとするならば、そうした憶測を明智軍内に芽生えさせ得るし、光秀が出動の下知に伴ってそれを効果的に歪めたなら一層そうなり得よう。

しかし、そんなことがあり得るのか。何ゆえ信長にそのような情報を公示する必要があったのか。加えて、『鷺森日記』の先の一節に前後して「火急の上洛は29日に上様が入洛した知らせがあってのこと」とあるが、何ゆえにわかに上方《かみがた》遊覧の切り上げと上洛、言うなれば本能寺への出頭を家康に要請する必要があったのか。

変の前日、殿上人39人を含む公家衆が本能寺へ押しかけた真の目的とは?

閲兵、すなわち「(明智)軍の威容をお見せする」ことに関連して、実は前日、6月1日のことだが、本能寺で似たことがあった。公家衆が信長の前にほぼ全員勢揃いし、朝廷の威容を見せつけた、そうとれる挙に打って出たのだ。

その顔触れはというと、勅使二人を含む前関白・太政大臣、関白、左大臣、右大臣、内大臣、（顕官と兼務する）武家伝奏《てんそう》といった殿上人《てんじょうびと》（堂上人＝昇殿を許される公家）だけで39人、ほかに地下人《じげにん》と呼ばれる官人、門跡《もんぜき》といった高僧を含め50人余に及んだ（『言経卿記』に詳しい）。事情のあった6人と上御所および二条御所（下御所）で当番を勤めていたであろう者らを除くと、天正10年5月末における関白以下、前職も含めた堂上公卿《とうしょうくぎょう》（参議、三位以上の公家）のほぼ全員が揃ったことになるが、これは前例がなく、尋常なことではない。敢えて例を挙げれば第3代室町将軍の足利義満《あしかがよしみつ》であろう。

たとえば応永6年（1400年）、6年前に焼失した相国寺《しょうこくじ》の再建が進んで七重大塔が竣工し、その供養祭が挙行された。その日、義満が己の第《だい》を出るに、門前に親王・皇族・門跡、関白以下、公卿百官が伏して居並び、その中を中門から歩み出たという。もちろんこれは義満が太政大臣にして准上皇、実質的に「治天の君」だったから不自然なことではなかった。

本能寺の参集はどこが異例なのか。信長はその身上が義満と著しく異なっていた。そもそも朝臣といいかねた。官職すべてを辞して4年近くがたち、官位についてはそのままの散位《さんみ》だったから、いわば半民間人に過ぎない。しかも1年3か月の間、朝廷に伺候《しこう》もせず、見ようによっては避けていたともとれる。そのような人物に対して、勅使主導の下、太政大臣、関白、左・右・内大臣以下が、（信長が）大坂方面へ下る途次の宿所に伺候したのである。

公家衆が本能寺で何をしたかというと、主だった者には村井貞勝の取りなしでおのおの挨拶の対面が叶ったようだが、公卿・山科言経の日記『言経卿記』に「数刻、御雑談す。茶子《ちゃのこ》、茶、これあり。大慶々々《たいけい》」とあるように、ほとんど雑談のみ。伺候、つまりご機嫌伺いだからといわれればそれまでだが、朝廷があたかも出張してきたかのようだったにもかかわらず、二、三の陳情がなされた程度で、後は茶と菓子で信長との雑談に終始したというのだ。論者によっては、この春に挙行された甲州武田攻めの戦勝祝賀を兼ねていたとするが、帝からのねぎらいの品もなく、しかも茶と菓子で雑談という体では、いかがかなものか。

彼らにせがまれてなのか茶器の披露もあり、それを含めて数刻（2〜3時間）に及び、出座せず相手にされなかった時間を加えると、山科言経や勧修寺晴豊ら早退した者たちもいたが、大半は数刻をだいぶ超える長い時間、武家殿舎に滞留していたことになる。

一般に茶会が持たれたといわれるが、いかがか。勅使二人を含む殿上人らが相手だというのに、信長に仕《つか》える千宗易《せんのそうえき》（後に利休と改号）ら三茶頭《さどう》の一人もいない体で催されるとは思えないし、『言経卿記』からは雑談の場に茶と茶菓子がサービスに出されたとしか読めない。しかもその間、中座を伴う外との「通信」がいっさい禁じられていたという。厠行《かわや》きも憚れるような大人数の茶会などあり得るのか。なお、同様にその夜、信長は囲碁の観戦で過ごし、深更に至ったとされるが、史的信憑性に難のある『因云棋話《いんうんきわ》』（1762年編）に依拠した見解に過ぎない。

それはともかく、何の意味があっての公家衆の参集だったのか。『言経卿記』によれば持参した進物《しんもつ》はすべて突き返され、顔馴染みの貞勝が取りなした甲斐があってか、なんとか玄関払いは免れ、お茶を出してもらえた。そしてかような制限の下《もと》、長居をしたのだ。そうしたことを言経は「大慶々々」と喜ぶが、何が「よかった、よかった」なのか。伺候の押し売り、自己満足以外の何物でもない。

公家衆が1年3か月ぶりの信長の上洛を言祝《ことほ》ぎ、ご機嫌伺いにこぞって参集したと解すには、堂上公卿ほぼ全員が参加した事実を、さらに二人の勅使まで立てられた事実を前にすると、そのままに受け取れない。ともかく尋常ならざる参集、伺候の目的が判然としない。

ここで触れておきたい問題がある。春になされた甲州武田攻めの成功を受けて、信長を太政大臣、関白、征夷大将軍のいずれかに推任《すいにん》する――、この推任案を朝廷側が持ち出した、あるいは信長側がそうしたと現代の近世史学界で係争中の三職《さんしき》推任問題だ。4月下旬から5月上旬にかけて勧修寺晴豊の日記『天正十年夏記《なつのき》』（以下、随時『夏記』と略記する）に言及があり、その経過が読み取れる。彼が武家伝奏として扱った案件だからだが、どういうわけか5月7日の条を最後に途切れる。変の当日に至るまで信長関連の記事が目白押しというのに、だ。『言経卿記』も同様で、伺候について詳述する6月1日の条でも推任の件は言及されない。

朝廷が出張してきたというのに推任に触れられずじまい。これは何を意味するか。そう、沙汰止み、ないし片がついていたということだろう。この件については後ほど再び触れたい。

公家衆の本能寺参集には、明智勢の同寺包囲に通底する目的があった

貴賓を迎える時は軽い膳を出すのが礼儀――ことに武家では――だが、それはなかった。進物は突き返されるも門前払いだけは免れ、茶と菓子を出して貰えたことを「よかった」と喜んだことからも、公家衆が歓迎されざる客であり、押しかけ参集だったことは疑いない。

すでに前日その兆しはあった。雨が降り出す中、信長を出迎えに京洛東の入り口、粟田《あわた》口《ぐち》まで出向いた勧修寺晴豊――1日の伺候に勅使を務める――、山科《やましな》まで出向いた吉田兼《かね》和《かず》（後に兼見《かねみ》と改名）ら幾人かの公家は、先駆けの森乱丸に出迎え不要だとして追い返されていたのだ。

迷惑扱いの公家衆の伺候とは、いったいなんだったのか。ほぼ総出だったことを重視するなら、ご機嫌伺いが目的だったとして軽く済ますわけにはいくまい。公家衆がしぶとく

上がり込み、粘りながら漫然と過ごした、中座も憚れる中ほぼ取り留めもない雑談で居座り続けた、そうした状況にこの不可解を解く鍵がありそうだ。

とにかく殿上人が39人も居並ぶ光景は、帝の坐《いま》す上《かみ》御所ならいざ知らず、そうそう見られるものではない。それこそ公家の威容誇示ということができ、神仏をも恐れぬ信長に対して威圧したとはイメージしにくいが、何か意図的な示威を感じざるを得ない。

光秀は信長政権のうちにあって対朝廷担当重役として長年、朝廷の面々とつきあいがあった。前日、山科まで出向いた吉田兼和とはことに懇意で、その日記『兼見卿記』によると夕餉《ゆうげ》をともにしたり風呂をもらったりの親密さにあった。

ここで仮の話だが、「威容を見せつける」という趣旨が共通する本能寺の包囲と公家衆の伺候とが同時になされる予定だったとしたなら、どうなろうか。実際には16時間ほどずれていたが、何かの手違いでそうなっただけとして。1年3か月もの間、信長は朝廷を避け、相手にせずの姿勢を取っていたし、短気で知られる前右府殿《さきのうふどの》（信長）を眼前にするのだから公家衆が相当な決意の下にあったことは疑いないが、ならば敢えてそうできた根拠として光秀の強力な援護をあてにできたからと考えられる。そうだとすると、「明智勢の威容を上様に見せつける」威圧の下で、彼らも共有に与っていたかもしれないくだんの目的をほぼ総出の彼らなりの威容をもって信長に呑ませようと目論んでいた、そうしたことも十分に考えられる。

村井貞勝が公家衆をうまく御殿に招き入れ、その周りを明智勢ほかが援護のため包囲する。そうした環境下ならほぼ総出の公卿らの威圧も重みが増そう。仮にうまく事が運び、そこに目的を共有する光秀や貞勝、馬廻り衆約1000騎の代表――信長馬廻り衆の部長・福富秀勝ら――、数人の殿たち――その中には弟の織田長益、末弟の長利も――など織田家中の有志も居並んだなら、どうなろうか。むろん御殿内で控えていた信忠もそれに同じたとして。

ところで、その多くが柔弱《にゅうじゃく》な公家衆にそれほどの胆力が具《そな》わっていたのだろうか。にわかに信じ難いところだが、実は変後に彼らが謀反に加担していた可能性を窺わせる変事が起きていた。

伺候に名を連ねた太政大臣近衛《このえ》前久《さきひさ》は、変の直後に弔意を表すためなのか髪を剃り落としたという（『公卿補任《ぶにん》』）。ところが程なくして信忠の弟・神戸《かんべ》（織田）信孝《のぶたか》から謀反加担の咎を問われ、危うく討たれかけて嵯峨《さが》の別業《べつぎょう》（別宅）に身を隠し、その後、醍醐《だいご》へ逃げ、さらに畿外へ出奔してしまう。11月には徳川家康の元に身を寄せて浜松に落ち着くのだが、まがりなりにも朝官の筆頭にある者が遙か遠方の鄙《ひな》にまで逃走するとは、尋常なことではない。

これについては、勧修寺晴豊の『天正十年夏記』に詳しい。

近衛殿と入道殿勧修寺尹豊《ただとよ》（晴豊の祖父／元内大臣）は嵯峨に忍びなさっている。神戸信孝殿は両人を討ち取るとして人数を差し寄こしたため、退かれて隠れたのだ。御所の親王様もお気遣いしている。予は隠れ家に両人を見舞った。近衛殿はこの度はひきよ（非據《ひきょ》）をしでかし、事の外のことである。（天正10年6月17日の条より）

非據とは「あってはならぬこと」といった意味で、文脈から推し量ると、光秀の謀反に加担したことにほかならず、晴豊はそのことを難じていることになる。

信孝は変の3日後に従兄弟の津田（織田）信澄《のぶずみ》を討っている。信澄は光秀の女婿であり、かつ信長の同母弟である父がかつてその信長に謀殺されており、信長は父の敵《かたき》だった。そのためか、舅・光秀の謀反に加担したと一方的に見なされて討たれたとされる。信孝が前久ら両人を討たんとしたのは変の直後のことであり、かつ信澄の場合と同様、弁明の機会も設けず討とうとした状況から、信孝が信澄に対して抱いたのと同じ嫌疑を、つまり光秀の謀反に加担した嫌疑を両人にかけたから、といい得る。

ところが『夏記』6月16日の条に、堺の代官松井有閑《ゆうかん》が入洛し、権大納言《ごんのだいなごん》庭田重保《にわたしげやす》とともに当人不在のまま前久の所行について聞き込みをしたとする一文が見える。これについては「せくべきでない、事の次第を明らかにするのが先決」と諌《いさ》められたであろう信孝が、追討の正当性を得るため命じた調査だったと見られるが、結局、友閑の報告により前久は光秀に加担していたと認定されたようで、信孝は20日、近衛前久を成敗致すとの触れを公示した（『兼見卿記』）。

人を介して弁明を試みるでもなく、これにより前久は出奔したわけだが、それは自ら咎ありと半ば認めているようなものだから、加担の嫌疑には根拠がある、つまり加担は事実だったと見ていいのではないか。ならば現職の太政大臣は何をしでかしたというのか。（※『公卿補任』は5月某日に前久は辞任と記すが、この件については信憑性に難があるとされる）

一方、晴豊は日記の中で、入道殿こと晴豊の祖父勧修寺尹豊については非據を、つまり光秀加担をしでかしたとはいっていない。しかし前久と尹豊とは難を逃れるためともに隠れた。尹豊自身は前久の共犯だと自認し、少なくとも織田家に対して咎があると自覚してそうしたのだろう。共犯だが、前久が非據をしでかし、尹豊はそうではない。なのに尹豊は自らに咎があると見ていた。いったいどういうことか。

信孝に追われ、かつまた尹豊自身が咎ありと自覚していたのは、本能寺の変に彼が実際に深く関わっていたからではないか。それが光秀謀反への加担であるのかそうでないのか、つまり変当日に限らず前日の動向にも該当する第1段階にだけ与っていたのか、第2段階にもだったのかは今の段階ではさておくが。

この点、実をいうと前久についてはそれとおぼしき別件があった。『信長公記』に「御敵

（明智勢）は近衛殿の御殿（の屋根）へ上がり、御所を見下して弓・鉄炮を撃ち込んだ」とあるように、信忠らの籠もる二条御所を明智勢が攻撃する際、北隣りに邸《やしき》を構える前久が邸の利用を認めたためなのか、将兵が邸内に入って屋根に上がり、そこから効果的な弓射・銃撃を行なった結果、攻防戦の帰趨が決したのだ。これに加担の嫌疑がかけられた、そう考えられるのである。

前久による邸宅利用の便宜供与は明確な許可によってなのか、黙認によるのか、それとも無断で入り込んだことによるのかは、明示する記録がなく判然としないが、前二者なら、まさに謀反加担の咎に値する。黙認か否かの判断は客観的な審議でなされるわけではない。八つ当たりしたい若き信孝の判断によっていたのも確かだ。そもそも前久の邸は譲られたもので武家の館造りだったから、無断であった場合はそれこそ門扉を切り破らない限り入れない。調査の結果、破損の痕跡は視認できなかったのだろう、要領を得なかったに違いない公家衆への聴取がどう効いたのかはなんともいえないが、友閑の報告は前久の故意性を認定したようで、既述のように調査の4日後、信孝は前久を成敗致すとの触れを発したのである。

もう一つ注目すべきは、当日、自身も現場に居合わせた晴豊が前久に対し非據をしでかしたと難じている点だ。彼の『夏記』6月2日の条に「（筆者の晴豊を含め）公家衆が多数、二条御所へやって来るも明智の包囲勢に阻まれて往生《おうじょう》し、余はもしや状況が変わるかもと見守っていた」とあり、そうしていた彼が近衛邸に明智勢が入り込むところを望み見たか、目撃した者から現場で聞かされた可能性は高い。そうならば、彼は友閑の報告が示唆していたであろう門を切り破るでもなく明智勢が入り込んだことを、つまり前久は許可か黙認を与え、それによって入り込めた、それはすなわち明智勢に加担したことになるが、そう見なせる状況証拠を心得ていた。だから、非據をしでかしたといい得たのではないか。

やはり、前久は明智勢に便宜を供与する、いわば手を貸すという形で加担していたのだ。前久、尹豊双方を隔てるものは、まさにこの加担嫌疑だったのではないか。

程なくして尹豊はお構いなしとされるが、前久は成敗致すとの触れに驚き出奔。結局、各地を転々とした末に浜松へ駆け込み、そこで1年ほど庇護された挙げ句、家康の口添えで、つまり政治的な交渉によって、やっとお構いなしとされたのである。

詰まるところ前久は公家特有の言質《げんち》を与えず逃げの余地を残すやり様で、弓・鉄砲隊へ便宜を供与して変の第2段階にあった光秀に加担した、ということだったのではないか。

この点、尹豊については第2段階の光秀に関わったことを窺わせる記録は見出せない。ならば、彼自身が共犯だと思い込んでいたのは同じ出来事において共犯というのではなく、異なる出来事において光秀の謀反と関わりを持っていた、ということになる。

尹豊に関してそれとおぼしき出来事といえば、本能寺への参集・伺候しかない。

実は彼自身、その伺候に名を連ねてはいない。しかし孫の晴豊はその勅使を務めており、参集の主唱者であった。ならば御歳80の彼は裏で画策し、孫に主導代行を任せたと解することもできる。となれば、実質的に首謀していたことになろうから、これが咎の自覚に繋がったのではないか。その自覚は前久との共犯だった。その前久の咎が光秀への加担である以上、尹豊の自覚する咎は光秀への加担ということになる。そうなると、1日の本能寺への参集は「信忠の謀反」の一環だった、そう見ることができよう。

尹豊と前久とは、光秀に加担したと見られても仕方のない関与をそれぞれ持っていた、少なくともそうした自覚があったがゆえ、信孝が討伐の兵を送った時、尹豊は前久とともに逃れ嵯峨に隠れたのだ。ただし尹豊の方は変前日の本能寺伺候ほかについての自覚であり、それについて信孝は（おそらく20日の布告で）お構いなしとし、形の上では彼の思い過ごしとなったが。

同じく本能寺伺候に関与していたはずの晴豊ら公家衆は、なぜ信孝に追求されなかったのか。実は14日、晴豊は勅使となって信孝、秀吉陣営へ赴き、朝敵光秀を討つべしとの錦の御旗ならぬ御太刀を信孝に授けている。深読みのし過ぎかもしれないが、このいわば取り引きによって免罪とされたのだろう。実際、秀吉はこれ以後、信孝の追求を牽制しているから間違いあるまい。

さてそうなると、参集・伺候はやはり光秀の強力な援護をあてにしたものであり、明智勢の威圧の下、彼らも共有に与る目的を、光秀、貞勝、信忠ら同志も加わったほぼ総出の威容をもって信長に呑ませようと目論んでいた、そう結論づけて差しつかえあるまい。

結局のところ堂上公卿らの伺候は明智勢の本能寺包囲にその意義が通底し、同志一同が目的を共有する謀反の第1段階に属していた。目的がそうなら行動も共有されたろうから、16時間ほどずれてなされた包囲と伺候は本来、時を同じくしてなされるはずのものだった――、先に仮の話としてこの件を考察したが、今やそう認識して問題はないのではないか。

総じていえば、第1段階に参画した者らは、その名を貶《おとし》められるといった形で謀反の罪に問われることはなかったし、ことに信忠の元にあって生き残ったくだんの一派に名を連ねていたであろう者、たとえば織田長益らは世人から、水野忠重《ただしげ》は家康から、それぞれ殉死の気構えで奮戦しなかったことを誹《そし》られることはあったが、第1段階に属す謀《はかりごと》に与した罪について問われることはなかった。対して第2段階の主役・光秀とその家臣及び変後それに与した諸将については謀反の咎人として討伐対象とされ、兵卒クラスを除けばほぼ皆殺しの憂き目にあった。

6月17日時点の晴豊にしてみれば、前久殿が明智勢に自邸利用の便宜を図るなどしたため伺候などの別件で公家衆を陰で主導した同志関係が共犯視されて、祖父尹豊に対する光秀加担嫌疑に繋がったと思われてならなかった。そのため「祖父にとばっちりが及んだ、まったく迷惑なことよ」と難じた、ということだったのではないか。

ここに我々は、前久と尹豊の逸話から新たな事実を見出し、確信を得たことになる。つまり、本能寺への伺候は第1段階の構成要素であった、と。

伺候の主導代行といえば、もう一人の勅使、甘露寺経元《かんろじつねもと》も尹豊の代理だった可能性を指摘できる。経元は男子に恵まれず、晴豊の子を養子に迎えた姻戚関係にある。当時、勧修寺家の家勢は同族の甘露寺家に勝り、甘露寺家の本家と目されていた。尹豊は出家の身で80歳と高齢だが、両家の長老格と目されていたから、その影響下にあった両人がいまだ御所に出入りする彼の建言で勅使に任じられることは十分にあり得た。こうしたことは、公家衆全体が尹豊の教導により謀反の第1段階に加担していた可能性を飛躍的に高めよう。

諸々そうなると、彼らを勅使として派遣した正親町《おおぎまち》天皇、およびその後継予定者誠仁親王に、少なからず「その気《け》があった」と見ることもできる。

前日の正午頃まで本降りの雨。クーデター派の計画実行にどう影響した?

16時間ほどずれてなされた包囲と伺候は本来、時を同じくしてなされるはずのものだったと証したが、ではそれはいったい何に邪魔立てされたのか。何ゆえ16時間も遅れて光秀は本能寺に駆けつけることになったのか。

まず考えられるのは、人為的な事情だ。しかし当時の記録からは、それとおぼしき理由が見いだせない。となれば、自然が邪魔立てしたのだろうか、当時は我々現代人が思いもよらぬほど自然に制約されている。現代でも幾分かそうだが。とりわけ天候には大きく左右されていた。そもそも変の起こった時期は梅雨まっさかりだから、雨に祟《たた》られた可能性がまっ先に想起される。

そこで、まず変の前日、6月1日の空模様を明らかにしたい。

公家や僧侶が書きつけた日記の中には、天気に言及するものが少なからずある。そうした中、公家の山科言経は自身の日記『言経卿記』の中でまめに書き記しており、当日の天気についても「晴陰《せいいん》、雨、天霽《てんせい》」と見える。今風に言えば、曇り（晴陰は曇り）、のち本降りの雨、のち晴れ（天霽は雨後の晴れ）となろうか。彼は本能寺に参集した一員だから、当日の都の天気であるのは間違いないし、また言経は一日の天気の推移に敏感だから、記述の信憑性は高そうである。

ところが、問題がある。『言経卿記』が用いる「晴陰」だが、そのままの意にとれないのだ。たとえば変の翌日、3日の天気について同記は「晴陰」と記す。ところが他の日記は雨とする。『多門院日記』は「暁《あかつき》より大雨」とし、洛中在住の吉田兼和が綴った『兼見卿記』も「雨降り」とする。三河国深溝《ふこうず》（愛知県額田《ぬかた》郡）といささか離れているが、家康の家臣が綴った『家忠日記』は6月1日も3日も「雨」とつくる。皆、雨としているのだ。

そうなると、「晴陰」は語義的には曇りだが、山科言経の筆癖として曇とあっても「時間帯によっては雨」、あるいは「時々雨」を含むくらいに見た方がよさそうだ。察するに、言経の場合、公家にありがちな生活形態、つまり屋内にずっといて、外の雨に気づかぬ程の降りようであったなら、「晴陰」（曇り）として表記する習いにあった、ということではないだろうか。

そうしたことを踏まえて、『言経卿記』の記述「晴陰、雨、天霽」を軸に6月1日の天気を復元すると、どうなろうか。まず朝は「時間帯によっては雨」、あるいは「時々雨」だった。その後、本降りの雨となった、となろうか。「晴陰、雨、天霽」という朝から暮れ方までの空模様の経過からすると、この本降りが「時間帯によっては雨」、あるいは「時々雨」を含み得る「晴陰」で（用語的に）間に合う程度の降り様なら、言経は「雨」とは書かず「晴陰」で済ましたろう。しかしそうではなかった。ならば、午後に入る頃まで、少なくとも正午の頃までは本降りだった、そう見ることができよう。そして午後は上がって晴れた、と。

ところでこの日、畿内では6割ほど欠ける日蝕のあったことが、天文学計算により明らかにされている。ピークは午後3時30分頃だが、いずれの日記にも言及がない。本能寺に参集した中に天文道を家職とする陰陽頭《おんみょうのかみ》の土御門久脩《つちみかどひさなが》の姿が見え、その予測も職務とする日蝕を彼が話題にしたことが想像される。皆で縁に出て空を仰ぎ見たなら日記をつけていた誰かしらが書き記したであろうが、誰一人そうしなかった。久脩も記録に残すことはなかった。ちなみに前回天正3年4月の日蝕は、宮中女官の日誌『御湯殿上《おゆどののうえ》日記』などに言及が見える。

ならば見ることができなかった、つまり午後3時半過ぎ頃まで少なくとも曇りがちだったことが察せられる。やはり雨は正午の前後まで降っていた、そう見るべきだろう。

ところで明け方の天気について気になる記述がある。奈良興福寺の塔頭《たっちゅう》多聞院《たもんいん》の院主英《えい》俊《しゅん》が、先々代より書き継がれる日記『多門院日記』にこう記している。奈良の空模様について、「今日の夜、大雨が事々《ことごと》敷《し》く降る、夜明て五ノ三《ごのさん》より止む」。つまり夜来の大雨で、夜が明けて五ノ三より雨はやんだ、と。五ノ三とは辰《たつ》三つのことで、午前8時〜8時30分頃を指す。

30キロしか離れていない京では、6月1日の未明に大雨は降らなかったのだろうか。当時の日記は夜の天気に触れないのが習いで、それをわざわざ言及したのだから、奈良ではよほどの土砂降りだったのだろう。言及がないからといって洛中で夜、大雨が降らなかったことにはなるまい。梅雨のさなかであり、また距離からすれば降ったはずである。

さてそうなると6月1日の天気について、こう整理できよう。前日に降り出した雨は夜来の土砂降り雨となり、夜明け頃に曇り時々雨となった。その後、再び本降りとなり、午後に入る頃、止み、午後4時頃以降、晴れた。

この点、前掲の『夏記』は6月1日を「天晴」と記すだけでなく、3日についても「天晴」とつくる。『夏記』は一日の天気の変化にまで言及することはまずなく、午後の天気を記す傾向にあるようだが、それにしてもほかと食い違い過ぎる。それもそのはず、『夏記』は6月3日の条に「日記を書きつく暇なく、後に書くのが大かたであった」、つまり、あの頃は日記を書く暇がなく大方は後で書いたと吐露しているように、数日後にまとめ書きしたものである。従ってその書き記す天気については信頼性が低く、『夏記』の記す空模様に依拠して論じるのは危険である。

さてでは、この空模様がどう邪魔立てしたというのか。

明智勢と公家衆との連携は、雨に祟られた!?

そもそも公家衆は6月1日の何時頃、本能寺へ向けて出立したのだろうか。

2名の勅使が立てられた本能寺への伺候は公務扱いであったろうから、午前中に予定されていたことが考えられる。いざ自宅を出ようとする頃、雨脚が強くなり出し、雲行きから当分、止みそうになかったなら、その多くが柔弱な公家衆が出鼻をくじかれたことは想像に難くない。

殿上人が洛中を徒歩で移動することはまずなく、家格に見合った塗り輿《ぬごし》に担がれての移動となるが、雨中の乗り降りや輿の中への雨の吹き込み、あるいは街路の相当なぬかるみは、外出を億劫《おっくう》にさせたであろう。しばらく様子見を決め込んだ可能性がきわめて高い。

実際、昼頃に賓客を迎える時は、ことに武家ではそうだが、軽い膳を出すのが礼儀だった。しかしそれが信長から公家衆に給《きゅう》されることはなかった。少々歓迎されざる客だったこともあるが、その時間帯ではない頃に御殿の座敷に上がったからと解した方が合理的ではないだろうか。だとすれば、多くの公家は再び降り出しそうもない雲行きとなった頃、そう、正午を過ぎた頃に伺候に見合う正装に着替えて邸を出て、おそらく午後2時頃に続々と来着したものと考えられる。

それから居座り、幸い信長の出座が叶って数刻（2〜3時間）の間、雑談に及んだわけだが、長居をする多くの場合そうであるように、午後4時頃の（自宅での）夕餉の刻限を越えて、代わりの夜餉《よるげ》を視野に日暮れ前に退出した、と見ることは十分に妥当だろう。

とどの詰まり、公家たちの出立は午前中の本降りに邪魔立てされて午後に順延された、つまり雨に崇られたことになる。このことが参集を遅らせ、明智軍はそれに加えて何かあって大きく遅れ、時を同じくしてなされることがなかった、そう理解してよいだろう。

それでも光秀は義理堅く連携を立ち消えにしなかった!?

では、その光秀側については、雨はどう崇ったのだろうか。

6月1日に明智勢の本拠、丹波亀山《たんばかめやま》城から入洛するには、距離が20キロ近くあり、登りもあるから休まずで5時間以上はかかる。1万人の隊列は5キロ前後に及び、軍の末尾が陣営を出るまで1時間半はかかるという。これを参考に逆算するなら、1日の昼前頃に本能寺周辺に展開し終えるには、休み時間や余裕を見て朝方、日の出の頃には出立する必要がある。

とはいえ、さすがの光秀も出鼻をくじかれたはずだ。払暁の頃はいまだ土砂降りだったろうからである。この雨脚からすると午前中に止むのか。止んだとしても、ぬかるんだ街道のこと、どれだけ遅延することか。戦での雨中行軍には慣れており、並みの降りなら強行できたろうが、土砂降りでは無理がある。そうこうしているうちに小降りとなった。京へ向かうべきか。しかし夜来の土砂降りのため、未明からやるべき出陣準備は何一つできていなかったはずである。屋根の下からすべてを引き出し、朝餉の準備をして食し、隊列を組んで、いざ――。

ところが、時々小雨の天気が本降りに。これは再び土砂降りになるのか。

ここで「あいにくの天気ゆえ伺候の参加率はだいぶ下がろう。順延するにしかずかと」といった打診が勧修寺尹豊か晴豊から届いたなら、どうなろうか。こうした場合の連絡のやり取りは取り決めにあったはずで、状況からそうした打診が届いて不思議はないからである。

書状に窺える公家衆の弱気はなんともし難い。空を仰ぐ目を落として、本日の連携事は順延するにしかず、光秀がそう断を下したであろうことは疑いない。軍内には信長の軍目《いくさめ》付《つけ》もいるのだ。正当な理由もなく京へ向かうなら、その軍目付を拘束せねばならない。それは謀反を意味する行為である。

結局、光秀は表向き備中（岡山県の一部）出征の態勢にあった軍勢を京へ向けることなく、雨が上がった頃に西へ向けて出立したのだ。『信長公記』に「亀山より中国へは三草越《みくさご》えを仕《つかまつ》り候」、『老人雑話』にも「亀山より樫《かた》木《ぎ》原《はら》まで出て西国の方へ赴く」とあるように。敢えて西へ向かったのは、光秀が目的を共有する同志の中でやや腰が引けていたからと考えられる。

後ほど詳しく述べるが、明智殿だけ都合がつくからと同志から本能寺の包囲を任せられ、そのことに内心、「押しつけられた」感を余儀なくされて、若干の不服感を否めなかった、そう思われるからである。

ところが程なくして事態が急変した。続けて『信長公記』に「引き返し、東向きに馬首を並べ～～」と、また『老人雑話』に「直ちに京の方へ武者を推す」とあるように、途中で引き返したのだ、京へ向けて。なぜ転進したのか。「我らこれより本能寺へ向かうゆえ惟任殿も急ぎ洛中へ……」といった急報でも入ったのか。その可能性は大いにありえ、それが早馬で届くにしても午後の半ばとなろうから、明智軍は街道をかなり西進した所で転進したことになる。先に閲兵に事寄せて入洛した可能性を指摘したが、おそらくその使いが、馬廻り衆の勢揃い、及びその閲兵（馬揃え）が翌日に予定されているとの情報を寄せた。それに光秀はひらめくところがあって転進を決意した、そうした経緯が考えられる。

亀山に戻れたのは夕暮れの頃で、夜餉と休息を取り、夜間行軍の準備が整い次第、出立したに違いない。京洛までの旅程は6～7時間、到着は払暁、午前4時前頃だから、逆算すると夜9～10時には発ったはずだ。そして月明かりもない中、夜を徹して街道を進んだのである。

ところで本城惣右衛門は前掲文の中で、その時、山崎方面へ向かうものとばかり思っていたと語る。このことは光秀が反転してからも目的地が京であることを秘していたことを意味しようが、だとするなら反転するに際して、「夜来の大雨のため三草の峠道は寸断されているとのこと。だいぶ戻ることになるが山陽道に入って備中へ向かうことにした」などと下知したことが考えられる。もっともらしい理由だから、軍目付も怪しむことはあるまい。

一方、公家衆は雨が上がって雲の切れ間が見え出した頃に邸を出て本能寺へ向かい、午後2時過ぎ頃に伺候を遂げた。なぜ遅ればせながらそうしたのか。単に雨が上がったからだけとは考えにくい。「惟任殿は義理堅いゆえこれは戦と心得て、大降りが小降りとなった卯《う》の刻頃に雨を突いて亀山を出立したであろう」といった憶測がそうさせたととれなくもないが、実はほかに事情があったと考えられる。後ほど詳しく触れるが、共有の目的を成就させるため同時になさされるはずの包囲と伺候、これが対等の関係になかったのだ。包囲は公家衆が参集を本当になす動きを見せたなら実行するといった担保的な取り決めが明智方との間であったと思われ、そのため（真の目的を告げられている一部の）公家衆はもう山陽道へ折れる辻あたりに来ているかもしれない光秀殿に本能寺への参集の動きを示さねばとあせり、遅ればせながらも皆をせかせた、そう考えられるからである。

しかし光秀は公家衆の憶測通りには動かなかった。待って再び小降りとなった正午の前頃に、西へ向けて発ったのである。そして午後の半ば過ぎに転回するも、公家衆に合わせるにはもはや遅かった。タイムロスが大きかったからだ。こうして待てども明智勢が来着する兆しはなく、公家衆は所在なく過ごすのみで、いや、取りようでは信長を乗せて雑談で時間稼ぎをするも、日暮れ前には退出するはめになった、そう考えられるのである。

ところで6月1日の昼間に本能寺を包囲する手筈だった、これが史実なら、光秀が４人の重臣に本能寺の包囲を伴う「謀反」を打ち明けるのは、通説がそうだとする1日の夜ではなく、少なくともその前日5月29日の夜でないといけない（天正10年の5月は29日までしかない小の月）。幸いこれを証す証言がある。

『1582年日本年報追加』の一節がそれだが、家老たちに打ち明けた時を火曜の夜、和暦5月29日の夜のこととしている。『惟任退治記』には言及がなく、対して『信長公記』と『日本史』は1日の夜のこととするが、やはり準一次史料の証言は重い。こちらをとるべきだろう。

その『同年報追加』はそこで「信長父子を討つ」ことを光秀が打ち明けたとするが、報告者のカリオンがいかにして亡き光秀の言葉を知り得たのかを疑うならば、それは憶測に過ぎまい。つまり、これは謀反の結果――信長、信忠父子の弑逆――を遡行させて前夜のことだと述べているに過ぎず、後知恵による文言だ。だとすると、こう推察できまいか。本来は29日夜に、変の第1段階が目指していた織田家中有志共有の目的、これを叶えるための本能寺包囲を伴う計画を、光秀は4人の部将に打ち明けた。その計画に従うならば、翌日の6月1日朝に軍勢を洛中に向けて出立させる、それはすなわち6月1日の昼前後あたりが計画の決行日時であった、と。

嫡男の信忠こそが謀反人！

公家衆の本能寺伺候は明智軍が間に合わなかったことで徒労となったわけだが、御殿対《たい》座《ざ》の間《ま》から信長も退き、そして日も傾き、「もはや我らがいるうちに来着することはあり得まい」との空気が漂い出したからだろう、早退する者が相次いだ。観修寺晴豊、一条内基《うちもと》、二条昭実《あきざね》、九条兼孝《かねたか》らがそれだが、信長の御殿を退出し、連れだってなのか判然としないが、少なくとも晴豊は二条御所へ出向き、そこで飲酒に及んだ。

気になるのは、早退する直前に嫡男信忠との面会を求めるも叶わなかった点だ。この6月1日が決行日だっただけに、そして信忠も同志だった可能性が高いから看過できない。それが誘因となったのか不明だが、なぜ二条御所で飲酒に及んだのか。そこには信忠も親しくする誠仁親王が住まっていたが、単なるご相伴だったのか。翌日そこに信忠らが入って立て籠もり、攻防の末、自害に及ぶが、親王はくだんの計画にどれほど関与していたのだろうか。

実はこの信忠が、光秀と公家衆との連携、光秀と村井貞勝やくだんの馬廻り衆、数人の殿たちとの連携、つまり双方合わせた一同の連環に関与していた可能性を窺わせる、いや、決定づける記録が残っている。前掲の『三河物語』の一節（↓p85）がそれだが、こうある。

信長は外が騒がしいので常の御座所を出でて縁に立ち、築地壁の外に旗印か何かを見咎めたのか、周囲に「城之介が別心か」と問うた、と。外の騒ぎは嫡男信忠の謀反によるものなのか、つまり自分の後継者がよもやの謀反に走っているのか否か下問した、というのである。

他の史料に「城之介が別心か」に該当する信長の台詞は見いだせない。そのためほとんどの論者はこの台詞を見過ごすが、しかし改めて諸史料を注意深く読むなら信忠の名を出さない近似の問いが見出せる。たとえば『信長公記』には「これは謀叛か、いかなる者の企てぞ」と見え、『惟任退治記』には問いの具体的な台詞は記されないが、地の文で、あれは夜討ちのようだと聞かされて信長が何事か乱丸に問うたとある。

いずれにおいても、信長の問いに対して乱丸が「明智の謀反」と答える構図は同じだから、異口同音になされた信長、乱丸双方の問答が実在した可能性は高い。問題は乱丸へ何と問うたかだ。『三河物語』は信忠の謀反を疑う実名入りの問いを信長にさせ、『信長公記』は誰の謀反かと匿名で問わせ、『惟任退治記』は何かを問うたことに触れるが台詞は省いている。対する乱丸の答えは一様に「明智の謀反」だから、信長の下問は「信忠の謀反か」、「誰の謀反か」のいずれか一方が実在した、あるいはこの2通りが実在したと見て無理はない。

『三河物語』だけが信長の下問に実名を入れているが、なぜか。察するに『三河物語』の著者を除く筆者たちは織田家御曹司《おんぞうし》の名を出すのに憚りを覚えて記さなかったということではないか。というのも、『三河物語』は通説に誤りがあればそこを正さんとする姿勢で書かれたため、真実はこれなりとして敢えて信忠の名を出したことが考えられるからだ。それに、秀吉や牛一らと違って大久保彦左衛門には織田家への義理立てなどないのだ。

先に『惟任退治記』について「夜討ち」の文言は「朝討ち」であった事実を隠すために加筆改竄されもの、と述べた。朝討ちだった事実を隠すことで当日朝の、過半の時間を占めていた変の第1段階を抹消する、それが『惟任退治記』にかかる偏向の主目的であった。

信長下問の文言において、信忠の実名が「いかなる者」という匿名に差し替えられた要因を同様に考察するなら、織田家の跡継ぎを謀反人呼ばわりするのに憚りを覚えたこともあろうが、何よりも信忠の名も隠されるべき第1段階を象徴する要素だったから、ということになる。

つまり信忠の名は、いや、「信忠の謀反か」の台詞は第1段階の核心だったのであり、だとするなら変の第1段階の真相はまさに信忠の謀反だったということになる。

先に光秀の「心変わり」の持つ可能性をこう推察した。心変わりする前、光秀は貞勝や馬廻り衆約1000騎、数人の殿たちが共有する目的に与っていた、その一派の一員だった、と。そうだとすると、今や「信忠の謀反か」と「さては明智めが心変わりか」が意味するところを明言することができる。つまり、信忠は第1段階における謀反の主役であり、光秀や貞勝、馬廻り衆約1000騎の部隊長福富秀勝ら、数人の殿たちは信長に代わって信忠が天下人として立つ謀反に与っていた、同志であった。しかし光秀は第2段階において一同が共有する目的から逸脱し、第1段階で目指されていた謀反を破綻させてしまった、と。（※光秀の側からすれば、この点については言い分があった。後ほど触れたい）

信忠が謀反の主役であったのなら、謀反に際して信長が乱丸に下問する件についてこう推察できる。第1段階、第2段階ともに信長は外の様子から息子の謀反を疑い、そう下問した。ことに第2段階の冒頭では鬨の声と銃撃を伴う攻撃に驚き、「あれも信忠の謀反なのか」と問うた。乱丸は第1段階では「そのようです」と答え、第2段階では「いえ、明智の謀反かと…」と答えた、と。穿ち過ぎかもしれないが、由己は取材して得た素材のうちの近似する（彼が二つの段階に変が分かれる明確な認識を持たない）第1段階、第2段階それぞれにあった問答（下問＋返答）の文言を同一のものと見なして、混交・融合してしまった。もちろん後者を残し、かつ信忠の名を削って「誰か」と問う形に修正してしまった、そう考えられないだろうか。

繰り返しになるが、『三河物語』について先学諸氏が説くように、筆者の大久保彦左衛門は幕府公認の歴史の内で事実に違うものを指摘し、正すためもあって同書を著した。「信忠の謀反か」の台詞は史実に近い、そう捉えるべきではないだろうか。

ならば、彼はどこでそうした信長の台詞を聞き得たのか。ここで注目されるのが、信忠の家臣にして家康の母・於大《おだい》の実弟水野忠重《ただしげ》だ。変の2年前に信忠に召し抱えられており、変の折、信忠が籠城した二条御所でしばらく戦った後に脱出し、三河へ逃げ帰ったのだ。

一方、主の最期を見届けた黒人の小姓弥助《やすけ》が二条御所へ逃れて来て、信忠らとともに戦っていた。その弥助に信忠が問い――『1581年日本年報付属司祭メシア書簡』にイエズス会から信長に譲られる前すでに少し日本語を話せたとある――、その語る上様の最期を忠重が側で聞いた。それを三河で語り、彦左衛門も耳にしたと考えられる。となれば、当該部分を準一次史料と見ることは可能で、「信忠の謀反か」の台詞は史実に限りなく近いことになる。

どうしたわけか、この点について肝心の『同年報追加』は何も語らない。おそらく司祭たちの元へ、いわば出戻ってきた、彼らの目には奴隷にすぎない弥助の証言を、事変の真相と捉える〝明智の謀反〟に反する世迷い言だと決めつけて、年報作成の際に削除してしまったからであろう。

変の3日前、光秀と信忠とは愛宕山で会し、密議を持った

我々は肝心の信忠を知らな過ぎる。調べようにもその詳細を語る史料がないのも確かである。26歳と短命だったからか、偉大な父の蔭で霞んでいたからか。

ところが海外には詳細な記録が残っている。宣教師たちの報告書だが、日本人が書き留めることのなかった意外な情報に溢れているのだ。国内外のそうした落差は不自然であり、何か裏があるのではとの疑念を余儀なくされる。

そうした国外史料が秀吉政権による言論統制の外にあるのはむろんだが、何より嬉しいのは、宣教師らの報告書をまとめたイエズス会の（初号81年度版以降の）各年度日本年報が、報告書の原形をほぼ保つ所収のありようから準一次史料といい得ることだ。それが貴重な信忠の情報を提供してくれるわけだが、次に引く一節は光秀と信忠について驚くべき

関係を教示してくれる。

（甲州武田攻めから帰った信忠が）都に着いた時、同所より三レグワ（約15キロ）の所に在る愛宕《あたご》と称する悪魔に、勝利に対する感謝を表《ひょう》するため、二千五百クルサドを納めた。そして同じ悪魔に尊敬を表するため、家に帰って雪をもって体を洗った。これは一種の犠牲である。然るに、この奉仕の報いとして、その後、三日を経て、左に述ぶるが如く、体に多くの傷を受けて死し、魂は地獄において焼かれた。（『1582年日本年報追加』より）

『日本史』にもほぼ同文が見え、「都に着くと、同所から三里のところにある愛宕と称せられる山にある悪魔に二千五百クルザードを献納した（中略）その三日以内に悪魔に対する奉仕の報いを受けるに至った」（「五畿内篇Ⅲ」第56章）とある。

愛宕山とは京都西北に聳《そび》える山で、そこに愛宕権現《ごんげん》が祀られる。本地仏《ほんちぶつ》・勝軍地蔵《しょうぐんじぞう》の垂迹《すいじゃく》した神とされ、天狗・愛宕山太郎坊が併祀される。戦に勝つの字義を持つ勝軍地蔵は、軍神として武将から崇敬されていたから、信忠は出陣前に甲州攻めの戦勝を勝軍地蔵に祈願し、その返礼として上洛の折に献金したことが考えられる。

宣教師たちは悪魔の原語ダイモン（daimon）の日本語訳として、今日、広く用いられる「悪魔」ではなく「天狗」を用いており、悪魔の長サタンはこの天狗の長・太郎坊にあたるとしていた。そのため信忠の行為は悪魔サタンに魂を売った瀆神事にほかならないと見なされ、次に述べることと相まって、「悪魔に対するその奉仕の報いを受け（中略）未来永劫に地獄に葬られるに至った」と罵られることになった。

この一節は変の直前の出来事だから、「報い」とは変に際して炎上する御殿の中で遂げた横死を指していることになる。6月2日がその日から数えて3日後となるのは、5月28日である。

信忠は「帰宅して」雪で体を洗う行《ぎょう》をしたというから、返礼のため自ら愛宕山に出向いたことになる。そう、5月28日に愛宕権現に出向いたのだ。これは決定的な意味を持つ。27〜28日にそこで参籠《さんろう》した武将がいたからだ。それは明智光秀である。『惟任退治記』にこうある。

> 五月二十八日、愛宕山に登りて、一座の連歌を催す。光秀発句をなして曰く、「時ハ今、天下《あめのした》シル五月《さつき》哉《かな》」。

『信長公記』はそれより詳しく、こう記す。

廿七日《にじゅうしちにち》に、亀山より愛宕山へ詣で、一宿の参籠を致す。惟任日向守は心に期すところがあってか、神前へ参って太郎坊の御前にて、二度三度まで籤《くじ》を取ったという。廿八日、西坊にて連歌を興行する。惟任日向守の発句は「ときは今あめが下知る五月哉」であった。

光秀は5月27日、愛宕山に登り、勝軍地蔵に戦勝祈願して一夜、参籠し、翌28日に連歌会、いわゆる「愛宕百韻《ひゃくいん》」を催したという。その参籠でどのような行をなしたのか明らかではないが、礼参のため詣でた信忠と同じ日、同じ場所に居合わせたことになる。だとするなら、織田家中にあって光秀は7年前より名目の上ながら織田家家督である信忠の家臣だから、少なくとも挨拶のため会う義務があった。3日後に信忠が光秀に討たれることになるからにわかに信じ難いが、準一次史料の『1582年日本年報追加』がそう記す以上、両者が会った可能性は高い。このことは変の直前のことだけに軽く扱うことは許されない。

ではなぜ、同じ準一次史料の『惟任退治記』は言及を避けたのか。

右の発句について、通釈は、発句の文言「とき」が明智一族の属す、そして本来の姓である土岐《とき》を指し、今まさにその土岐氏に天下を知る（治める）機会が巡ってきた、と読む。一方、『惟任退治記』はこの発句について「今これを思惟《しい》するならば、真に謀反の兆しといえる。いったい誰がこのことを悟れたであろうか」と評す。この大意は、今にして思えばこれは光秀が天下人にならんがための謀反の兆候だった、となろう。

そうであるなら、信忠と光秀とが相会《あいかい》したことに言及することで、『惟任退治記』は大きな自家撞着を内包することになる。信長父子を倒して自らが天下人になる、発句の中でそう逆意を表明していたといい立てる一方で、『惟任退治記』が信長に並んで倒す対象とする信忠と、光秀がその発句を詠んだ同じ日に相会していたことに言及すれば、右の主張は決定的に説得力を減じてしまうからだ。

『惟任退治記』が、光秀に変の咎を被せるべく「時は今」で始まる発句は自身の野望、天下取りを詠んだものだとこじつけているのであれば、自家撞着を避けるため、当然、連歌会が催されているさなかに信忠が訪れた事実は、抹消されねばならなかったはずである。

(※これに関して愛宕山白雲寺は、秀吉の指示で信忠の同日付献納記録を抹消したと見られる。ならば、記録がないからと信忠の参詣はなかったとする論は成り立つまい)

『信長公記』の太田牛一にしても、話の節目節目に「(信長公)千秋万歳、珍重々々」や「(信長公の)御威光、申すばかりなき次第なり」と讃辞を添えるが、それは「信長公、万歳、めでたしめでたし」、あるいは「信長公のご威光は申し尽くしがたいほどである」といった意味で、牛一が「信長様命《いのち》」、つまり信長心酔者であることは明らかだ。それゆえ世人が周知のことを除き、主君の、あるいは主家の名誉に差し障ることにわざわざ言及し、世に知らしめるとは考えにくい。そう、父子間の相克、息子の謀反が原因で織田家が没落した、いわば自業自得《じごうじとく》であったなどとはとても書けなかったのだ。光秀にすべて被ってもらいたかったから、謀反人光秀と信忠とが同志として馴染んでいたことなど真っ先に抹消すべきことだったはずである。

こうしたことからも、日本人同士の憚り、配慮といったしがらみから自由な宣教師の報告は貴重である。それにしても、なぜ二人は同じ時、同じ場所へ出向いたのか。偶然なのか。そうでないなら挨拶以上の言葉を交わしたであろう。ならば、何を語り合ったのか。

有名な発句「時は今、天が下知る～」は光秀の天下ではなく、信忠のそれを詠んだもの

我々はすでに光秀と信忠が無関係ではなく、そしてその関係は〝信忠の謀反〟なるクーデターにそれぞれ与したことによるものと承知している。となれば、挨拶以上のこと、信忠の謀反に関わることを話し合ったことは疑いない。

光秀の詠んだ連歌の発句「時は今、天下しる五月かな」は、主君信長父子を亡き者にして天下を奪う心積もりを黙示したものとされるが、そうした見方を初めて明かしたのは『惟任退治記』である。それに書かれた「今これを思惟するならば真に謀反の兆しといえる。いったい誰がこのことを悟れたであろうか」との「論評」は光秀独りに謀反の咎を被せん

と図る偏向の所産だから、見過ごさねばならない。（※「天下しる」を「天下なる」とする論者がいるが、その依拠する史料のうちの自説に都合の悪い部分には目をつぶり、この一点だけ採るという恣意を冒している。連歌会の日付の問題とともに、いかがなものか）

ならば本来、光秀はこの発句に何を詠み込んだのか。

『老人雑話』に当日朝、「（新在家《ざいけ》の）土居に上って（本能寺方面を）見る者の中に、あれは明智の謀反であろうと推量していう者があったが、里村紹巴《じょうは》は光秀の内意を心得ていたから、そのようなことはないと流言を否定した」とする一節が見える。どう解すべきなのか。連歌師の里村紹巴は光秀と懇意の歌人で、28日の連歌会に連なっていた。彼が光秀の内意を心得ていたのであれば、（通説がいう）弑逆を旨とする謀反をその時の光秀が意図していなかったことを承知しており、それゆえ光秀と麾下《きか》軍勢の行動はそうした謀反にあらずと説いて人々の憶測を否定していたと読むことができる。ならば、少なくとも光秀の発句に対して通釈が説くところの含意は仕込まれていなかった、そのことを紹巴は心得ていたと解することは十分に可能だ。

『信長公記』も『惟任退治記』が俎上に載せたこの発句を引いてはいるが、どうしたわけか『惟任退治記』が発句に添える論評は引き継がず、省いている。発句を引いているだけなのだ。牛一がそうしたのは、その論評が光秀の発句にそぐわないことを心得ていたからではないだろうか。

では、本来の歌意はどんなものだったのか。そこで、こう解したらどうだろうか。信忠と光秀は同志であり、愛宕山で相会した高い可能性と、信忠が父に対して謀反を起さんとしていた高い可能性とを考慮するなら、発句は光秀自身の野望を詠んだものではなく、信忠のそれを詠み込んだもの、つまり「今はまさに信忠様が天下を知らす（治める）時である」ことを含意させ詠んだもの、と。

信忠は岐阜城主にして美濃国主であり、かつて長らくその座にあった土岐氏に擬すことは十分に可能だし、事がうまく運べば、新たに天下人となるはずの信忠をネタに詠むことは十分にあり得たであろうからだ。「愛宕百韻」のうちの、光秀の発句だけでなく他の暗示的な句についても、（光秀に代えて）信忠をあてはめて意味が通るのは偶然ではあるまい。

あの信長に「信忠様に天下を譲りませ」とする強訴はあり得たのか？

信忠、光秀、貞勝、くだんの馬廻り衆、数人の殿たち、公家衆はお互いに連携していた、そして彼らの共有していた目的は、信忠の謀反、つまり信忠に天下を握らせることにあった——。そうとなれば、信長の宿所、境内の武家殿舎の前庭で、当日、何がなされたのかおおまかに復元できそうである。

まず包囲勢の部隊長とその将兵が信長の前に居並び、そして信長に対して信忠の謀反の趣旨「真に世を退き、信忠様に天下の権を譲りませ」と宣《の》べ、その実行を求めた。むろん本来は、信長の前に信忠や貞勝らも居並ぶはずだったし、公家衆についても同様であった。

にわかに信じ難いだろうが、家臣を交えた父子間のクーデターは隣国でも頻繁に起こっており、たとえば北近江《きたおうみ》の浅井《あざい》家でも長政が重臣たちに担がれて父・久政を追放して琵琶湖上の島に幽閉し、家中の主権を奪うことがあった。甲斐武田家でも信玄こと晴信が同様に父・信虎《のぶとら》を国外に追放し、実権を奪うことがあった。以上は血を見なかった例だが、美濃の斎藤氏では確執が高じて父・道三《どうさん》が嫡子・義龍《よしたつ》に討たれることがあった。クーデターと呼ばれることはないが子を自害させる結末となった父子間の相克は、徳川家康と嫡子・信康《のぶやす》との間、武田信玄と嫡子・義信《よしのぶ》との間にも見られた。

近国における幾つかの父子間の相克を念頭に置くならば、増長と酷薄を増す信長に同じような政変劇を家臣たちが思い描いたとして的外れにはなるまい。江戸時代の社会規範及び儒教倫理に縛られた家臣ではなく、自主独立の気概が強い戦国のそれなのだから。しかし現実には、そうした強訴事を核心とする第1段階の企図は頓挫したのである。

変の真相は、信長を幽閉し嫡男信忠を天下人に据える無血クーデターだった!?

先に『惟任退治記』は、そしてそれを底本とする『信長公記』本能寺の段も結果的に、本来は第1段階に属す出来事を第2段階に移植するなどで似た出来事、シーン同士を混交・融合し、第1段階などなかったかに装っていると証したが、実は『1582年日本年報追加』もその点で似たようなものといえる。同書はやや誤解を招く体ながら第1段階から第2段階への経過を保つが、残念なことに光秀が当初から信長、信忠父子を殺す計画を立て実行したと明言することで、第1段階の内実を損なっているからである。たとえば、こうある。

聖体の祝日の次週の火曜日（和暦5月29日）、軍隊が城内に集まった時、彼（光秀）は四人の部将を招いて、密かに信長とその子を殺して天下の主にならんと決心したことを告げたところ、皆は驚いたが、彼がすでに決心した以上、これを援《たす》けてその目的を達するほかはないと答えた。

なぜ都教区の司祭カリオンは報告書にこう書き記したのか。天下人信長の横死が一連の騒動の結末だと知る後知恵がそうさせたのではないか。いわゆる後知恵バイアスだが、執筆時に世に流布する錯綜とする幾つもの情報の中で後知恵に叶うものを、最もあり得るのは秀吉が巧みに形成させそして流布させた、さもありなんな情報を採った、あるいは差し替えたということだ。光秀の3日間とされる天下人として立った事実を、その裏事情も知ることなく、当初から信長に成り代わって天下の主になる野望を持っていたのは疑いない、などと憶測して。

そこで後知恵による偏向を除いたなら、どうなるか。変の真相に沿う語句で差し替えると、次のようになろう。

「29日夜、彼は4人の部将を招いて、密かに信長に代えてその子を天下の主になさんと決心したことを告げた」と。2か所、10字に満たない修正だが、先の復元で得られた経過に沿う形に転意する。このシンプルさは偶然ではあるまい。ならば、後知恵バイアスに災いされる前の原史料、おそらくカリオンが当初伝え聞いて、したためた事変に関する覚え書きにはそうあったと解してよいのではないか。だとすると、先に見た強訴の荒々しい実態も考慮するなら、何がなんでも信長の身を拘束し幽閉する、そして信忠を天下の主に据える、そうした計画が現実にあった可能性は今一段増そう。

ようやく変の真相が垣間見えてきた。変の前日、公家衆がほぼ総出で信長の元に参集したのも、翌2日に明智勢が本能寺を包囲したのも、ひとえにこの計画、そう、各々が連携して信長をいずこかに幽閉し、それに代えて若殿信忠を天下の主に据える、というクーデターを成就せんと図ってのことだったのだ。

殺意のなかった光秀にとって、信長の焼死は想定外の突発事だった

光秀は第2段階に入る間際、心を変えた。言葉に頼る説得、強訴を諦めて、次善の策をとる。つまり、程なくして駆けつけるであろう上様救出を目指す軍勢に備えるべく、御身を拘束して防衛しきれる近場の城に移す幽閉の強行策に打って出る、と。

第1段階の強訴においてすら失敗に終われば信長の報復、粛清が危惧されたが、威嚇射撃もありの強行策ともなれば、もはやその危惧は確定的であり、従って上様を屈従させることは、謀反の咎による一族縁者すべてに及ぶ粛清を防止することを意味した。とにもかくにも屈従させ損なえば、怒れる上様によって織田家中に前代未聞の粛清の嵐が吹き荒れるのだ。

ところで、光秀が当初から信長を弑逆する心積もりでなかった可能性を確定する上において、先に引いた細川藤孝への書状の中に注目すべき文言が見える。「(上様の死を伴う謀反について) 我ら不慮の儀に存じ立て候」と。光秀らにとって上様の死は想定外の事態だったと弁明しているわけだが、想定外のことだったとは何を意味するのか。

発砲を伴う「襲撃」が始まって乱戦になると、短時間のうちに小姓、奉公衆は倒れていった。彼らが盾になったからだろう、信長は銃創を腕に負うだけだった。野外の銃撃なら

いざ知らず、狭い御殿の敷地内でのこと、まさに至近距離だ。撃ち慣れた鉄砲手たちが胸部を外すとはとても考えられない。ならば、発砲は射殺のためではなく基本的に威嚇射撃だった、というのは先に考察した通りである。

『惟任退治記』にはこの想定を裏づけそうな記述がある。第2章の後半（↓p75）で引用した一節「信長は弓をおっ取り（中略）御殿の中へ入った」がそれだが、第1段階が終える頃、信長は弓や槍を用いて明智勢を門外に追い出し、門扉を閉じさせた。しかし一時の平穏が途絶えて、信長の身柄を拘束する作戦が発動した。程なくして明智方の「この件で特別な任務を帯びた者」（『日本史』本能寺の段）が御殿に潜入し、返り血を洗い流して手や顔を手拭いで拭く信長を屋内の至近から射たのである。

屋内だから10《メートル》はあるまい。野戦用の弓で至近から射た矢の直撃を鎧と兜で覆われない身体が受けたなら、どうなるか。鏃《やじり》は貫通しよう。頸部にあたれば鏃の形状次第だが、最悪、首は半ば胴から切断されよう。腕を直撃すれば腕は飛んでしまおう。意図して射ればそれだけの負傷を与え得るのだ。もっともこの場合、邸宅敷地内や市街で使う殺傷力の劣る半弓《はんきゅう》だったろうから、その加減により、信長は背に至近の矢を受けるもしばらく武器を取って戦うことができた、そういえそうである。

鏃には返しがあり、容易に抜けるものではない。刺さったままで戦ったというのなら鏃は背筋を貫いていたことになり、肺ないし内臓を損傷していたであろう。激痛で戦うどころではない。この点、信長は引き抜き、しばらく薙刀を振るっていたとある。ならば、くだんの兵は返し部分がめりこまない程度に加減して射たと解することができる。そうなると、繰り返しになるが、第2段階に入って発砲を伴う「御身《おんみ》確保作戦」が高じて乱戦となってからでも、信長に対してだけは急所を外した攻撃に止まっていたと見て無理はあるまい。

しかし信長は死に至った。自身が御殿に火を放ったからだ。改めて、なぜ自ら火を放ったといえるのか。『惟任退治記』『信長公記』『同年報追加』がともにそう証言しているからである。

たとえば、フロイスは『日本史』の中でこう述べている。「自らの部屋に入り、戸を閉じ（中略）他の者は、彼（信長）はただちに御殿に放火し、生きながら焼死したと言った」と。大久保彦左衛門も『三河物語』の中で「早、火をかけて信長は焼け死にたまう」と語る。『細川忠興軍功記』もほぼ同様である。なお、「生きながら焼死した」は、切腹してからその身体が焼かれたということを意味すまい。もし切腹してから焼かれたのならば、切腹が武士としてその死に様をとったなら必ず言及されるべき最も名誉な情報ゆえ、切腹したと必ず記されようからだ。

留意すべきは、信長が奥の御座所の戸を閉めきって独り焼死した、とある点だ。他の者を入れず独り閉じ籠もったとなれば、仮に切腹したとしても介錯《かいしゃく》はない。前のめりに屈した姿勢で、焼死体となろう。侍女らの証言を基に、明智勢も御座所のあたりを徹底して探索したはずだ。その跡地に腹部に刀のある黒こげ焼死体があれば、信長の遺骸とほぼ特定できよう。銘から信長愛用の刀と認定できれば、たとえそれが骨灰に近い焼死体であろうとも特定は可能だろう。むろん、そうした遺骸特定の手法は戦国の世のこと、明智勢も心得ていたはずだ。なのに、そうしたことはなかった。それとおぼしき遺骸すら見つからなかったのである。『当代記』に「焼け死に給うか。終《つい》に御死骸見え給わず。惟任も不審に存じ、色々相尋ねけれども、その甲斐なし」とあるように。

諸々そうだとなれば、信長の死に様が切腹でなかった可能性は十分に高い。後ほど別の面から証すことになるが、やはり焼死と結論づけるのが妥当なのではないだろうか。

そうなると、新たな可能性が浮上する。切腹は追いやられてなす名誉、面目を保つ、あるいは増すための自殺行為だが、信長の死に様は切腹ではなかった。意図して御殿に自ら火をかけ、焼死を遂げた。この事実は光秀に殺意がなかったこと、加えて彼にとっては「勝手に死なれた」ことを意味すまいか。『同年報追加』に、光秀が多額の献金をして京五山の諸寺に「信長のために葬儀を行わせた」とあるが、私怨ゆえの弑逆だったならば供養料まで添えて鎮魂を依頼することなどありえまい。

光秀に弑逆という殺意が最後までなかったとする結論を、にわかに受け容れ難い方は多いだろう。一つの事実に目を向けて頂きたい。一次史料たる公家の日記や『惟任退治記』、『同年報追加』による限り、変が一段落して後、（焼死者のものを除く）家臣や殿たちの首が多数光秀の元にもたらされたにもかかわらず、たとえば信長の末弟・長利や五男・勝長といった信長の親族の、あるいは所司代村井貞勝といった重臣の首を選んで洛中のいずこかに晒すといったことを、「勝利した」光秀は一切やらなかった。高札《こうさつ》を立ててなのだろう、洛中の民に布告を出して、おそらく己の意図、クーデターの趣旨を述べた上で、このたびの挙が成功したことをともに喜ぶよう求めはしたが、織田家の悪行をあげつらうといったことは少なくとも記録類からは窺えないのだ。（※史料性に劣る『祖父物語』（後述）に、本能寺門外の小川端の石の上に森乱丸らの首級が13個、晒されたと見えるが、一次史料にはいっさい言及がない点に留意されたい）

なぜ、そうしなかったのか。光秀の目的が個人的な恨み、私怨、あるいは野心による信長とその一族に対する弑逆、謀反でなかったから、つまり家臣有志による無血クーデターの趣意、本来の大義名分を崩したくなかったからであろう。一見して「光秀の謀反」に似る政変に、嘉吉《かきつ》元年（1441年）に起こった嘉吉の乱の契機となる足利義教《よしのり》の殺害事件がある。義教は「悪御所」「万人恐怖」の異名を取る恐怖政治を敷いたことで名高い室町幕府第6代将軍だが、粛清されるかもしれないと個人的恨みを募らせた首謀者の赤松満祐《みつすけ》は、白昼、催し事のさなかに襲撃し、彼の首級を槍の穂先に掲げて示威行軍したほどであった。光秀はそのような私怨による暴挙ではないと世に示したかった、ということではないか。

それでも「信長個人への恨みゆえの挙であり、執拗に信長の遺骸を探し求めたことはそれを晒すためだったはずで、それゆえ弑逆の意図がなかったとはいえない」などと粘る向きもおられよう。しかし考えていただきたい。光秀は攻城戦を幾つも経験してきた戦国の世の武将である。ならば、執拗な探索は、通常あのくらいの殿舎炎上の火力では遺体は骨灰にならない、なんとか見分けがつく焼身の程度だと踏んでいた、あるいは先に述べた形で見分けられると見ていたからこそのことではないだろうか。それとおぼしき遺骸が見いだせないならば脱出してしまった恐れが濃厚であり、その危惧にも白黒つけたかったから落ち武者狩りの名目で市中にまで範囲を広げて探索せしめた、そう見ることも可能ではないだろうか。

ならば、むしろ執拗な探索は首を晒すためではなく、あくまで信長の行方を確認したかったゆえの思い詰めた行動だったのではないか。なにせあの上様である。仮に逃げおおせて生存しているならば尋常でない粛清を、そう、親戚縁者の皆殺しを伴う大粛清を断行しよう。「同志」たちも悲惨な末路を辿ることになるのだ。そうなると、本能寺全域に及ぶ不自然な延焼については、上様は必ずどこかに潜んでいると疑ってあぶり出すため、次々放火したことによるものだったと見ることはできまいか。

粘る方の右の反論が成り立たない以上、そして諸々のことが示唆するように、光秀は最後まで殺意を抱いていなかった、改めてそう結論づけることができよう。そう、殺意はなかったのに勝手に死なれた――、これが「不慮」の真相だったのではないだろうか。

第2段階で目指されたのも無血クーデターである。すなわち上様の御身を拘束し、近場の城に移す幽閉の強行策で、作戦のさなか、あるいは幽閉先でなおも説得を続け、なんらかの言質を引き出し宣言させるをもって、名実ともに信忠を天下の主権者に仕立てる、といった形の。〝無血〟であることと、そして何よりも信長の言質は信忠のライバルたる兄弟たちも含む織田一門および全家臣を承服させるのに不可欠だったはずだが、結局、有血の惨劇となり、得られずじまいとなった。

腕に被弾して戦闘能力を失った信長は、もはやこれまでと観念するも、決して家臣の前に屈することはなかった。奥の御座所に入って戸を閉じ、自ら火を放って焼死を遂げてしまったのだ。それはまさに光秀にとってさらなる想定外のことで、これが決定的に彼の運命を狂わせたのである。

一見、光秀が追い詰めたゆえに信長をしてそうした死に方を採らせたと解せなくもないが、揉みに揉まれて成り上がった信長の生き様を思うと、なぜ一時の間、我慢して膝を屈し、再起を図ろうとしなかったのか。そうした辛抱は何度も経験したはずなのに、なぜ方便だと割り切れなかったのか。釈然としないものが残るのも確かだ。昇り詰めてしまった独裁者のみぞ知る失脚、権力喪失の恐怖が邪魔立てしたのだろうか。そうであったにしても、新たに導き出した信長の最期のありようはあっさりし過ぎている。何か計り知れない理由がほかにあったのではないか。

本能寺を包囲し信長を死に追いやったのは、斎藤利三・明智秀満の部隊3000

変に対する最終責任者は光秀だが、不慮の事態を招来させた現場の責任者、部隊長はいったい誰か。その者が実行犯ということになるだろうが。

先に掲げた『本城惣右衛門覚書』の文面をもう一度、見て戴きたい(↓p66)。本能寺を包囲し襲撃した部隊として、惣右衛門の属した斎藤利三隊、それと明智秀満隊の名を挙げることができる。この点、フロイスは『日本史』の中で包囲した明智の将兵は3000だとし、史料価値の低い、祖父の昔語りを柿屋喜左衛門《かきやきざえもん》が書き著した『祖父物語』(1607年)もたまたまなのか3000余騎とするが、当時、家老級の部隊長率いる部隊は1000人超で編成されることが多かったから、両者のいう兵数3000は利三・秀満の2部隊に想定される兵数と矛盾しない。(※『佐久間軍記』などを根拠に、織田軍では部隊は「頭《とう》」と呼称され、定員2100人ほどで構成されていたとされる)

加えて『言経卿記』に「日向守の斎藤内蔵助、この度の謀反で随一なり」と見え、また『天正十年夏記』に「斎藤蔵助(利三)と申す者は明智の武者である。信長を討つ談合の衆の一人で、生け捕られて車にて京中を引き回された」とある。実行部隊の長でなければそう書き記されることはあるまいから、秀満よりも利三の方が信長に肉薄して死に追いやった、つまり利三こそが〝実行犯〟だった、そう見ることができるのではないだろうか。

ところで、光秀自身は作戦のさなか、どこにいて何をしていたのだろうか。彼は軍団の総大将であり、『惟任退治記』に「(入洛して後)惟任、途中に控えて、諸将を分けて包囲にかからせた」とあるから、全体の指揮をとるため下京のいずれかの大辻に本陣を構えて四方に睨みをきかせていたことが考えられる。

明智軍の総兵力については、幾つかの一次・準一次史料に2万余騎、3万人、あるいは7、8000の兵と伝わるが、利三・秀満の2部隊3000以外の、大勢の将兵は何をしていたのか。つまり、本能寺の包囲勢を上回る2万超の、あるいは数千の将兵は何をしていたのか。最もあり得るのは本能寺の一街区外側、さらに二街区外側の街路に展開して信長を外へ逃さず、また洛外からの救援軍を遮断・迎撃すべく遠巻きにしていた、ということではないだろうか。

第4章　変の5日前、清水の観能会後に持たれた密会こそ〝信長を討つ談合〟だった

信忠は篤いキリスト教のシンパ（共鳴者）だった

愛宕権現に詣でた信忠について、気になることがある。前の章で引用した『1582年日本年報追加』の一節（→p136の引用文参照）によると、家に帰って雪で体を洗う行《ぎょう》をしたというのだが、初夏にできることなのか。そもそもどうやって雪を入手したのか。

実は、それは可能であった。帰路途上の山あい、愛宕郡《おたぎ》に、現在の京都市北区西賀茂のあたりだが、著名な氷室《ひむろ》があった。平安時代に遡る歴史あるもので、清原氏《きよはら》が中世以降、雪や氷を保存する氷室などを管掌する主水正《もんどのしょう》を世襲し、宮中に氷ほかを供給していたのである。

清原氏といえば、当時キリシタンの枝賢《えだかた》（1520～90年）が当主を務めていた。となれば、信忠が彼に頼み、氷をかいた物――平安時代から氷室の氷は削り氷（一種のかき氷）に用いることが多かった――を貰い受けたことが考えられる。（※　枝賢の棄教説もあるが状況証拠のみで、それも根拠薄弱）

この例に見られるように、信忠については日本人側の記録に見えない数多くの事績、逸

話が宣教師たちの報告、イエズス会の日本支部年報の内に見出せる。この点、信長については外貌や性格、思想、信仰心に至るまで類例を見ない程に詳細に書き記している。

それにしても、なぜ信忠について日本人側の記録は少ないのか。たとえ言及があっても、通り一遍の簡単なものでしかない。『信長公記』は幾分かましだが、それでも覚え書き程度の記述に終始する。それも信長との関わりで言及されるに過ぎないのだ。さすがに最期となる二条御所の場面は長いが。

信忠と宣教師たちとの交流記事が日本人側の史料では皆無だというのに、宣教師たちの報告書では数多く見出せる――、このあまりの落差についてはローマのイエズス会本部に布教の成果を誇示するため信長に次ぐ庇護者として過剰に言及しているに過ぎない、と見る向きもおられよう。しかし同会には偽りごとを正す監査制度――巡察もその一つ――が備わるし、また仮にそうなら布教の次第、成果について常態的に粉飾気味の記述に溢れていてしかるべきだが、そうでもない。

信長についてもいえることだが、少なくとも信忠において、なぜに牛一は宣教師たちとの交流を皆無という程に触れずに済ませるのか。仮に牛一の方が真実を伝えているとするなら、宣教師たちが報告した信忠関連の数多くの記録はすべて捏造となってしまうが、リアリティ溢れる記事がすべて嘘だとはとても思えない。

このあたりにも、変の真相を解き明かすもう一つの糸口が潜んでいるように思えてならない。そう、それは信忠が大変なキリスト教の共鳴者、シンパだった事実だ。秀吉による弾圧以来、キリスト教の禁制は280年に渡り続いた。その信仰について下手に言及すれば筆禍《ひっか》を招いたわけだが、そうしたことがこの状況を招いた最大の要因だったのではないか。『信長公記』の執筆が江戸幕府によって本格禁教となる少し前のこととはいえ、牛一も筆禍を恐れただけでなく、そのような「邪教」に旧主家が毒されていたとする世評に論駁し、旧主家の名誉を守る、そのためもあって筆を曲げた、そう見ることは十分に可能だ。

さてその信忠についてだが、『1582年日本年報』と『日本史』にこう見える。

その領地に教会を建てるようにたびたび司祭に依頼していた。そのために彼は、彼が住んでいる主要都市の岐阜に、伯父の家に属していた広大な敷地を提供していた。そしてもし司祭が同地に赴くならば、その領地において、多数の改宗を見、大きいキリシタン宗団を作り得ようと言っていた。(「五畿内篇Ⅲ」第48章より。『1582年日本年報』もほぼ同文)

まさにシンパの姿そのものであり、叙述は抑制的で具体的だ。同年報によれば、信忠は憚るところがなければ受洗したであろう程にキリスト教に入れ込んでいたが、かほどに篤いシンパなら、教会建設計画も含めてキリスト教に関係する幾つもの事績を積み重ねていたことは想像に難くない。しかし、禁制の世にあって史料の著者がそれらに言及することは強く憚れたはずで、国内史料に言及がないのは当然のことといえる。

だとすると、これは重大な問題を我々に投げかける。彼は変の真相の中核におり、その彼が熱心なシンパであったならば、変の真相について当然その関連が疑われるからだ。この問題に適切に答えるには、変の中核にキリシタンが、あるいは宣教師たちが深く関わっていた、そうした視点に立って真相解明のやり方を見直さなければなるまい。

信忠の雪による行は「一種の犠牲」だったというが、罪の赦しをデウス（神）に請うためのものと解せる。ならば、宣教師らがサタンと罵る愛宕《あたご》山の祭神に戦勝を祈願し、あるいは礼参するため詣でたことをデウスに対する罪とし、それを贖《あがな》うため枝賢の勧めにより雪の苦行を自らに課したと解せないだろうか。この件について『日本史』は「その三日以内に悪魔（＝愛宕権現）に対する奉仕の報い（変による横死）を受けるに至った」と信忠の礼参、行を酷評するが、この贖罪《しょくざい》の行が、報告された宣教師たちにまったく評価されなかったことは疑いないだろう。

光秀にキリシタンの、またその柱石《ちゅうせき》たる高山右近の影が……

そうなると、光秀についても気になることがある。『1582年日本年報追加』に「（明智は）我らと親しくなく、デウスの教えを嫌っていた」と見えるが、同書によると、変が起こった翌日、秩序が失われつつあった安土城下から逃れるため、安土修道院（カザ／住院）と付属のセミナリヨ（初等神学校）の長、司祭オルガンチーノ及びスタッフ、生徒らが船に乗って湖上に出で、明智家の坂本城下に難を逃れることがあった。

総勢30人を超えていたが、在城中の光秀は受け容れた。その厚遇は彼のキリシタン嫌いの性向からすると、また前日から続く生死を懸けた非常事態下であることを考慮すると、にわかに考えにくい。

『同年報追加』は坂本へ向かった理由をたまたま光秀の小姓にツテがあったからとするが、そうではなく、もともと双方に馴染み合う所があり、光秀を頼るつもりだった、つまり、そうした気にさせるような非常事態下で助け合う関係が前もって成り立っていたと考えられないだろうか。疑えば、同書は譲れない護教的こだわりから、光秀と繋がりがあったことを都合の悪いことだとして、〝偶然〟小姓のツテがあったからと装っているのかもしれない。

その小姓がキリシタン大名として名高い高山右近の元に遣わされる際、司祭オルガンチーノは、光秀へ与力するよう説く添え状を書くよう請われたというが、機密を要することをなんらの関係のない部外者に頼むとは考えにくい。ましてや光秀は宣教師やキリシタンを嫌っていたというのだから。そうなると、筋の通る説明を叶えるには司祭らは光秀にとって部外者ではなかった、と見なければなるまい。

となれば、先述のように光秀は謀反一派の一員だから、その繋がりでオルガンチーノらを含むキリシタンも一派と関係を持っていた可能性がここに浮かび上がる。信忠がシンパだった件に続いてこの件からも、くだんの謀反一派にキリシタンの影がちらついてきた。

そこで、キリシタンの関与を視野に入れて史料を読み直すと、光秀との間にただならぬ関係のあったことを見出すことができる。たとえば『同年報追加』にこうある。

明智は右近殿が帰城の上は必ず己の味方になるものと考え、人を（右近の妻の）ジュスタのもとに遣わして、「少しも心配せず依然、（高槻《たかつき》）城を守るべし」と伝えた。〜〜（略）〜〜、これによって明智は安心し、人質としてその子を求めず、また我等（司祭らとキリシタン）を捕らえることもしなかった。（2、3日して）ジュスト（右近殿）が彼の敵であることを（明智が）認めた後も、信長が荒木の（謀反の）時になしたことを知っていながら、少しもそのことを考えなかったのである。

右近殿とは、キリシタン大名の高山右近友祥《うこんともなが》（重友とも。1552〜1615年、洗礼名［霊名］ジュスト）のことだが、この一節によれば光秀はその右近が（羽柴秀吉が大将を務める）備中戦線へ向かうのを止め、Uターンして帰国すると当然、味方になるものと信じていた、それゆえ右近の居城高槻城を攻めず、人質として右近の子らを求めず、また城下の司祭らも捕らえなかったという。

従来、この一節についてはインテリらしい光秀の気弱、お人好しの面が災いしたと論じられるのみで重視されずに来た。しかし『同年報追加』は光秀について「戦争に巧妙で策略に富む」と評し、『日本史』も「計略と策謀の達人であった」と評すほどだから、気弱、お人好しに起因する姿勢とはとりにくい。

両者が縁戚だったとか、以前から茶の湯で懇意にしていたなどとする証言はどこにも見出せない。ならば、ごく短い時間幅の中でそうした仲になった、にわかに密接な関係を結んだと考えたらどうだろうか。ほかに紐帯《ちゅうたい》となるものが見出せないのだから、高山右近についても光秀が与した一派のメンバー、すなわち信忠の謀反に与する同志の一員だった、と。

高山右近はただのキリシタンではない。畿内とその周辺を含む都教区の、信者たちの柱石／大黒柱（ともに『日本史』）、大旦那（『駿府記』）である。いわば「近畿キリシタン会の理事長」なのだ。布教の協働活動だけでなく、京の南蛮寺造営や安土の修道院造営に抜きん出て尽力するなど、またその謹厳実直さから慕う者も多く、その影響力は計り知れないほど大きい。しかも、時に信長の代官を務めるほどの直参《じきさん》、親衛隊隊士たる馬廻り（旗本）衆の幹部構成員であった。

光秀がその右近から人質を取らなかったことは、引き続きそうであって欲しい同志の仲であったのなら、当然のことだろう。キリシタンに冷淡な目を向けていた光秀がにわかにそう変心したのだから、時間を要す入信や共鳴的な帰依ゆえではなく、光秀が謀反計画の一派に名を連ねたゆえと見るべきであろう。実際、先の一節からは、光秀が右近に全幅の信頼を寄せる様が如実に汲み取れる。

結局のところ右近は変後、光秀を見限ることになるが、愛と平和を旨とする信仰を深めつつあった彼にはデウスの道に反する主殺し、つまり主君の信長と信忠を死に追いやったことだけでなく、皆で共有していた目的を破綻させたことが、どうにも赦せなかったのではないか。

諸々そうしたわけで、右近も一派の一員だったといって無理はあるまい。

ところで、坂本城における司祭ら30余人の保護に関して、一つの不可解を指摘できる。一行は3日朝に安土を出て、途中、湖賊《こぞく》に拘束される災難に遭うもその日の遅くに坂本城に入り、城下で一泊した。その一方で2日の夕方以降、坂本城には光秀が入っていた。彼は居城に入ると瀬田橋の修復がなって安土へ向かう4日（『多門院日記』）の朝まで、各地の武将に与力《よりき》（寄騎）や降誘を求める書状を発信しまくっていた。しかしどうしたわけか、『同年報追加』『日本史』はともに彼の在城に言及しない。そのくせ注意深く読むと、随所に在城していた形跡が窺える。右近の元へ出立する「光秀の使者」はそうした書状を携えていたし、何よりも「オルガンチーノは城に赴いて明智の子と語ったところ、都までの道は悉《ことごと》く守備しているゆえ、もし希望であれば彼の傅《もり》を同行させようと言ったが、書簡で十分であると言い、直《ただち》にこれを貰い受けた」とある点だ。明智の子、すなわち光秀の嫡男光《みつ》慶《よし》は14歳（満13歳）だったが、その歳でこのような対処がなせたのか。

そのお墨つきは、一行が京に至る途上、明智勢に通行を阻まれた時でも許可証として抜群の効果を発揮したという。そうした威光は光秀の自筆許可証しか発し得まいから、4日の朝、光秀本人がしたためたお墨つきだったと見るべきだろう。

察するに、『同年報追加』を編んだフロイスは、都教区の長でもあるオルガンチーノの一行が、イエズス会が何よりも忌避する主殺しの咎人《とがにん》と深い関係にあった事実を抹消するため、本人ではなくその嫡男と会見し、その厚遇に浴したかに偽ったのではないだろうか。こうした光秀本人とのコンタクトを抹消するかのような作為は、信忠が愛宕権現に出向いた事実に言及しながら、光秀が居合わせたことに触れない姿勢に相通じよう。会士は陰謀に関わることを厳禁されていたから、本部に関与を疑われて査察を受けることのないよう、筆を曲げたということも十分に考えられる。

オルガンチーノは安土にあってシンパ信忠の師だったが、右近とは布教事業で二人三脚の関係にあったから、光秀、信忠、オルガンチーノ、右近ら4者の繋がりは十分に妥当といえる。にわかに浮上したこの繋がりは、通説の思いもよらぬものであり、変の真相を大きく左右しよう。だとすれば、キリシタンの影は、そしてその柱石たる右近の影は、いったい変の真相にどう関わり、作用していたのだろうか。

変の前の半月、信忠と家康は毎日、顔を合わせていた。これは何を意味する？

先に、明智勢の将兵が家康を討つべき対象だと憶測していたことに触れたが、なぜ討つべき対象が家康だったのか。ほかの誰かではダメだったのか。よりによって変の半月前の1週間の間、安土で織田家中挙げてその歓待・饗応に明け暮れただけに、その落差を前にして尋常ならざる裏があるのではと疑りたくなる。

そこでまず着目したいのは、変が起きる半月ほど前から信忠と家康とが、つまり5月14日から28日まで高い確率で毎日、顔を合わせていたという事実だ。信長の干渉がなければ、さらに6月上旬に入ってからも同様だった可能性すら指摘できる。

家康は安土へ上るため5月11日、家臣34人を伴い、当時、居城のあった浜松を発った。甲州の降将穴山梅雪《あなやまばいせつ》と落ち合って総勢50余人となり、14日に近江国番場《ばんば》（滋賀県米原市《まいばら》）に宿を取った。一方、信忠も安土に出仕するため岐阜を発ち、同じ14日に番場に立ち寄った。そこでは織田家重臣の丹羽長秀《にわながひで》が接待のため陣屋の内に仮殿を、すなわち茶屋を設けて待っており、信忠もそこで休息をとった。

いずれの史料も両者が同席したと述べないが、織田家惣領が同じ街道を進み、同じ陣屋に寄るというのに、同日未明に長浜を発った同格同盟者の家康に挨拶もなしで行き違うとは非礼の限りだ。あり得まい。そうなると、暫時、同席し、亭主長秀の「一献進上」に与ったことは疑いなく、安土では趣向を凝らした能や狂言の出し物が用意されています、といった話題で盛り上がったことが想像される。

信忠は休息を済ませると安土へ向けて発ち、一方、家康らは仮殿で夜にかけてフルコースの饗応に与り、そのまま宿泊して翌15日に安土へ入った。宿は安土山山腹に設けられた大宝坊で、大手道の両側に並ぶ重臣屋敷に立ち交じる賓客専用の宿坊であった。

信忠は同年春の甲州武田攻めで総帥を務めたが、『同年報追加』に、招待したのは「信忠ならびに信長」とあるように、家康、梅雪らに対する歓待・饗応は参陣してくれたことを家督の信忠、実質的家長の信長を戴く織田家が感謝し、ねぎらうことにその目的があった。もっともそれは名目、表向きのもので、信長の胸中は〝ノブナガ降誕祭〟に伴う諸イベントへの列席強制にあった。これについては後述するが、信忠はつい2か月ほど前に己の麾《き》下《か》にあった家康らの世話役、総案内役を務めることになっていた。

家康らの安土滞在は21日までの足かけ7日間で、その前半、17日までのご馳走担当は明智光秀であったが、信忠は立場上、饗応関連全般について光秀に指示を与える立場にあった。そしてまた、毎日催される信長主催の祝宴や能、狂言の出し物を案内するため家康らに常時随伴する必要があったが、それは家康と信忠とがほぼ毎日、顔を合わせることを意味した。

安土滞在は21日までだが、信長の意向に従い、家康一行は京、堺、大坂、奈良へと遊覧し、信忠は引き続きその案内役として随伴することになっていた。信長は（少なくとも6月1日の時点で）6月4日に京を発って（『天正十年夏記』）大坂入りする予定で、おそらくそこで彼らと合流し、その後、何らかの用件で堺に向かう予定であった。

とどの詰まり、大坂で信長と合流するまでの合計1か月近く、家康と信忠はほぼ連日、顔を合わせることになる。そうなると、くだんの謀反計画の主役、当事者ということもあり、この信忠が父との間でこれまで色々あった家康に協力を働きかけなかったとはとても考えにくい。

信忠を加えた一行は京洛へ入ると、公家、町衆らとの交歓や寺社詣で、能興行の鑑賞と日々を過ごした。その様については、次のように伝わる。

五月二十五日には、信忠の御心遣いをもって洛中の若衆達、そのほか堪能の乱舞者を召し集め、清水寺《きよみずでら》の本領にて終日観能し、夜をかけて美々しき御遊宴なり。

『総見院殿追善記《そうけんいんでんついぜんき》』の一節だが、元は漢文体の『惟任退治記』を仮名交り文に改めた読み物で、所々に独自の知見を本文とは分けた段落に書き加えているのが特徴である。引用した一節は加筆部分にあたり、そのため信憑性の程は判然としない。一次史料の『天正十年夏記』も以下に該当する並行記事を載せるが、日付を26日とするなど食い違いが目につくからである。『夏記』にはこうある、

二十六日、雨降り〜〜。(中略)〜〜。清水にて能興行あり。(その折)城介《じょうのすけ》、徳河、穴山に、城(白酒)をくわん(甘露寺)がふるまった。

ここでいう清水とは清水寺のことで、檜《ひのき》板を張った名高い舞台は舞楽、能を奉納する場でもあった。清水での観能会については、一次史料では『夏記』にしか言及がないが、『総見院殿追善記』の筆者はどこで観能会とその後の酒席を知ったのだろうか。日付が異なるから『夏記』を参照したとは考えにくい。独自の一次史料によったと見るなら、並行するなんらかの一次史料があったことになり、一概に軽視できない。

家康一行は28日に京を発ち、翌29日、堺へ入った。この堺行きには信忠も随伴する予定だったが、27日、信長から森乱丸を通して突如、在京を求められたため別れることに(後述)。信忠もこれには堪えたのか、堺にあった千宗易(利休)に使いを遣わして知らせたようで、それに言及する文献が残る。宗易が娘婿に宛てた書状がそれで、「中将殿(信忠)の

来着が叶わなかった」、「茶の湯の面目を失った、かえすがえすもお名残り多い次第である」と落胆している。

5月14日から28日まで毎日のように信忠と家康は顔を合わせていたわけだが、在京を命じられなければ、あと10日くらいは行動をともにしたかもしれない。かほどに顔を合わせていられたのは、役務による以上に、そもそも両者が親密だったからと考えられないだろうか。

気が進まぬなら体調不良を理由にぐずねて代役を立ててもらうなど、信忠の立場なら造作のないことだし、何よりも彼は熱心なシンパであり、対して家康は8代前の家祖が遊行《ゆうぎょう》念仏僧で、家康自身その理念「厭離穢土《おんりえど》・欣求浄土《ごんぐじょうど》」を旗印に用いていた程に浄土宗《じょうどしゅう》の熱心な信者だった。加えて親子ほどに歳が離れているのだ。それゆえ、漠然と頻繁に顔を合わせている内にそりが合って親密になったとは、にわかに考えにくい。

だとすると、両者の親密さは何に起因するのか。能趣味を同じくし、能書を信忠が贈られることはあったが、これといった交流はなかった。それまで付き合いのなかった両者がにわかにそうなったからには、この期間中に何かが起こったと見るべきではないか。ならば、それはいったい何か。

演目「鞍馬天狗」に「信長を討て」の黙示が仕込まれていた！

そこで考えられるのが、信忠が家康に計画への参画を説き、家康がそれに応えた可能性である。

安土での日程も半ば過ぎとなった5月18、19日、安土城内の摠見寺《そうけん》本堂で舞と能が披露されたが、2日めに椿事が起こった。梅若太夫《うめわかだゆう》の舞った能が不出来で〝御気色《みけしき》変じて〟見苦しいと信長が立腹したのだ。この件について信頼できる情報が幾つかあり、たとえば『信長公記』は「梅若大夫を御折濫《せっかん》なされ、御腹立ち大形《おおかた》ならず」と伝え、『当代記』は再びこのような不手際を致すなら「誅戮《ちゅうりく》あるべしとの儀なり」と伝えており、怒りの程が尋常でなかったことが窺える。（※『信長公記』は日取りを19、20日とするが、それは誤り）

ところで、『当代記』に「城介（信忠）の能道具悉くこれを召し寄せ、丹波猿楽《さるがく》の梅若太夫に下さる」とあるように、先年、信忠が能に入れ込む姿に信長が勘気を起こして能の道具をいっさい没収させることがあり、それを下賜されたのがこの梅若太夫であった。そうした経緯があったから、不出来だけが勘気を招いた要因ではなさそうである。

梅若太夫家久《いえひさ》は猿楽も得意とする丹波の能楽師で、丹波国を領す明智光秀とも昵懇だったが、疑り深い信長にしてみれば、信忠を巡る懸案、心配事もあり、梅若太夫が信忠、光秀らと浅からぬ交流を持つことは両者について必要以上の親密さを想像させ、ひいては裏に不穏な動きがあるのではといった猜疑を強いたに違いない。それゆえ、もやもやが増し、ことさらに不出来が目につき容赦できなかったとも考えられるからである。（※ 梅若太夫は変後、明智勢に参陣し、山崎の合戦で死に至る重傷を負う）

しかし、この想定も役不足の感が否めない。なにせ信長は「この次は誅戮致す」とまで言ったというのだから。もっと根源的に怒りを招く事柄であるべきだろう。

ここで気になるのは、梅若が舞った演目だ。何か原因の一端が潜んでいようからである。信長の茶頭《さどう》の一人・津田宗及《つだそうぎゅう》が記した『宗及茶湯日記他会記《そうぎゅうちゃのゆにっきたかいき》』と『当代記』によると、それは「めくら沙汰」であった。この演目は、相対する家臣衆が兄、弟を擁立するお家騒動物で、最後に盲目の兄が家督を継いだという話。『当代記』は家康の所望により舞われたとする。

関連諸史料を見渡すと『多門院日記』に糸口がありそうである。5月18日の条に信長の気に障ったある件について言及があるからだが、多門院の属す興福寺の両門跡《もんぜき》が家康接待に供する道具類を提供することがあり、12日に発って15日に安土に着き、お目にかけたという。

18日に帰った使者によると、寺門《じもん》の献上した「盃臺《さかずきだい》」は信長の気に障ったため受納されなかったという。ここでいう「盃臺」は、文脈から同12日の条に見える三尺五寸ばかりの彩色を施した操り人形の「張良《ちょうりょう》」を指しており、筆者の英俊はお気に召さなかった理由を推測している。「張良の心根、忠義心は能の鞍馬天狗の中で謡われるが、それには驕れる平家を西海に追い下すとあり、信長は平家の故それが御気に障ったか」と。

信長は平氏を本姓とし、平信長を名乗っていた。『惟任退治記』も信長についてそう表記しているが、演目の「鞍馬天狗」の中で、大天狗が別れ際に遮那王《しゃなおう》こと少年の源義経《みなもとのよしつね》に「末永く見守るゆえ平家打倒を遂げよ」と励ます場面があり、その謡《うたい》が己《おのれ》(信長自身)を打倒せよと聞こえるため勘気に触れたのだろうというのだ。当時広く読まれていた『義経記《ぎけいき》』の影響で、源義経は清盛の子だったとまことしやかに語られていたが、清盛のごとく国家を壟断《ろうだん》する父を倒せ、それを大天狗なる某が見守る、そうした深読みが成り立つ演目なのである。

偶然なのか、『惟任退治記』は信長の呼称として将軍のほかに、贈大相国平朝臣《ぞうだいしょうこくたいらのあそん》信長公、相公《しょうこう》、相府《しょうふ》を用いるが、それらは平大相国、平相公、平相府と呼称された平清盛を彷彿とさせる。またその冒頭で「唐の驪山《りざん》宮の栄華、上陽殿の楽遊もこれに及ばず」などと、清盛のそれに相通じる信長の驕奢ぶりを書き立てている。ならば、同書は信長を討たれるべき平家に擬していることになり、同書を書かせた秀吉にとどまらず彼の同僚たちが上様についてそうした想いを抱いていた可能性を増そう。そうなると、信忠の謀反に与する一派が同様にそうした思いを募らせ、共有していた蓋然性も同様に増そう。

そうはいうものの、信長が癇癪を起こした演目は「めくら沙汰」で、「鞍馬天狗」ではない。どうしたことか。ここで発想を変えてみたい。信長の気に障ったのは受納されず突き返された張良の人形であるが、この人形と「鞍馬天狗」の二つは深く関連していた、と。そこで本来、出し物は「鞍馬天狗」だったと仮定したなら、どうなろうか。張良――前漢の高祖劉邦の功臣――がその中で謡われるから、張良の人形を用いる演出も十分にあり得る。となれば、その趣向のためにこそ、その人形が安土へ供された、しかし信長は張良の人形が含意するところを知っていて、まちがいなく演目「鞍馬天狗」が予定されていると見破った。それで人形を突き返し、他の演目に差し替えさせた、ということにならないだろうか。

そもそも英俊が「それが（信長の）御気に障ったか」と推察した勘気の原因について、「張良の心根、忠義心は能の鞍馬天狗の中で謡われる」などと書き得たのは、その趣向、つまり張良の人形が安土でどう使われるのかを伝え聞いていたからではないのか。

「それ」に深く関わる演目「鞍馬天狗」は、おそらく興行の数日前に興福寺からもたらされた張良の人形からその演能予定が発覚して信長によりキャンセルされ、代わりとしてリクエストを求められた家康の所望で急遽「めくら沙汰」が演じられることになった、そのため梅若太夫はこの演目の準備が足りず、カリカリする上様が気になって仕方なく、不出来な演能となってしまった、そういうことだったのではないか。

加えて、キャンセルさせたとはいえ、信長の心の中で尾を引いていたため、梅若太夫の不出来が、本来やるべきだった演目「鞍馬天狗」をやりたかった無念の意趣返しととられ、火に油を注ぐことになった、とも考えられないだろうか。

ここまで想像が重なったが、他により適切な経緯が考えつかないので、暫定的にこの推論に立って考察を進めてみたい。さて、そうなると気になるのは信長の気に障る趣向をいったい誰が思いつき、実行せんと図ったのかという問題である。敢えてそれを試みた人物として、少々のことなら許されるであろう信長の愛《いと》し子、そう、問題の嫡男信忠であったと仮定するなら、どうなろうか。

あの父・信長に対する息子信忠の挑発!?

ところで、フロイスは『日本史』の中で、信長と光秀との間に起こったある変事について言及している。

これらの催し事の準備について、信長はある密室において明智と語っていたが、元来、逆上しやすく、自らの命令に対して反対意見を言われることに耐えられない性質であったので、人々が語るところによれば、彼の好みに合わぬ要件で、明智が言葉を返すと、信長は立ち上がり、怒りをこめ、一度か二度、明智を足蹴《あしげ》にしたということである。だが、それは密かに行なわれたことであり、二人だけの間での出来事だったので、後々まで民衆の噂に残ることはなかった。(「五畿内篇Ⅲ」第56章)

「これらの催し事」とは18、19両日に催された舞と能の興行とそれらに伴う宴を指していよう。その準備となれば16日か17日のこととなろうから、その両日のいずれかに起こった変事と見て差しつかえあるまい。両日ともに、いまだ光秀は接待役(馳走役とも)にあったからだ。

となれば、光秀が演目に先に推測した「鞍馬天狗」を加え、それに張良の人形を用いる趣向を添えた、信長は事前に知って激怒し、足蹴にした、そうした経緯が考えられないだろうか。

それにしても、主君の逆上を招く危険が濃厚な趣向を、いったい彼が発想し得たのか。「鞍馬天狗」が含意し得る暗喩を、彼ほどの知恵者が薄々でも心得ていなかったとでもいうのか。

そもそも一連の接待は名目上、甲州武田攻めへの参陣をねぎらうことにあったから、その折の総帥であり、かつ織田家家督である信忠が総采配役を務めた。ならば、光秀が足蹴にされた件は、つまりそれを誘ったであろう演能の趣向の件は信忠に指導責任があったことになる。ここで、一つの可能性が浮上する。光秀に興行演目に加えるよう要請したのは信忠であり、彼の趣向だった、と。

　というのは、詳しくは後述するが積もり積もる父に対する腹立ちがあり、当時の信忠は意趣返しを兼ねて「早く世から退いてくだされ」とばかりに、むろん父への甘え心も作用していたろうが、癇癪を招く趣向を凝らすことくらい、高い確率でやりかねなかったからである。

　だとするならば、信忠は安土へ発つ前に書状を送り、接待の準備にかかっていた光秀に采配して演目に「鞍馬天狗」を加えさせた、そしてその中で張良の人形を用いるべくそれが備わる興福寺に手配させた、という経緯も十分にあり得たろう。

　『多門院日記』と付属文書『別会所記』を見ると、この件に関して不可解を挙げることができる。どうしたわけか、1《メートル》もある「アヤツリ（人形）張良」を盃臺と呼んで言及している点である。盃臺は茶の湯などに使う器や盃を載せる台をいうが、なぜこの二書は1《メートル》もある器材をそう呼ぶのか。解せない。だとすると、暗号として「アヤツリ張良」をそう呼び、取り扱っていた、そう見ることはできまいか。むろん信長に察知されないためであろうが。

　ところで、興福寺の使者が人形のことで信長の不興を買ったと報告したのは安土から帰った18日のこと。駄馬を伴う徒歩で安土、奈良間を往復したはずで、安土での悪い結果を報告するため本隊に先駆けて安土を発ったに違いなく、となれば、2日前の16日あたりに発ったと考えられる。そうなると、信長に見せてその気に障ったのは、早くて安土到着の15日の夕刻か、おそらく16日の午前中と見ることができる。

光秀への足蹴の件と張良の人形が信長の気に障った件とが、同一のことに、つまり張良の人形を用いて「鞍馬天狗」を演能する目論見に起因していたというのなら、足蹴は16日に起こった変事と見ることができそうである。

密室でだったとはいえ、君臣の間にあるまじき足蹴を光秀独りが被ったことは、酷い感情爆発が彼の一身に浴びせられたことを意味しよう。若殿の趣向だと口外しなかったことが考えられるが、ならば、後でこの件を知った信忠が意気に感じたであろうことは想像に難くない。

話がだいぶ逸れた。信忠が家康に計画への参画を説き、家康が応じたことから両者が意気投合した可能性について考察していたが、それについてこれまでに得られた推論を基にして少し整理しておきたい。

まず、信忠は諸々のことで腹の虫が収まらず、意趣返しの機会を窺っていた。「おやじ殿は平清盛公のごとく見られている。早く世から退くべきだ、でないと……」などと。そうした中、ふと世人に黙示すべく観能会でそのメッセージを含意できる、かねてよりその点に関して含意に溢れると聞き及んでいたであろう「鞍馬天狗」を演目の一つに加えること、そしてその中に張良のアヤツリ人形を用いる趣向を思いついた。そこで光秀に手配を指示した。しかしその趣向は張良の人形から信長の察知するところとなり、光秀は激しい叱責を被った。信忠は自分の仕業だと口外せず庇ってくれたことを申し訳なく思っただけでなく、意気に感じた、と。

いささか屋上屋を重ねる推論となるが、もしそうなら、安土で信忠の企みが叶わなかったことを惜しみ、一派の面々が26日に催された清水の観能会で叶えんと図ったことも十分に考えられる。この企図については、何よりも当時、清水寺が、『義経記』清水の段によって、義経と天狗の化身とも目された武蔵坊弁慶とが出会って以来の最終決戦を交え、負けた弁慶が義経の家臣となった舞台として名高かったことが、場所選びも含めその強い動機になったと思われる。

すなわち、決戦の舞台は眼前の、まさに清水寺本堂の舞台である。安土でのいきさつもあり、能好きな主賓の家康がその現場に因み、「鞍馬天狗」を所望しなかったとはとても考えにくい。何よりも「かの演目を今ここで興行するはまさに天の思し召し」などといった皆の暗黙の求めに応えるために。

大坂の陣の後、「義経腰越状《よしつねこしごえじょう》」なる歌舞伎がはやった。これは意図して豊臣・徳川の相克譚を弟の義経を豊臣秀頼に、兄の頼朝を家康に擬して描く作品だが、当時そうした手法はしばしば用いられたから、面々は「鞍馬天狗」の中に似た構図［義経＝信忠、平清盛＝信長」を見出し、ことさらにその演目を話題にし鑑賞にこだわった、ということではなかったか。人形の代わりに誰かが進んでそれに扮したことも、十分にあり得たのではないか。

諸々そうとなれば、信忠と家康が昵懇の仲になった理由は家康が信忠の謀反計画で意気投合したからといってよかろう。家康にしてみれば、信忠が邪教に走る父（後述）に代わって天下人となれば、己の信仰を保てるし、気難しい御仁がいない天下は居心地がよいはずで、それゆえ肩入れせんと意を決し、それを表意できる「鞍馬天狗」をリクエストしたということだったのではないか。

そうなると気になるのは、信忠が28日に愛宕山を詣でた件だ。そこにはまさに大天狗が祀られるからである。愛宕山の天狗は太郎坊と、鞍馬の天狗は僧正坊と呼ばれ、ことに前者は多くの眷族《けんぞく》を従える日本一の大天狗とされる。在京しておれという父の内命に逆らって愛宕山へ向かったのは、一つに26日の観能で感銘を受けた大天狗に対し、計画成就の神頼みを思い立ったがゆえ、と見ることはできないだろうか。

ならば、そうしたことを通して信忠が「鞍馬天狗」の趣旨を認識し直し、己を義の人・義経に見立てたことも十分に考えられる。義経は清盛を討ち殺したわけではないから信忠はそれを寓意と捉え、心おきなく「義ゆえに父・平信長を世から退かせる」を気負い、義経気取りで詣でたことも十分にあり得たろう。光秀も足蹴のことがあり、同様の気負いから「拙者はその天狗様になりましょうぞ」などと口が滑ったことも十分に想像される。深読みが過ぎようが、「天狗様」は信忠擁立を図る一派から、擁立者それぞれを比喩する合い言葉とされていた可能性も一概に否定できないのではないか。

清水観能会で公家や家康らが倅《せがれ》・信忠を唆《そそのか》した、そう信長は確信した!?

5月21日、家康一行は安土を出立し、同日、南蛮寺西隣りの街区に所在する豪商・茶屋《ちゃや》四郎次郎清延《しろうじろうきよのぶ》の邸に入った。家康の前評判は高く、公家衆や町衆はこぞって迎え、熱い交歓で日々を過ごすこととなった。むろん、その場には常に信忠の姿があった。

関連諸史料から推し量るに、26日の清水観能会には少なくとも、『天正十年夏記』の筆者勧修寺晴豊、老実力者の甘露寺経元といった幾人かの公家、茶屋清延を含む少なからずの町衆、そして信忠、家康、穴山梅雪とその随臣、（この頃在京していた光秀および信忠と浅からぬ縁を持つ）高山右近、もしかしたら福富秀勝を含む幾人かの馬廻り、加えて信長が添えた目付の長谷川竹《たけ》（秀一）、西尾吉次といった面々が参席したとみられる。

演目の一つとして一同の秘めたる願望を具現する「鞍馬天狗」が家康のリクエストで演じられたと想像されるわけだが、おそらくその含意する趣旨からこの演目はかねてより要注意物とされていた。それゆえ目付の長谷川竹らが面々の言動に注視し、メモして信長に報告したことが十分に考えられる。

26日の清水観能会についての情報は、信長に少なからず動揺をもたらしたようである。翌27日に信長の小姓・森乱丸から信忠の元に実質的に在京を命じる書状が届き、それに対して信忠は返書をしたためたが、それが現存する。先に、父から突如、在京を求められたため家康らと別れることになったと述べたが、その根拠となる文書で、『小畠文書《おばた》』の内の「森乱（丸）宛て織田信忠書状」という。こうある。

家康殿は明日大坂・堺に罷《まか》り下る予定です。上様は中国表に近々御馬を出されるとのこと、我々堺見物の儀はまず遠慮致したい。また一両日中に御上洛とのこと、我は京にとどまりお待ちしたい。これらのことを上様に伝え、対する御諚《ごじょう》（ご意志／お言葉）を早々に得て我に通達してくだされ。子細は使者に託し、申し伝えさせます。謹言。
五月二十七日　信忠（花押）　森乱殿

書状の中で乱丸は、上様が近々予定していた中国方面への出馬、つまり西国親征のための安土出立の日時を前倒ししたことは明言したが、それに添えて信忠や家康らがどう対処すべきか、指示を明言しなかった。むろん信長が明言しなかったことによろうが、信忠らは乱丸の書状から信長の深謀を憶測してクーデターの芽を摘まれぬよう、信長の意向に沿うべくにわかに立てた行動予定について、乱丸を介して信長の許諾を求めた、ということになる。

跡継ぎの信忠にしてみれば、にわかに安土を出立するとなれば馬廻り衆の参集が間に合わないため父が護衛なしで上洛せざるを得ないこと、そして今は自分しか護衛の任に与れる武将がいないことを承知するほかない。信長はそう心理的に追い込んで信忠に在京を余儀なくさせたのではないか。穿ち過ぎかもしれないが、そのために急な出立を2日前に予告したのではないだろうか。

この実質的な在京命令は、信忠と家康らとの分離を図るための体のいい方便ともいえるが、しかし、たかが観能会である。何が信長をそう突き動かしたのか。そこで「信長を倒せ」が黙示される演目が含まれていたことに原因があったと見るならば、うまく説明がつくのではないだろうか。

安土観能会を前にして光秀が足蹴にされる原因となったと推察される演目「鞍馬天狗」、一度、信長を怒らせたことのあるこの演目が敢えて演じられ、観客が興じたという目付からの報告は、息子への在京命令にとどまらず、他の者にもなんらかの仕打ちを加えさせたかもしれない動揺を信長に対して与えた、そう考えられる。たとえば、先述の堺にあった家康への火急の本能寺召喚などもその一環であろう。

気になるのは、くだんの観能会にその後があるという点である。前掲の『天正十年夏記』に、観能会の後、甘露寺経元が酒席を設けたとあり、『総見院殿追善記』も終日続いた観能会の後に酒席が設けられたことを証しているが、もしその場に目付を同席させなかったとしたなら、それはいかなるものになり得ようか。むろん目付をまいてから夜闇に紛れて某所に集まる、ということになろうが。

私がそう想像するのは、『夏記』がそれに言及する一節はなんとも不可解な文章で、暗号文に見えるゆえである。原文のままだと「城介、徳河、あな山二城をくわんふるまい也」で、予備知識がなければ、なんのことやら皆目、分からない。

くだんの酒席が政治に関わる密会であれば、後日、捜索を受ける危険性は高く、ならば、万が一に備えて暗喩に満ちた表現をとることになろう。となると、くだんの酒席は秘すべき政治的趣旨の下にあった、そう仮定することはできないだろうか。

公家衆はどのような経過を辿ってクーデター計画に参画したのか？

きなくさい問題に入る前に少し横道にそれて、公家衆のある動向について明らかにしておきたい。一席設けた甘露寺経元の意図に迫真性が備わるからである。

『天正十年夏記』によると、25日、武家伝奏の勧修寺晴豊は誠仁親王の心遣いとして、十合の箱物と十荷《じっか》の酒樽《さかだる》を信忠に届ける役目を仰せつかった。親王はそうしたものを何ゆえ信忠に贈ろうとしたのか。むろん、その前に信忠から贈り物があり、返礼としてそうしたようなのだが、気になるのは次のことだ。

晴豊が参じた親王の二条御所に、公家の首魁《しゅかい》と目される二人、祖父の入道殿こと尹豊と甘露寺経元が居合わせ、「談合」して十合十荷の贈り物を決めたという点である。彼らはそこで何らかの協議をなし、信忠へ贈り物をすべしとの結論を得たようなのである。

『夏記』はこう記す。26日、親王様が（信忠殿への贈り物を）今日届けよと仰せになったが、清水寺で能の興行があり、出かけた。そこには信忠殿らがいて、「（その折）城介、徳河、穴山に、城（白酒）をくわん（甘露寺）がふるまった」、つまり甘露寺経元殿が信忠、家康、穴山に白酒（しろき）を振る舞った。そのため帰りが日暮れとなり、宿直のため二条御所に参ると親王様は贈り物は明日にしようと仰せになった、と。（※原文の山と城の間のニは助詞の「に」と漢数字の「二」を兼ねていて、後者は二つの城、つまり城《しろ》＋城《き》と解字が可能）

観能会は楽しかったと見えて、それがはねた後も経元が振る舞う酒席で盛り上がった。不飲酒戒に縛られる境内のうちということはあり得ないから、近くにある経元自身か参席者某の別邸、あるいは参道に面した商家で持たれたのだろう。

演目のリクエストにおいて家康は信忠へ同意の胸中を示したと想像できるわけだが、ならば、ことの経緯から見て十合十荷の贈り物は家康の「鞍馬天狗」所望に並行するもので、信忠への協力ＯＫのサインだった、そう考えられないだろうか。贈り物を決めた二条御所での談合の一員だった経元はその談合の翌日、くだんの有志に一席設けて酒を振る舞ったが、そうしたことがあったゆえに謀の共有が一同の気持ちを高ぶらせ、その席でさらに盛り上がった、そう見ることはできないだろうか。

晴豊は十合十荷の贈り物を、翌27日に信忠の宿所に届けた。ところが信忠は彼を出迎えなかった。前日まで晴豊ら公家衆と親しく交際していたというのにだ。代わりに所司代の村井貞勝が受け取ったというが、この少々腑《ふ》に落ちない挙動については、27日の午前中に届いた森乱丸を介した信長の意向が強く作用したと考えられる。つまり、信忠はクーデターの芽を摘まれぬよう、父の目につくことは控えねばと自戒して晴豊に対し冷淡を装った、と。なぜなら、彼の宿所に父の間者が紛れていたであろうからだ。

これに関して一つ気になることがある。その晴豊は日記の中で、どうしたわけか、5月23〜25日付の条で信忠を「城介《じょうのすけ》殿」と呼ぶのに、それ以外では「城介」と呼び捨てる。裏を返せば23〜25日に何かがあって、尊敬の念をもって「殿」をつけたということになろう。信忠は21日に上洛し、翌日から公家衆と交際を持ったから、その時に晴豊を始め公家衆にとって喜ばしいことが、信忠との間に持ち上がったことが推察される。そしてそれは、二条御所での談合で決めた信忠への贈り物に通底する何事かだった、とも。

そうならば、23〜25日に何があったというのか。彼の日記は信長や家康らを呼び捨てるから、それとの対比から重大な裏があるのは想像に難くない。今まで検証してきたことを考え合わせるなら、「殿」をつけたのは信忠をほとんど天下人扱いするようになった、言い換えるなら、くだんのクーデター計画に関して信忠を擁立するとの合意が成り立ったから、ということになろう。

晴豊はまさに公家衆の本能寺伺候の主導者だ。信長の世が優しく御しやすい信忠のそれに取って代わるのだから、老練な公家たちにとって喜ばしい限りだったろう。加担の意志が信忠に伝えられ、対して信忠から返礼があり、晴豊は新たな天下人たるを含意して城介殿と尊称した。返礼に答えるべく合意の物証として十合十荷の贈り物がなされた、ということだったのではないか。

公家衆がくだんのクーデター一派に加担する決意をつけたとなれば、先に触れた問題に答えが見いだせる。三職推任問題だが、これが沙汰止みとなったのは公家側のこの決意による、と。実際、信長側がこの問題を蒸し返したといった言及が変の当日に至るも晴豊の日記に見えないから、推任は信長側が言い出した案件ではなく朝廷側が持ち出したものだった、顕官を餌に朝廷につなぎ止めんと図るも適当にあしらわれた独り相撲だった、そう言い得るのではないか。

屋上屋《おくじょうおく》を重ねるかの想像を巡らしてきたが、ここまで考察したことを基に（一仮説として）経過を整理してみたい。

まず、清水での観能会で、家康は信忠の謀反がなった暁の天下布武、天下経営を展望する暗示的な言にほだされ、同意の意思表示として演目「鞍馬天狗」を所望し、そしてなんらかの評言を披露した。それに一同が喝采《かっさい》した。能興行がはねた後、尹豊に次ぐ公家の顔役・甘露寺経元が信忠や家康、晴豊ら同志として名を連ねる者らに声を掛け、酒を振る舞うとして某所で一席設けた。むろん、目付の長谷川竹らを撒いた上で。

信忠、経元、晴豊、家康といった顔ぶれから推し量ると、この4人を含めた参席者たちの中に主導的メンバーがいた可能性が推察され、となれば、ここに中核メンバーが一堂に会すことになった、そういってよかろう。

クーデター計画は5月26日、清水での観能会後の〝談合〟で最終同意された

先述のように、清水寺での能興行がはねた後、飲み会を名目に幹部たちが集った。その日の演目は信長を討てと黙示するものだったと仮想されるわけだが、ならば、その後に持たれたこの集まりは何についてものだったのか。

実はそこに一派のメンバー高山右近が居合わせた節が窺える。というのは、先に触れたように彼は戦支度《いくさじたく》のための帰国をせず、27日か28日まで在京していた。安土で14日か15日以降に信忠、家康らと同席する機会が連日あった可能性が高いこと、そしてよりによって28日に家康と信忠が別れる時あたりまで彼が並行して在京していたことを勘案すると、彼

の在京は偶然ではなく、ずっと信忠らと行動をともにし、そして酒席に臨んだという高い可能性が察せられるからである。

そしてもう一人。実はこの26日に坂本を発って洛外を通過した武将がいた（『信長公記』）。そう、明智光秀である。一派に与する彼が清水に立ち寄ったことは十分にあり得る。むろん慎重な彼のこと、目付の目を避けるため、それの居合わせない酒席だけとなろうが。

『夏記』6月17日の条に、つまり変後の記事だが気になる一文がある。「斎藤蔵助《くらのすけ》（利三）と申す者は明智の武者である。信長を討つ談合の衆の一人で、生け捕られて車にて京中を引き回された」と。斎藤利三は信長を討ち倒す談合に参席していたと読めるが、文脈からするとこの談合こそがくだんの酒席、つまり密議に該当するのではないだろうか。主君光秀とともに彼も顔を出したその謀議に臨んだ晴畳だからこそ、そうした記事が書けた、そう解せば諸々に辻褄が合う。

そう、まさにくだんの酒席こそが、先立つ観能会の演目「鞍馬天狗」が暗に迫ってやまないクーデターの決行、その合意を得る密会だったのではないか。だとするならば、計画は5月26日、清水の某所で煮詰められ同意された、そう断言して無理はないのではないか。

Part2 信長炎上の真実

第5章　想定外の上様の死に、クーデター派の叫び「約束が違う！」

通説に違う二条御所における信忠の新事実とは？

通説によると、信忠は変事を知って宿所の妙覚寺を出た。すると、所司代の村井貞勝と行き合い、本能寺はすでに落去と告げられた。本能寺へとはやる彼は、貞勝に諭されて二条御所に向かう。そこに籠城するも、明智勢に攻め込まれて自刃《じじん》して果てた、という。おおむね『信長公記』を基にしたもので、事の経緯に誤り、いや、作為のあることは先に指摘した通りだが、気になるのは次の点だ。

本能寺から妙覚寺まで約７００《メートル》とさほど離れていない。喧嘩のような騒ぎが起こったというのに、本能寺が落去する頃まで近習の誰も聞き咎めずにいたとは理解に苦しむ。『惟任退治記』に貞勝が「御所（本能寺）の震動するを聞きて、初めは喧嘩と心得た」とあるように、震動を伴う、あるいは震動するかの大音声を伴うただならぬ騒ぎだったのだから。

そもそも、なぜ信忠は二条御所に入ったのか。通説がいうごとく光秀が信長父子を討つべく謀反に及んだのなら、なぜ当初から妙覚寺も囲まなかったのか。通説には筋の通らぬことが多い。しかし今や、信忠が謀反の中核にあったことなど、変の第1段階の趣旨が明らかになったから、視点や発想を変えて検証し直せば、二条御所側の史実を復元できそうである。

まず兵力に余裕のあった光秀が妙覚寺を当初から囲まなかった不可解についてだが、通釈は信忠の宿所が明智方に不明だったからとする。しかしそうならば、なぜ所司代の貞勝が包囲勢の中を動き回っていた時、捕らえて聞き出さなかったのか。そもそも信忠の定宿は父のそれを引き継ぐ妙覚寺だったから、織田家中で知らぬ者はいなかったはずだ。

一方、信忠にしても父が果てているのなら、なぜ京を脱出して馬廻り衆ほかを糾合しながら、態勢を立て直すべく安土へ向かわなかったのか。通説は『信長公記』の一文を挙げて、明智勢は大軍ゆえ逃げおおせまいと観念して籠城したとするが、では名の通った叔父の織田長益や家臣の水野忠重、山内康豊、鎌田新介ら多数が脱出できた事実は、どう説明し得るのか。

包囲がそのくらい緩かったのなら――ことに西隣りは町屋のため徹底できなかった――、ましてや包囲される前なら、身をやつすなどすれば逃げおおすことはたやすかったはずだ。御所の主・誠仁親王は当初、騎乗して退去せんと望むも光秀に拒まれて徒歩に切り替えたが、ということは御所内に馬がいたことになり、騎馬での脱出も可能だった。信忠とともに二条御所入りした手兵は約500、それに加えて信忠の元へ馳せ加わった馬廻り衆約1000騎ほかを招き入れるなら、1500近くの総兵力が期待できた。一丸となれば洛中に張られつつあった警戒線など突破できようし、大坂・堺方面の信孝・丹羽長秀軍と連絡がつけば大軍勢の救援が望めた。武辺の助言者も数多くいたはずなのに、なぜ信忠はそうしなかったのか。

いえることは一つ。本能寺が炎上するまでの間、そうする必要がなかった、明智勢は信忠にとって敵ではなかったからである。そうでなくなったのは、あの焼け落ちようではお父上は絶望的だ、死んだと思わねばと諭され、受け容れた時であり、その時点で光秀は信忠にとって不俱戴天《ふぐたいてん》の敵《かたき》に変じたのである。

我々はすでに光秀、信忠、所司代の貞勝らが、信長が果てるより前においては同志であったことを心得ている。この認識の下にあってのみ、騒ぎを聞きつけて本能寺の周辺に駆けつけた馬廻り衆が、二条御所が包囲されるより前、かつ本能寺が落ちるより前、ということは信長がいまだ死んではいない段階だが、条坊街路に展開する明智勢に阻まれることなく、信忠の元へ向かうことのできた理由を理解できるのである。

本能寺にある父が同志の包囲によって完全に幽閉状態であるなら、信忠は必ずしも本能寺に向かう必要はない。つまり、本能寺の御殿で父の怒りに歪む姿を横目にしながら、父になり代わって立つ必要はないことになる。外のどこかで同志に囲まれ導かれて、天下人として立つ宣言を世になせば、無血クーデターは成立するであろうからだ。そのどこかとして信忠の天下を支持する誠仁親王の居所、二条御所の方がふさわしい――、これが少なくとも本能寺側で滞りがない限り、身が縮むほどに恐ろしい上様の怒り顔を目に、また怒声を耳にしたくない一派の面々にとって望ましい選択肢であった。（※そうした動向を促した重大な事情が実はあったのだが、それについては第8章の後の方で述べたい）

ならば、貞勝はいずれかの大辻に座陣する光秀の元に立ち寄り、了解を得て信忠の元に向かい、天下人として立つ場所の変更を説いたかもしれない。しかしこのことは、同志が皆で明智勢の囲む本能寺へ駆けつけ、皆で上様を折れさせるという筋書きを歪めることを意味し、思わぬ重荷を光秀に負わせることになった。すなわち、光秀を信長の説得、いや、強訴に行き詰まらせて独り懊悩させたあげく、変の第2段階に踏み切らせてしまったのである。

父が本能寺に封じ込められる中、公家衆に囲まれ天下人として立つ準備が進む

本能寺で第1段階が始まる頃、信忠は妙覚寺でどうしていたのか。『1582年日本年報追加』がいうように就寝中だったのだろうか。この点、『惟任退治記』と『信長公記』は就寝中だったとはいわないが、いわない裏には何かあるのだろうか。

妙覚寺まで条坊街路を辿って約700メートル《メートル》だから、騒音のない当時のこと、信忠自身も御殿の震動を伴う、ないし震動するかのような大きな騒音を容易に耳にできたはずだ。なら

ば100メートル30秒の足でも210秒、つまり4分もあれば本能寺周辺に至れたから、異音で目覚めた彼が手の者を走らせ、その注進で事態を把握できたはずである。ましてや、彼の割いた勤番衆が本能寺の警固にあたっていたのなら、誰かが注進に駆けつけようから、なおさらである。

少なくとも日の出前には、予想外の決行を信忠は知ったはずなのである。同志たる明智勢、貞勝と所司代の兵、くだんの馬廻り衆、数人の殿とその手兵らが、本能寺を完全に包囲している、と。前日、公家衆の参集に伴う本能寺での決行は頓挫したと意気消沈していたのだから、予期せざる天恵と映ったであろう。信頼を寄せる高山右近ら摂津衆の姿がないのが、気になりはしたろうが。

そうであるならば、正装を小姓に持たせて太刀を佩《は》くのみで、父を退かせて新たな天下人として立つべく本能寺へ向かった。しかし途中で貞勝に出会い、その言を容れてUターンし、二条御所へ入って儀式の準備に取りかかった——、あらましをこう復元できまいか。『天正十年夏記』はこう記す。（筆者の勧修寺晴豊を含め）公家衆が多数、二条御所へやって来るも明智の包囲勢に阻まれて往生し、晴豊も「もしや状況が変わるかも」と見守っていた、と。朝方だというのに多数の公家衆が二条御所の周囲に群れていた状況は、にわかな信忠擁立の儀式に参列すべく推参したことによる、そう見れば説明がつこう。

親王退出の件については、『惟任退治記』を除き、どの一次・準一次史料も同じことを語る。親王のいまだ坐す時に信忠らが御所に入って来た、と。たとえば『同年報追加』には「信忠は駈けつけた人々と共に付近にあった内裏の御子（親王）の居（二条御所）に赴いた（中略）内裏の御子はかくの如き客を迎えて～～（後略）」とある。『夏記』などは退出の次第を詳しく記し、最後に「まことに親王様が退出できたのは奇跡的なことであった」と締め括るから、包囲されて一触即発の中、辛うじて退出できたことが推察できる。『言経卿記』も「信忠らが下御所（二条御所）へ取り籠め（籠城）のところ、（本能寺と）同じく明智勢が押し寄せた（中略）親王様は辰刻《たつのこく》に内裏へ渡られた」と記す。

そうなると、独り異なることを語る『惟任退治記』は、（本能寺側と同様に）二条御所における第1段階の包囲下での出来事を抹消するため、信忠らが御所に入る前に（本来その退出の終えるのを待って戦闘が始まった）親王一家の退出は済んでいた、一家の退出についての明智方との交渉や御所の包囲などは存在せず、明智勢は駆けつけるとすぐに襲撃を始めたと史実を偽っている、そう解することができる。

このことを踏まえて、当日の信忠についてもう少し突っ込んで検証してみたい。

本能寺側で大騒ぎが始まった時点で、いまだ父・信長は存命なのだから、妙覚寺の信忠には少なくとも二つの選択肢があったはずである。

一つめ。包囲された本能寺へ自身の小姓らとともに出向き、そこに揃う同志――村井貞勝、明智光秀ら――と境内に入り、御殿の庭で縁先に現れた父を前にして居並ぶ。信忠は言い放つ、「父上、退きませ」と。そして一同は、たとえば皆が気を揉む気の病を癒すためと唱えて、かつて浅井久政が強いられた竹生島《ちくぶじま》隠棲を仄めかし、天下の権を信忠様に譲渡して隠棲すべきを承服させ、いずこかへ送り出す。体のいい追放・幽閉劇だが、そうして後、信忠は家臣一同、公家衆の推戴により、武家の棟梁、天下人として立つ――。

二つめ。父・信長の封じ込めが完璧であることから、脱出はむろん救出もあり得ないと踏み、そこから離れたしかるべき場所で、そう、信忠の計画を支持する誠仁親王の座す二条御所で、父になり代わって天下人として立つ――。

父の座す場で計画を成就させるのか否かの違いだが、いずれにせよ、くだんの馬廻り衆はむろん、光秀を含む家中の重臣、勅使を含む公家衆を前にして信忠の君臨が宣言されるはずであった。『惟任退治記』が強調する殉死の切腹どころの話ではなかったのである。

『惟任退治記』や『信長公記』に、ともかく信忠は宿所の妙覚寺を出て本能寺へ向かったとあるから、彼が本能寺へ入って一つめをやろうとしたことは確かだろう。となれば、当初、いや、計画では本能寺に入って屈服せる父上の御座所で天下人として立とうとしていた、そう理解してさほど無理はあるまい。

しかし彼はそうしなかった。途中で行き合った貞勝による、たとえば「上様は袋の鼠《ねずみ》であるゆえ大事ない」といった類の献言を容れて、二つめに変更したのだ。癇癪に歪む父の顔を見ることなく済む方を取ったのである。貞勝にしても同様で、上様の怒声を耳にせずにことを済ませたかったゆえに、そうした献言をしたのであろう。

しかし彼らのそうした甘い判断が、思わぬ苦役を光秀に課してしまった。信忠始め皆が本能寺へ来てくれなかったために上様説得に行き詰まり、上様による報復の恐怖から来る周章のあまり次善の策、不慮の事態を招いた第2段階に踏み切らせてしまったのである。

想定外の父の死に、信忠の悲鳴「約束が違う！」

新たな考察に入る前に、ここで経過の次第を整理しておきたい。

まず、午前4時40分過ぎ頃、信忠はただならぬ騒ぎで目覚め、次いで上様は本能寺に封じ込められたとの注進を受けた。同志による予想外の決行を認識し、かねてよりの手筈に従い本能寺へ向かった。途中、所司代の村井貞勝と行き合い、献言を容れてUターンし二条御所へ向かった。親王らに迎えられ、天下人として立つため儀式――父の前職であった武家の棟梁を半ば意味する右大将の任官もあり得た――の準備を進めた。

京洛内外にあった馬廻り衆のうち、若殿（信忠）擁立派の者らはにわかな決行を知って本能寺へ向かった。その後、式場変更の布告があり、同寺警固にあった信忠の勤番衆が主君の元へ赴くのに同行して二条御所へ。ところが5時30分前後に想定外の事態が起こる。

銃声が轟き、そして父の御殿が、続いて本能寺の諸施設が炎上し出したと知らされ、立ち上る炎と煙が望見できた。それは半ば父の死を意味し、そして程なく明智勢が（信忠の擁立のため）押し寄せてきた——、となろうか。

信忠にしてみれば、父の処遇については無血の幽閉策のはずであった。なのに、流血の惨事となってしまった。父を憎く思うも、それはその掌《てのひら》のうちにあっての、いわば甘え。掌が失われたとたん、彼が狼狽したことは想像に難くない。

「約束が違う！」、そう叫んだに違いない。むろんこの悲鳴は、上様を亡き者にする前提になかったクーデター派の面々のそれでもあったろう。

この新たな想定外の事態こそが、すべての転換点となったのである。そしてこの結末によって立つ後知恵バイアスこそが、本能寺の変に関するもろもろの記述を歪め、かつその解明を容易ならざるものにした張本人である。

何よりも信忠にとって耐え難いのは、このまま天下人として立ったなら口さがない者らから「親殺しの謀反人」の汚名を着せられることだったはずだ。ほどなくして、憤激する信忠が「光秀めが父上を殺した」と敵討ちを宣言したことは疑いない。父親を殺された時、そうなすのが武家の習いだからである。羽柴秀吉らが上様の敵討ち、弔《とむら》い合戦に奔走したのはその習いに従ったからであり、間違いなく信忠も計画のすべてを反故《ほご》にして敵討ち貫徹を宣言したはずである。この点からも、父に殉じるため追い腹を切るなどと口にすることは決してあり得ない。敵討ちしかないのだ。たとえ返り討ちにあったとしても、あっぱれな奮戦振りを父の霊と世間とに示さねばならなかったはずなのである。

父の敵討ちに固執した信忠、その天下人擁立にこだわった光秀

一方、光秀はそうした信忠をどう見ていたのか。

先に復元した変の時間経過から推測すると、包囲開始が午前6時前後、襲撃開始は7時前後となるから、1時間ほどの包囲の下、対峙が続いたことになる。力押しすれば落とせたろうに彼はそうしなかった。1時間ほどの間、何をしていたのか。途中、親王一家の退去劇がありはしたが、それを挟んで本能寺側と同じような交渉事、強訴を粘り強く続けていたのか。

本能寺では第1段階、第2段階を通して信忠を擁立することに光秀らの目的があった。ならば、二条御所における、少なくとも包囲段階においては、その延長にあったと見ることはできないだろうか。つまり、攻撃を始める7時前後まで光秀は信忠を擁立すべく動いていた、と。実質的には、怒れる信忠に対する説得となろうが。

そうとなれば、光秀が二条御所を囲んだのは、少なくともある時点までは信忠を守護し、上様を押し倒して天下人として立つ儀式を望まぬ洛外からの反クーデター派に備えるためだった、そう見ることもできる。（※ 新たな上様信忠による閲兵のため、同所脇の大路を

馬場となす作業も進められていたと考えられる）

とはいえ、二条御所の炎上、落去という結末を見ると、その通りだとしても信忠が自身の擁立を一貫して拒んだことは明らかであり、敵討ちを叫ぶばかりで、弁明と説得に埒の明かなかったことが推察される。むろん信忠側にすれば、そうこうして籠城を続け、洛外からの援軍を待つための時間稼ぎの面もあったろうが、光秀側の家臣たちにしてみれば、その恐れゆえ、そしてまた上様存命中に説得のため本能寺へ駆けつけてくれなかった恨みもあり、いつまでも殿（光秀）に説得を続けさせるわけにはいかなかったはずだ。光秀もこのままでは織田家中を挙げた弔い合戦が我に向けて貫徹されると観念し、家臣の諫言を容れて返り討ちとして信忠をも死に追いやってしまった、ということではないだろうか。

『天正十年夏記』ほかによると、二条御所には飛鳥井《あすかい》雅教《まさのり》父子、庭田重通《にわたしげみち》らの8人、それに加えて2日の当番だった柳原《やなぎわら》大納言淳光《あつみつ》と遅れて参上した正親町《おおぎまち》季秀《すえひで》らの、計10名が詰めていたし、御所の周りには中へ入れない公家たちが群れていた。武装せぬ公家衆が何ゆえ好んで物騒な包囲下にある二条御所に近づき、たむろっていたのか。繰り返しになるが、それは信忠を擁立する儀式のために参集を呼びかけられていたからである。

父の害死という想定外の事態に陥らなかったなら、公家衆に光秀自身も加えた皆で信忠を天下人に擁立する心積もりであった。独りその心積もりを変えないでいたであろう光秀は、本能寺炎上の様を望見した若殿が父の死を確信した後でさえ、本能寺へ来てくれなかった責を仄めかせつつやむを得なかった事情を若殿に話せばわかって貰えるとして、擁立の意志を変えなかった、という可能性も十分に考えられる。

結局、信忠を攻め滅ぼすことになったが、それは高い確率で信忠が父の敵討ちに固執したからである。いくら説いても聞く耳を持たず、「父上の敵が何を言うか、そちの言い分が真なら切腹して証しを立てよ」といったことを口にし続けたからにほかあるまい。

二条御所の大手門に銃口を並べるまでして、光秀を拒んだ信忠

信忠が光秀を強く拒んだとおぼしき象徴的な光景が、『惟任退治記』に見える。

二条之御所の信忠はもちろん覚悟の上であったから、大手の門戸を開き置いた。弓・鉄砲を前に並べ立て、内に控える軍兵どもは、思い思いの武器を手にして前後を固めていた。

覚悟を決めた信忠ら将士は二条御所の正門の扉を開け放し、弓と鉄砲を前面に並べて明智勢を待ち構えていたという。少し前にある「思いを定めて惟任勢の寄せ来るを待ち構えた」の一文を受けて、具体的に描いた場面である。

この点、『1582年日本年報追加』と『日本史』は、信忠らは刀を佩《は》くのみで二条御所のうちにも武器はなかったとする。そちらを重視してこの記述は偽りだと決めつけることもできようが、双方、具体的でリアリティがある。いったいどう解釈したらいいのか。

考えられることは一つ、彼ら以外の者が後から持参した可能性だ。『惟任退治記』に信忠と父の末弟・長利（信忠の与力）は腹巻、近習たち100人は具足を纏っていたと見えるが、察するに多くは儀式に備えて無粋な具足を身につけずに御所へ入っていた、しかし入洛した足で御所に入った馬廻り衆が多数おり、その彼らが予備刀剣、鉄砲を含む武具一式を携行していたため、分かち合うことで少なからずの者に武装が叶った、と。

ともかく相手は万を超す大軍だ。激情の余り打って出て父の敵をとる無謀は断念したにせよ、門扉を開け放ち、弓・鉄砲を向けて待ち構えた姿勢には強い覚悟が窺えよう。

ところで、包囲勢を前にして門扉を開いて待つとはどういうことか。漢籍にも類例が見えるが、そうした先例を念頭にした、いつでも入って来いとする意思表示であろうか。そうならば、文脈から推し量ると、いつでも貴様（光秀）の言い分を聞いてやる、だが覚悟はしろ、といった含意を読み取れそうではないか。強い拒絶の意思表示ということである。

信忠にしてみれば、つい3日前に愛宕権現でともに談じた記憶が恨めしく、「無血で行くはずだったのに、なぜ皆の合意を踏みにじったのか。その存念を皆の前で申し述べよ」などと散々になじりたかったであろう。光秀自身にとっても、皆が本能寺へ来てくれなかった恨みも残るが、何よりも皆との約束を破るとんでもない結果を招いたのだから、首を垂れ、信忠の打擲《ちょうちゃく》を甘受しつつ容赦を願いたかったに違いない。

変の5日後、6月7日に安土城にあった光秀の元へ勅使が訪れたが、謀反の存分について談話し、申し開きしている（『兼見卿記』）。前掲（↓p94）の「6月9日付細川藤孝宛て書状」でも存念の吐露に終始し、光秀が各所で主殺しの言い訳に努めていたことが窺える。

しかし、いかなる弁解も信忠の感情を逆撫でしたに違いない。大手門開放の様から見ても、信忠が光秀の申し開きをことごとく拒んだことは、改めていうまでもないだろう。

そうこうして1時間ほどが過ぎた。その間、親王一家の退去を叶える交渉がもたれた。村井貞勝が親王を説いて成立させたようで、『夏記』に「村井貞勝が親王様に逃れよと進言した」とある。『同年報追加』と『日本史』によると、親王は騎乗しての退出を望むも、光秀はそれはならぬ、駕籠《かご》もならぬ、徒歩でと条件つきで認めたという。留意すべきは、親王の退去は信忠らが明確に分《ぶ》のない、敗勢にあると認識されたがゆえに道連れを避けるためなされたという点だ。そして退去の終了が開戦の実質的合図となったのは否めまい。それまで親王一家は明智勢に対して攻撃をためらわせる「人の盾」となっていたはずで、それを信忠は手放したのだから。

攻防戦が始まる前からすでに敗勢だったことは、以下のことからも窺える。

信忠の手兵が約５００、信長の馬廻り衆で彼の元へ馳せ加わったのが約１０００、そして数人の殿とその手兵が若干数で、合わせて籠城の総兵力は1600余。

そして『多門院日記』6月3日の条によると、菅屋久衛門《すがやきゅうえもん》以下5～600人が討ち死にしたというから、負傷した者も含め1000人ほどが御所を抜け出したことになる。対して『家忠日記増補追加』には討ち死に150余人とあり、こちらをとると大半が抜け出たことになる。

多くの論者は後者をとるようだが、いずれにせよ、過半が抜け出たことは確かなようだ。脱出者については叔父の織田長益や家老の前田玄以基勝《げんいもとかつ》、家臣の水野忠重、山内康豊といった名が知られているが、それら重臣を含め、なぜ過半が御所を抜け出たのだろうか。信忠から嫡子三法師の逃避を託された僧形の前田玄以を除き、いったいその者らは武士にあるまじき不忠者だとして後々まで名を汚す可能性を考えなかったのか。実際、織田長益は終生誹《そし》られ続けたし、水野忠重は本来の主君、家康から厳しい譴責を受けた。

名を重んじる彼らが、名を汚す可能性を考えなかったとは考えにくい。だとするなら、若殿信忠の余りに頑なな姿勢、つまり惟任殿による擁立を受けつけないことに得心がいかなかったのではないか。余りな短慮についていけない、と。それで世の誹りを承知で逃げた、ということだったのではないか。

とするならば、過半の者が肩をすくめたであろう信忠の頑なさ、浅はかさ、短慮を前に、光秀はどう思案したであろうか。もたもたしていれば弔い合戦を唱える勢力が形成され、押し寄せることになる。それだけは避けたい、戦国武将の性《さが》が彼の脳裡にそう囁いていたはずだ。

光秀の大義名分、それは信忠の擁立であったが、もはやその支持者たる親王も去った。神懸かりの異才、上様はいまだ確定していないが、もはや焼死してこの世にいまい。誰を今さら憚ることがあろうか。そしてまた器の小ささが露呈した（と光秀に映った）信忠に、なんの大義があろうか。信孝、信雄《のぶかつ》らその親族についても五十歩百歩ではないか。ならば、敵討ちの返り討ちしかあるまい。

彼の覚悟は、どの方向に向かうことになったであろうか。

残存する書状などの文言から、こう推察できそうである。皆で共有した目的は掲げ続けたい。それを叶えるべく、乱世を収束させる天下布武事業は亡き信忠様に代わって、自分が当座の間、担おう。私欲ゆえでないことを証すため、近いうちに自分は身を引き、信忠様の家老たるべきだった若者らに後事を託す、と。

前掲の細川藤孝宛て書状などに、生々しい文面でその一端が示されているが、そうした事実を重視するならば、この推察が光秀の覚悟、新たに掲げるべき大義名分だったとして無理はないのではないか。

あるいは、つけ加えてこういうことも考えられる。信忠の嫡男三法師《さんぼうし》（秀信）は前田玄以らの働きにより難を逃れて尾張清洲《おわりきよす》城まで退避したが、それは光秀がその身柄の確保を狙っていたからと解せなくもない。つまり、亡き信忠の代わりに三法師を立てる、それが彼の目差した変直後の大義名分だったかもしれない。玄以らにより早期に阻まれはしたが。

光秀についての人物評は、『同年報追加』と『日本史』に詳しい。イエズス会が何よりも忌避する、上長、主君に対する裏切り、反逆を犯した者として、その人物評は「彼は諸人に喜ばれず、叛逆を好み、残酷なる処罰を行ない、戦争に巧妙で策略に富み、心勇猛で築城術に達していた」と手厳しい。確かに彼は奉公していた足利将軍家を見限ったし、比叡山焼き討ちでは容赦なく僧俗を殺し、そのことが信長から評価されて延暦寺の旧領ほかを授かった。丹波攻めでも策略を尽くし、逆らう在地諸族、国人衆を少なからず族滅させた。他家の家臣を引き抜いて信長の怒りを買ったりと、そのように評される根拠は多々見いだせる。

そうした面のある光秀だから、吹っ切ることができたのではないか。彼は戦国の武者であり、いつまでも逡巡する平和時のインテリではなかったのだ。

通説化された信長の「切腹」は秀吉のでっちあげによる

先に『惟任退治記』の中の文言について、信忠が本能寺へ駆け入ってそこで「(亡き父に殉じるべく)腹を切る」のではなく、「(いまだ存命中の父になり代わり)天下人として立つ」をやろうとした、と文言を修正すべきと述べた。幾つかの偏向を被っているとおぼしき箇所では、文言を差し替えることで矛盾が解消し、筋が通ることになるが、そうした差し替えられるべき文言は、繰り返しになるが、秀吉が隠さんと図った「信忠の謀反」の構成要素、いわば各記事要素の代替物である。

『惟任退治記』の流布もその一環である秀吉政権の言論統制によって、武士らしく信長親子はあっぱれ切腹して果てた、麗《うるわ》しいことだと世人の脳裡に刷り込まれることになったわけだが、それにしても、なぜ秀吉は「切腹」を選んだのか。なぜ焼死ではダメだったのか。あるいはほかの死に方、たとえば首筋に刃を当ててなす自刃死や敵兵による殺傷死ではダメだったのか。

『惟任退治記』にはとにかく切腹の文字が踊る。討たれて死んだ者らを除く織田方将兵の死に様はすべて切腹なのだ。たとえば、二条御所の場面だが、

　最後の合戦に心残る所なし。将軍（信長）のあの世の御供をすべしと、御殿の四方に火を懸け、その真中にて腹を十文字に切った。その外の精兵ども、思い思いに敷き皮を並べて腹を切り、一度に火焔となって果てた。

などと見える。変が終える頃、現場に参じ損なった美濃の侍・松野一忠が殉死を思い立

ち、辞世の歌を詠み、書き残した上で腹を十文字にかっさばき、臓腑を掴み出して果てたといった場面も美談として語られる。一方、山崎の合戦で敗れた明智方将兵の最期については、いっさい切腹の表記は見えない。よくて坂本城の落城とともに明智秀満が「自害」したとあるのみだ。

信長の死に方が切腹でなかった可能性については先に証した通りだが、こうして見ると、今さらながら「切腹」多用の故意性が疑われる。つまり、多くの切腹死に紛れ込ませることで父子の切腹もその一環、必然のことだと装い、史実であるかに偽っている、と。

『三河物語』は信長の最期について「早、火をかけて信長は焼け死にたまう」、つまり焼死したと明言しているのに、本能寺の変の段に入る冒頭では、変を概観して「明智日向守は、にわかに逆心を抱いて、本能寺へ押し寄せ、信長に御腹《おはら》をさせ申した」と述べ、信長が切腹して果てたことを明言する。これは『三河物語』における、まごうかたない自家撞着である。

この点、信忠については「城之介殿をはじめ、皆ことごとく討ち死にした」とあるも切腹したとはどこにも見えない。それは公家の日記も同様で、信長の死についてさえ、たとえば『夏記』は単に明智方が焼き討ちしたと述べるのみ。『兼見卿記』と『多門院日記』は「生害《しょうがい》した」、『言経卿記』も「討ち死にした」と。少なくとも信長が「御腹を召した」は、いっさい見えないのだ。

『信長公記』でも「切腹」「腹を召す」の言葉が躍っている。父子の死に様について「御腹を召した」と述べ、遅参した織田方の武者が追い腹で殉じたとして言及する二つの逸話も目につく。これらは『惟任退治記』を底本にしたことによる、いわば受け売りの可能性が高いが。

ただ、気になるのが小瀬甫庵の『信長記』である。『信長公記』を底本にした作品だが、「信長公が御腹を召した」の一文は見えない。「御座所に火が掛かり、御殿と共に灰燼《かいじん》に帰した」としか述べていないのだ。つまり、切腹うんぬんは削除されているのである。甫庵が信長の死に様を切腹を含む自害と見てないのは明らかである。『信長公記』の記述を異として、若年の頃、得た知見により「御腹を召した」の文言を削除した、ということではないだろうか。

信忠については先に、憚るところがなければ受洗したであろう程にキリスト教に深く共鳴していたと述べたが、そうであればキリスト教ではデウスの掟として自殺がタブーとされていたから、篤いシンパである信忠に切腹はあり得ないことになる。『1582年日本年報追加』はこう記している。

世子（信忠）はよく戦い、弾創、矢傷を多く受け、明智の兵は遂に勝ち、邸内に入って火を放ち、多数の人は焼死した。世子もまた焼死者の中にあった。

信忠は焼死したとのみあり、南蛮寺の司祭らが「切腹した」とする情報に触れていなかったことが窺える。この点、同書は信長の最期について大きく異なる書き方をとっている。

信長は～～（中略）～～しばらく戦ったが、腕に弾創を受けてその室に入り戸を閉じた。ある人は彼が切腹したと言い、他の人達は宮殿に火を放って死んだと言う。しかし我等の知り得たところは、諸人がその声でなく、その名を聞いたのみで戦慄したその人が、毛髪も残らず塵と灰に帰したことである。

「信長が切腹した」とは、「ある人」の唱える説に過ぎないという。しかもその「ある人」は単数形をとる。つまり一人の誰かがそういっているに過ぎず、対して「他の人達」は自ら火を放って焼死したといっていることになる。特定の「ある人」を除くとそれ以外はすべて焼死したと証言しており、報告者のカリオンも明らかにその見解を支持している。

大久保彦左衛門は『三河物語』を書くに際して、幕府の公式見解で誤っている所には異を唱える姿勢をとった。そうだとすると、信長の最期について、幕府は切腹したとするから同書の冒頭では逆らわずそう書いた。が、本文では、我自身は焼死したとしか聞いていないとして、彦左衛門は前掲の一文「早、火をかけて信長は焼け死にたまう」を書き記し、これにそう含意させた、そう考えられないだろうか。

信長の最期についてこのように報告した南蛮寺の司祭らには、実は確かな証人がいた。それは前年、彼らの上司、巡察師——イエズス会総長の名代——アレッサンドロ・ヴァリニャーノ（1539～1606年）が信長に譲った黒人の小姓・弥助である。

弥助は信長に従って本能寺で戦い、その落去後、信忠の元へ赴き、そこで長い間、戦った稀有の存在だ。奴隷だった彼を人間扱いし、名前、知行まで与え（『家忠日記』）、甲州陣を始め事《こと》ある毎《ごと》に連れ歩いた主君に、いかなる思いを抱いていたか、推して計るべしである。

その彼に、明智勢の武将が「もうよかろう、武器を棄てよ」と説いて降伏させ、光秀がその身柄を南蛮寺に送ったのだ。それゆえカリオンらが彼から信長の最期を聞いたのは確かなことである。では、彼が「切腹した」と証言したのか。「ある人」とは弥助のことなのか。

日本語を解した弥助の目撃は動かし難い証言である。『同年報追加』が書き記すように、信長が一室に入って戸を閉めたところまで実見したことは疑いないだろう。彼がこの証言をしなかったなら、どうして信長が一室に入って戸を閉めたとの証言が得られようか。侍女らは信長から退避を命じられてすでにいないし、信長につき従っていた武士は変の終了時までに「悉く討たれた」と『惟任退治記』『言経卿記』ともに証しているのだから。

侍女らは別としても、彼らの心根を育んだもののふの道は「主君と死をともにする」ことを強く求めるが、弥助の心根は武士ではなく、アフリカ人、そしておそらく伝道に仕える僕としてキリシタンである。それを承知する信長も彼には「もうよい、出でよ、そして余の最期を語り伝えよ」と命じたことも十分に考えられる。

二条御所で弥助は明智方から投降せよと説得され、それに応じたためそこを出られたのだが、その前に怪我で戦闘能力を失うことなく本能寺を出られた事実を重んじるなら、本能寺でも同様の扱いを受けたのかもしれない。前年その姿を見ようと京童が群れ集まったほどの身の丈6尺2分（約182チセン／『家忠日記』）という漆黒の異人だったから、武士に非ずとして、大目に見てもらえたのか。そして侍女らとともに寺の外へ連れ出されたのか。

フロイスは『日本史』の中で、「火事が大きかったので、どのようにして信長が死んだのか判っていない」と率直に述べ、ただわかっていることは御殿とともに灰燼に帰したことだけだと、『同年報追加』の中のカリオンの吐露をそのまま引いている。ともかくカリオンの報告に信長が切腹したと見えないのは、弥助の報告に基づいているからだろう。

察するに、弥助は本能寺包囲の指揮を執る斎藤利三に問い質《ただ》されたのだ、「憶測はならぬ。見たことをありのまま申し述べよ」などと。利三らにしてみれば、殺そうと意図して死に追いやったのではないこと、つまり想定外に上様が自ら焼死を図ったことを信忠らの前で立証できるに超したことはない。利三らが意図して追い込み自害死を強いたのではなく、上様方が我らの意図を誤解して自ら放った火が御殿の炎上を招き、それが死をもたらしたとなれば、厳密には信長の死に責任がないことになり、明智方の免罪符となり得るからだ。

ならば、この異人にありのままを語らせるにしかずと考えたとして不思議はない。そこで、二条御所へ至る道々邪魔が入らぬよう警固をつけ、二条御所の信忠の元へに送り込んだ、そう考えられないだろうか。こう想定しないと、彼の動向に筋の通る説明が叶わないのも確かなのだ。

二条御所にあって奮戦中の弥助は降伏を説かれたが、これについては御所内へ送り込んだ道義的責任があるゆえ死なすのは忍びないし、何より免罪符となる証言を世人にしてもらいたいがゆえに、光秀がそうなさしめたと解せば筋が通るのではないだろうか。

本当のところ、弥助とて、戸を閉じた向こう側で上様が切腹したのか否か確認のしようがなかったはずだ。とはいえ、何より切腹の可能性に微塵も触れていないところを見ると、信長が少なくとも刃物で自害しない心積もりを彼が知っていた、そう解すことができる。あるいは、上様にあっては切腹の可能性がないことはその心根あるいは宗教心を聞き知る者らの共通認識になっていた、とも考えられないだろうか。

諸々そうなると自ら放った火が御殿の炎上を招き、それが信長の死をもたらした、この見解は弥助の証言に淵源し、限りなく史実に近いといってよかろう。

ところで、先に『惟任退治記』と『信長公記』がともに光秀が閲兵を名目にして入洛したと書いていないことに触れたが、それと同様に、この二書だけが切腹以外の死に方を、たとえば焼死だったたと報告していない点は注目される。『惟任退治記』には信長が自ら御殿に火を懸けたとあり、それに続けて切腹したとある。『信長公記』も御殿に火が回り、もはやこれまでと切腹したとほぼ同様の書きようだ。対して『三河物語』は「早、火をかけて信長は焼け死にたまう」、つまり信長は自刃死ではなく焼死であったと明言する。『1582年日本年報追加』と『日本史』も御殿に自ら火をかけ焼死したとする。『天正十年夏記』も明智勢が本能寺を焼き討ちしたと記すのみだ。

一方、『兼見卿記』には「信長生害」とある。生害は自死を意味することもあるから、切腹を言っている可能性を否定できない。しかし生害は生者が死ぬことをいい、自死もその死に様の一つに過ぎず、当時の史料では多くが殺される、討ち死にするの語義で使われるから、高い確率で自刃死を意味し得ない。信長の最期に言及する日記たちが、討ち死にす、あるいは焼き討ちさると記すことからも、信長の最期をいう生害は、こちらの意味で用いられていると見ていいだろう。

とはいえ、矛盾するようだが、『兼見卿記』や『夏記』ほかの日記たちは変当日に得た情報を伝えていようが、しかし、えてして事件についての直近の情報というものは憶測が交じり錯綜としているものだ。一方、確かな情報源による情報は日時を少しおいて伝わるものだが、その意味で、討ち死にす、あるいは焼き討ちさるという情報は、当日の皮相な目視の印象、伝聞に基づくものといえ、『同年報追加』や『三河物語』の記述の方が少し日時をおいた情報を反映している、すなわち事実を反映していると思われる。

変の4か月後、天正10年の秋に著された稀有の同時期史料『惟任退治記』と『同年報追加』の二書に限っても、前者のみが切腹したと明言しているに過ぎない。他の史料が焼死だとする信長の死に様において独り著しく違っているわけだが、そうなると『惟任退治記』の校閲者を疑うしかあるまい。秀吉こそが上様は切腹したのだと定め、由己の原稿に手を加えさせた、と。となれば、『同年報追加』がいう切腹したと唱える「ある人」とは秀吉のことだと断言できよう。

なぜ、上様は切腹したと偽る必要があったのか?

では、なぜ秀吉は切腹としたかったのか。

まず考えられるのは、秀吉ら諸将の仇討ち、弔い合戦の功績が際立つよう、上様はあっぱれな武士らしい死に様を遂げた、そう喧伝したかったということだ。何よりも、自ら火をかけた御殿の炎上に伴う焼死などでは謀反・弑逆のイメージに合わず、火事による事故死ととれる余地もあって、下手をすると光秀に免罪符を与えかねない。そうならぬよう光秀が強いた確実な死、追いやられた無念の自死、しかもあっぱれな死に様でないといけなかったのだ。そうでないと、秀吉が主導し、皆で成し遂げた敵討ちの功名が際立たないし、世の誉れとなりにくいのだ。

先述のように、秀吉は中国大返しの途上、書状を各地の武将に送りまくったが、それに上様、信忠様は明智の謀反を切り抜けて生きておられるなどと偽りごとをしたためた。そうした中川清秀へ宛てた書状が残っており、「上様も殿様（信忠）も無事に難を切り抜け、近江膳所《おうみぜぜ》（滋賀県大津市）まで逃れている」（『摂津梅林寺文書《せっつばいりんじ》』）と見える。

信長の遺骸は、明智勢の必死の探索にもかかわらず見つからずじまいで、そのためいずこかに生きているとの憶測も成り立ち得たので、秀吉はそれを利用したわけである。しかしそうだからこそ、その憶測に終止符を打つ必要があった。「御殿ほかが炎上焼失し、それらしき遺骸も見出せないから焼死したのは疑いない」といった体の死亡の公定ではダメなのだ。

クーデター計画にはいずこかに上様を移し幽閉する段取りも含まれていたから、どこかで生きているといった憶測は早期に消滅させねばならなかったのだ。憶測が少しでも成り立つことは、上様幽閉の疑惑を秀吉らが被りかねない――へたをすると幽閉先でこっそり殺したなどと邪推されかねない――ことを意味したし、ましてや仇討ち、その後の葬儀を執り行なう必然性、大義名分が減じてしまう。やっと4か月後に秀吉主導の下、家臣団によって葬儀が執り行なわれ得たのも、そうしたやっかいな事情があったからではないだろうか。ことに「幽閉先でこっそり殺したのでは？」との世間の憶測を封じる必要性は、幽閉の段取りを含む変の第1段階を抹消するという歴史修正の実行を、秀吉を含めたクーデター一派に強く促したであろう。

『惟任退治記』は変から4か月後の10月に臨済宗大徳寺派《りんざいしゅうだいとくじ》の本山・京紫野《きょうむらさきの》の大徳寺で信長、信忠の葬儀を主催する時に合わせて秀吉が制作させたものであり、その内容を参列者に語り聞かせる目的もあったから、一層そうしたことにけじめをつけておく必要があったのである。

もう一つ、指摘すべきことがある。葬儀の際、香木を遺体に見立ててそれを荼毘《だび》に付したが、それは信長が仏教徒である前提でなされたことを意味する。信長は大徳寺に深い縁を持ち、父の菩提《ぼだい》を弔う名目の小塔頭・黄梅庵《おうばいあん》を、後にキリシタンとなる九州豊後（大分県）の大名である大友宗麟《そうりん》が開基せしめた塔頭のうちに構えていたし、彼自身を弔う総見院も同寺内に開基されている。『1582年日本年報追加』と『日本史』も「信長は幾分か禅宗徒だった」というから、禅宗の仕儀で火葬を受ける資格は十分にあったのだ。

信長の死因は焼死だったが、それだと火事による事故死の可能性も捨て難く、必ずしも自らの意志による死を意味しない。先に論じた通りだが、だとすると、自死をタブーとするキリスト教の絡む可能性が浮上することになる。

この点、信忠はキリスト教の篤いシンパだったが、切腹死したとなればキリスト者にあらざるを証すことになる。しかし『惟任退治記』『信長公記』の二書を除くどの一次史料、準一次史料も(表題的表現を除き)信忠が切腹はおろか自死したとも証言していない。

篤いシンパであるなら斟酌《しんしゃく》されて当然だろうが、しかし政治的な思惑が絡む信忠クラスの貴人の葬儀となると斟酌されるとは限らない。実際、火葬に付されたから斟酌されなかったことになる。キリスト教の信仰篤い者にとって火葬はまずいことであった。キリスト者は終末に実現するキリスト再臨の時、奇蹟がその遺骨に起こって骨に肉がつくなどでその身体が甦《よみがえ》り、キリストの御前に出て最後の審判を受けねばならなかった。灰になってしまうと骨に肉がつくことも叶わず、甦り損なって永遠の生命と安寧を逃してしまうと信じられていたからである。

では、なぜ信忠は(偽りの遺体で)荼毘に付されてしまったのか。父・信長や信忠クラスの葬儀ともなれば政治利用されかねないが、となると、父子の葬儀を主催した秀吉は『惟任退治記』に偏向を掛けた張本人だから、政治的な思惑によってそうしたと解することはきわめて妥当であろう。

自死ではないのに死因を切腹とされた……、この一点に注目するなら、篤いシンパ信忠の体を荼毘に付すため、「自死のゆえをもってデウスに従う者に非ず、従って問題はない」などと喧伝しておきたかったがため、『惟任退治記』の中で切腹死をさせた、そういえよう。

なぜ、故人の信仰心を重んじて、ふさわしい葬儀にしてやらなかったのか。それは、信忠が正式に洗礼を受けていなかったことに加えて、その家督たる織田家の信奉する仏教宗派に従うべきと判断されたからではないだろうか。日本でしばしば生じる軋轢《あつれき》、家の宗教に従って葬儀をなすべきか、それとも家の宗教を離れてその者が信仰に入った宗教に従ってなすべきか、この問題が図らずも露呈していることになる。秀吉は切腹を喧伝することでその問題をクリアさせたのだ。

だとすると、信長についても同じことがいえそうである。後ほど触れるが、信長は別の形でキリスト教と深いが歪んだ関係を持っていたからである。もちろん、当時の秀吉はいささかもキリシタン禁令を考えていなかったから、キリスト教そのものというより、信長個人のデウスに関わるありよう、なんらかの姿勢を否定せんと図ってのことだったのかもしれないが。

ともあれ、そうした喧伝が冊子をもってなされた点を重視するなら、武士たる信長様が謀反人に強いられた最期の時にあっぱれ切腹しなかったはずがなく、となれば、自害なされたわけだから、世人がそうかもしれないと憶測しているデウスの道にある人などでは到底なかった、『惟任退治記』とは少なくともそうした趣旨を読み手および聞き手の脳裡に刷り込ませるための高度な歴史修正の書であった、そういってよかろう。

キリスト教心酔を危惧する余り息子信忠に愛の鞭を振るったのか？

先に、信忠がキリスト教シンパであることを証すため『日本史』の一節を挙げたが、それに関して1578年1月14日付司祭ジョアン・フランシスコの書簡は、ずばりこう述べている。

信長の長子（信忠）を訪問すると、彼もまた大いにパードレ（司祭／神父）を歓待し、はなはだ喜んで長時間、我らのことに付きて話し、多年パードレらに会って語らうことを望んでいたと言った。その親戚であるはなはだ身分の高い大身の者、並びにその家臣であるキリシタンが彼を訪問した時、彼がデウスのことを聞き、キリシタンになるであろうと公言したことがあった。（『耶蘇會士《やそかいし》日本通信』下巻／文語体を筆者が現代語訳して掲載）

同じフランシスコの1579年10月22日付書簡には、「また太子（信長の世嗣《せいし》信忠）並びにほかの大身らはキリシタンになることを約束した」とある。

司祭たちの書簡は出来事が起きた同時期に書かれたもので、一次史料である。布教の成果を謳うため幾分か護教的に潤色されてはいようが、記事としての信頼性は基本的に高い。

信忠は1577年、安土に出仕した折、城下に新設された修道院（カザ／住院）を訪ねた際に、この司祭と知り合った。応対したフランシスコがデウスの道を語り、信忠がそれに感銘を受けて岐阜に来るよう求め、この報告に見られる訪問となったのである。

それにしても、なぜ信忠は受洗しなかったのか。この点、『日本史』はこう述べている。


彼ら（武将たち）の多くの者は、もし伴天連《ばてれん》（司祭／神父）たちがこの掟（「汝《なんじ》、姦淫《かんいん》するなかれ」／側室を禁じ一夫一婦制を守る戒）に関し少し寛大であるならば、ただちにキリシタンになるであろうと公言していた。その人たちの中には、信長の長男で後継者の殿様（信忠）もいたが、彼はこの問題に特に関心を寄せ、三、四度我らの修道士と話し合っており、もし伴天連たちがこの掟に対して便宜を図り、それほどまで厳格に考えることをやめるならば、キリシタンの数は疑いなく倍加するであろうから、〜〜（中略）〜〜。この掟を免除し、多くのキリシタンを作る方がデウスへの奉仕になるであろうというのが、この若殿がかく語った政庁においてもっぱら取り交わされている人々の見解であった。〜〜（中略）〜〜、その暁には彼自身、率先してキリシタンになるであろうと言っていた。（「五畿内篇Ⅲ」第48章より）

キリスト教は、姦淫禁忌の戒律に背かぬため一夫一婦制の厳守を信者に求めたから、姦淫相手と見なされる側室を持つことは入信の妨げとなっていた。キリシタン大名として名高い九州豊後《ぶんご》の大友宗麟も、側室を抱える問題や家中の事情で長らくシンパで通し、入信しなかった。心はキリシタンであり続け、50歳を前にしてやっと受洗できたのである。

この一節から、信忠も多くの武将たちと同様、その理由で受洗しなかったかにとれるが、しかし信忠については嫡男三法師こと秀信の母以外、俗説を除くと室《しつ》の存在は不明である。側室を擁していないのなら受洗してもよさそうだが、そうしなかった。ならば、実は受洗できない理由があり（後述する）、そのため単に己も含めた家中の武将たちの側室問題を盾にして受洗を先延ばししていた、そう考えられよう。

三法師は成人して後、すでに（部分的な）禁制を敷いていた秀吉を憚って長い間シンパで通したが、秀吉の死没直後に受洗した（時期に異説あり）。洗礼名をペテロといい、オルガンチーノやフロイスと親交を持ち、期待の星、信忠二世として遇されたが、この例からも（秀信が憚った秀吉がもろもろ手本とした）父・信長への信忠の憚りを考えないわけにはいくまい。フロイスが信忠の弟・信孝について語るところで、こう述べているからだ。

この若者（信孝）は、父が喜び、少なくとも悪く思わぬことを暗示するまでは、キリシタンになることを留保していた。なぜなら信長は、その子供たちに対しても顧慮《こりょ》するところがなく、彼ら（信忠・信孝・信雄）からさえ恐れられていたので、進んで彼（信長）と話そうとする者はなく、皆、彼（信長）の気にさわるようなことは避けるよう注意していた。（「五畿内篇Ⅲ」第48章）

信忠ら兄弟は、いずれも信孝と同様「父が喜び、悪く思わぬ」ことを言動するよう心掛けていたという。父は教義に強い関心を抱き、かつ庇護はしたが、自ら入信することはなかった。信孝も篤いシンパだったが、信忠同様、受洗することはなかった。となれば、兄弟が受洗しなかったのは、一つに父を憚ってのことだったことは明らかである。（※変後の混乱が収まり世情が落ち着くと、信雄は受洗する。一方、信孝は死没して叶わなかった）

父への憚りに関して、信長が信忠を抑圧していた具体的な例、逸話を挙げることができる。

甲斐善光寺《かいぜんこうじ》（甲府市）には、もともと信州長野善光寺に座していた本尊阿弥陀如来《あみだにょらい》像が、武田信玄によって接収され安置されていた。信長はそれを甲州攻めの折、接収して持ち帰り、岐阜城下の伊奈波《いなみ》（岐阜市）に祀らせた。今日、岐阜善光寺として残り、その経緯は信州長野善光寺の縁起ほかが証すところだが、なぜ信長は息子の城下にそうしたのか。名高い仏像であるため参拝者が押しかけたようで、篤いシンパの息子に対する嫌がらせ以外の何ものでもない。

この逸話については、日本側の記録に並行して『1582年日本年報追加』と『日本史』も触れており、しかし、なぜか信長ではなく信忠自身がやったこととしている。そればかりか、信忠が領民に阿弥陀如来への礼拝を命じたとして咎め、その40日ほど後に愛宕権現へ詣でたことと合わせて、デウスに背を向け悪魔に宗旨替えしたとして厳しく糾弾している。

岐阜城下の宣教師たちは、ある日忽然と東日本中で名高い御本尊が城下に祀られ、多くの参詣者を集め出したことを怪訝に思ったことだろう。交流を持たぬ仏教関係者からは情報が得られないため、誰の仕業なのかわからず、「もしかして（それが置かれていた）甲州から帰還した信忠殿が持ち込んだのでは」と疑心暗鬼に陥ったことが想像される。その数週間後、（和暦）5月末に信忠が愛宕権現、彼らのいう悪魔を詣でたこと、加えて変で横死したこともあって、あれは間違いなく信忠殿の仕業だったのだ、悪魔崇拝――宣教師たちは仏教の神は悪魔だと貶めていた――に走った所産であり、そのためデウスに罰せられたのだ、などと憶測するほかなかったのではないか。その帰結が『同年報追加』の記す糾弾の一文「その後、三日を経て、左に述ぶるが如く、体に多くの傷を受けて死し、魂は地獄において焼かれた」なのではないか。

そうした疑心暗鬼の惹起は信忠と宣教師、キリシタンとの分断を図る信長の狙いにマッチし、それゆえ彼の策略だったのかもしれない。こういった嫌がらせはむろん警告であろうが、次の段階になると癇癪を伴う制裁となり、それはまさに兄弟が憚り恐れる事態であったはずである。信忠は父にそうした警告をさせたほどにキリスト教に心酔し、のめり込んでいたのだ。

しかしこの嫌がらせはこれで収まらず、尾を引くことになった。信忠は思いもよらぬ意趣返しを父に試み、家康らを迎えた安土での観能会で、先に憶測したように、光秀に手配させて張良の人形を用いた演目「鞍馬天狗」を演能させようと図ったからである。

父を恐れ育った信忠に強い反抗心が芽生えつつあった

それにしても信忠があの父を押し退けて成り代わる――、そうしたことが本当にあり得たのか。偉大なる父の陰で見えにくい二代目、お坊ちゃまといった印象が強いが、冷徹に押し退け得る強靭な心根を持ち合わせていたのか。

先に、信忠、信孝ら兄弟の父に対する姿勢について、『日本史』の中でフロイスが述べた一節を引いた。信忠ら兄弟たちは神経質なまでに「父が喜び、悪く思わぬ」ことをするよう心がけていたというが、そのような様では強靭な心根があるとも思えず、このことゆえに信忠謀反説に対する強い反論が予想される。

つまり、かほどに父を恐れる信忠が、仏敵魔王を自称する、神仏も恐れぬ父を押し退け、成り代わる、そのような謀を自ら発想することはおろか、そうした謀に乗ることも考えにくい、と。しかし、そうした考えにくいことが現実のものとなったのだ。この事態を、どう解釈したらいいのか。

こう考えたらどうだろうか。前掲の一節が示す情報は1578年当時のものである。となれば、その頃はいまだ歳も若く猫を被っていた、と。何よりも信長の遺伝子を受け継ぐ子なのだ。何かをきっかけに地の彼が頭をもたげないとも限らない。そしてまさにその通りになった、内在する父の遺伝子が発露された、そう考えるのが妥当なのではないか。

信忠は茶の湯だけでなく能、狂言にも入れ込んでいた。ことに能については自ら舞うほどで、その腕前は「手前見事」と高かった（『当代記』）。

度の過ぎた能への傾倒に腹を据えかねたようで、信長は「およそ舞楽は金銀の無駄であり、家業を忘れ、国が乱れる本である」と断じて、天正9年4月、遂に雷を落とした。その所有する能、狂言の用具を没収し、舞台を破却させるにとどまらず、安土登城、出仕の停止を伴う厳しいもので、4か月の間、信忠は岐阜で謹慎を余儀なくされた。

この確執には時の帝も心配し、天正9年7月半ばに信長の勘気が解けると、勅使が言祝《ことほ》ぎに訪れたほど。前掲の『御湯殿上日記』同年7月28日の条に見え、「城之介（信忠）との不仲は仲直りになり」、それを祝って勅使を遣わし、薫物《たきもの》を与え勅書を下したとある。

父に折れたかに見えるが、能への傾倒は解消されなかった。謹慎明けの翌月、天正9年8月に早くも伊勢松島で能を舞っているし、変の直前、京清水での能興行を同好の家康や公家衆と共に公然と鑑賞している。

安土における天正10年5月19日の摠見寺本堂での能興行は、家康歓待の総案内役たる信忠の采配下にあったが、家康のリクエストに応えた演目だったとはいえ、梅若太夫が舞った「めくら沙汰」が信長の目に不出来と映り、勘気を被る失態を招いた。この梅若太夫家久は能楽主流の観世流《かんぜりゅう》から分かれて梅若流を興すほどの逸材で、信長が目を懸けるベテラン能楽師だが、なぜ下手に舞ってしまったのか。

余程の事情があったに違いない。そう、先述のように信忠が出過ぎた真似をした、つまり操り人形「張良」を用いる趣向で「鞍馬天狗」を演能させようと図った。それは信長をひどく刺激する黙示的趣旨を内包するもので、事前に知る所となった信長の癇癪を招き、取り止めとなったが、梅若太夫にしてみれば代替の演目だったとはいえ、能道具をその信忠から取り上げた張本人の御前で舞うのだから、たまらない。親子の間に張りつめた空気を感じ取り、そのため両者の確執が再燃するのではと心が乱れ、ぎこちなく演じてしまった、ということだったのではないか。

そうならば信忠が敢えてそうした、いわば挑発を図ったということは何を意味するのか。兄弟と共に「父の気にさわることは避けるよう注意していた」という父への憚りをこの頃になると軽んずるようになっていたようにも見えるが、息子とは言え、あの信長を憚らなくなるとは内面に大きな変化が起こった、そう見ていいのではないか。

そこで注目すべきは、父とは対照的な彼の信仰ぶりである。

彼のキリスト教へのシンパぶりについてはすでに触れたが、『1582年日本年報』に所収される（洋暦）1581年1月と6月にしたためられた報告書においても、それは強く窺える。

その1月の報告書からは、1581年に美濃、尾張への本格的布教のため訪れた司祭セスペデスと修道士パウロの元に信忠が使者をたびたび遣わし、多くの便宜を与えたことが読み取れる。たとえば城下に大十字架を建てる地所を与えたり、聖堂（教会堂）の建設に便宜を図って早期の建設を促すなど、「かの地方の教化事業のため最も大いなる援助となるのは、信長の世子である王子が我等に対して大いなる好意を示すことである」と高く評価された。

ところが、イエズス会総長の名代たる巡察師ヴァリニャーノが巡察を終えて畿内を去る前に記された6月付報告書によると、再びセスペデスらが岐阜城下を訪れるも、信忠はまったく接触を図らなかった。同報告書では彼について、まったく言及がないのだ。

この岐阜訪問は和暦の5月にあたるが、岐阜城で謹慎していたさなかのことである。謹慎とはいえ蟄居《ちっきょ》閉門というわけではなかったから、せっかく訪れた司祭らと交流していいものをそうしなかった。報告書は信忠の代わりに彼の弟の傅役《もりやく》チュワンケという老人を登場させて、その入信の次第と岐阜織田家中の布教に資する信仰生活について詳しく書き記している。信忠が弟の「じい」（実は武井夕庵《たけいせきあん》／後述）に己の代理として、ホスト役を務めさせたとの印象さえ受ける。この不自然さは、父が課した謹慎処分が、能趣味を戒めるにとどまらず、司祭やキリシタンとの交流に制限を加える制裁を兼ねていたことに起因すると考えられる。

信忠については、春の甲州武田攻め帰還後を境にデウスから悪魔に鞍替えしたかに『同本年報追加』は言い立てるが、先述のように少なくとも阿弥陀如来像招来記事の件は分断を図る信長の策略にかかった誤解であった。愛宕権現詣で記事の件では、確かに宣教師たちの目には悪魔に詣でたことになり、雪被《かぶ》りの行で贖罪《しょくざい》を図るも、それは評価されることがなかった。

ともかく天正10年4月まで、信忠は前年中葉における謹慎処分を伴う信長の抑圧にもかかわらず、能趣味と同様、シンパぶりは揺るがなかったと見ていいだろう。

実際フロイスによると、セスペデスらは謹慎が明けた後の天正9年秋に再び美濃へ赴いている。そして多数の改宗者を得、尾張小牧《こまき》まで足を伸ばして聖堂を建てるなど成果をあげている。天正10年春にも訪れ、変が起こるまで伝道を続けたが、その変に際し明智勢に呼応して岐阜城留守居役の斎藤利堯《としたか》（道三《どうさん》の子）が挙兵したことで状況は一変。利堯は城を占拠するとともに城下の聖堂や修道院を接収して、家臣が破壊するに任せたからだ。

それはともかく、かほどに岐阜では布教が推進されていたのだ。信忠の引き続きの庇護があったればこその成果だったわけだが、そうとなれば、信仰の面でも能への傾倒と同様に父への憚りを弱めるとともに、その覚悟のうちに澱《おり》のように父に対する意趣を蓄積させていった、そう見ることは十分に可能であろう。

実はそれを反映してなのか、政治・軍事面においても父に対して反抗的になったことが指摘できる。如実に現れるのが、かの甲州武田攻めにおいてである。

信長は主力軍の総指揮を委ねて先行させ、後詰《ごづ》め本軍として進発した。補佐せよと申しつけた信忠の与力・河尻秀隆《かわじりひでたか》、滝川一益《たきがわかずます》双方に頻繁に書状を送り、息子をコントロール下に置こうと努めた。秀隆は信忠元服時からの与力筆頭、つまり後見役で、同様の池田恒興《つねおき》とは近年まで与力美濃衆同士であったし、一益の属す滝川氏は恒興の実父の実家——信忠の乳母《うば》の里でもある——で、その恒興、秀隆とともに信忠後見人団を形成し、一益もその一員であった。いわば信忠の「じい」たちであるが、その諫言《かんげん》を聞かず、行け行けどんどんで攻め進んだのである。

信長は業を煮やして書状を本人に送りつけ、自重を命じた。しかし暴走は止められなかった。この時、信忠は自立を図っていたとよくいわれるが、その初見は4年前の播磨《はりま》攻めの折だとされる。総司令に立てられて気負い込んでいたのに、作戦について検使を8人も取っ替え引替え派遣されていちいち修正されるなどで面子《めんつ》を潰され、恨みが沈殿したともされる。その沈殿物が能や信仰において父の嫌うほどの過剰な入れ込みとなって表出され、結果、父の勘気を被って謹慎を強いられる仕儀と相成った、ということではないだろうか。

それが晴れての甲州攻めで、うっぷんを晴らすかのような暴走ぶりだったのだ。たとえば、信長が城攻めには必須だとする付城《つけじろ》の構築も、そうせよとの命を軽視。明らかに戦後の人心掌握に差しさわる諏訪大社上社《すわたいしゃかみしゃ》の焼き討ちをなし、挙げ句の果てに信長率いる後詰め本軍が着くまで甲斐国内に攻め入るなどの厳命も無視。その進撃は凄まじく武田勢は押される一方で、諏訪から退いた勝頼《かつより》は新府城《しんぷじょう》を焼き捨てて逃亡し、一気に滅亡に至ってしまったのである。

だめ押しは快川紹喜《かいせんじょうき》和尚《おしょう》の焚殺《ふんさつ》事件である。甲府の北東方向、塩山《えんざん》に所在する名刹《めいさつ》・恵《え》林寺《りんじ》（臨済宗妙心寺派《りんざいしゅうみょうしんじは》）が武田の残党だけでなく、かつて父に敵対し国を追われた近江の六角義治《ろっかくよしはる》（義弼《よしすけ》）一味も匿っていることを知り、部将を遣わして住職快川紹喜に引渡しを求めた。しかし和尚は拒否。ほどなく寺から逃走したと判明したため信忠は容赦ならぬと、山門２階に寺内の僧ら１５０余人とともに閉じ込め火をかけて焼き殺させてしまったのである。

快川紹喜は帝に仏教を講義する国師の号を賜るほどの名僧であったから、世人の受けた衝撃は計り知れなかった。信長も比叡山焼き討ちや、高野聖《こうやひじり》の虐殺——高野山焼き討ちの前触れであるかのように天正９年８月、高野聖１０００人余の首を洛外で刎《は》ねた——を遂行したが、それに劣らぬ仏敵ぶりであった。

この点、『惟任退治記』には他の史料に違って、この親子に確執などなかったと強調するかの記述が目につく。たとえば、変の前に「信長は信忠を相具《あいともな》（伴）って入洛した」、変の前夜「例（常）のように信忠と親しく語らった」、本能寺の変を告げられた信忠が殉死のため「(父)諸共《もろとも》に切腹する」と言い出した、と見える。父子間の相克、息子によるクーデターなどおよそ生じ得なかった、そう偽りたい秀吉による偏向の所産であるのはいうまでもないだろう。

信忠への明らかな空手形「天下の儀」譲渡宣言の真意は？

ここ数年来の幾つかの確執でさすがにこたえたのか、そしてこの荒武者ぶりに何か思うところがあったのか、信長は甲州攻めのさなか上諏訪で天下の権を信忠に譲ると予告した。『信長公記』にこうある、「(信忠に)天下の儀も御与奪《おんよだつ》なさるべき旨、仰《おお》せられる」と。

何を意図してそう宣言したのか。実はこれには前例があり、天正3年(1575年)に織田家家督を信忠に譲ることがあった。それは名目上のことで、後継者が誰であるかを家中に示すための、いわば立太子《りったいし》儀礼といえるものであった。そうなると、後継指名はすでに済んでいるから、このたびの措置はそれではない。ならば、実質を伴う織田家総帥の移譲なのか。しかし天下の統一事業が26歳のお坊ちゃんに成し遂げられると本心から信長が期待していたとは、とても思えない。ならば、なぜそのような譲渡宣言をしたのか。

考えられることは一つ。信忠のガス抜きを意図してそう宣言した、と。

つまり、こういうことだ。そう宣言した1か月半後に本能寺の変が起きたのだが、包囲されたと知った時、信長は「信忠の謀反か」と口にした。これが象徴するように、己が家臣から必要以上に恐れられているのに対して、人望を増す若殿信忠とその周囲、家臣らの間に漂う空気、そうしたキリスト教にかぶれる者らが醸し出す空気について（詳しくは後述）、信長が「もしや」と猜疑の虜になっていた強い可能性が察せられるわけだが、その彼にとってこうした家中の空気は、かつて父親に対してクーデターを起こした若殿の武田晴信（信玄）や浅井長政を囲む家臣たちとその不人気な父親との間のありようを、強く連想させたに違いない。

ならば、このたび見せつけられた、己の意向をないがしろにした息子の暴走ぶりからも臨界点が近い、つまりこの地の英傑・武田信玄がその父になしたような暴発はいずれ遠からず訪れる、信長が取り越し苦労的にそう踏んで、家中の空気が息子に望んでいるであろうことを先んじて形にしてやろうぞと先手を打った。息子の中に己の遺伝形質を少なからず見出し、いつ桶狭間《おけはざま》のごとき短兵急なことを我にやらかすか知れたものではないと思い募って――、そう考えられるのである。

もちろん、叶えてやるのは形の上、実を伴わない名目上のもの。すぐに骨抜きできる体のもので、ガス抜きとしてよく使われる手だが、そこまで考えて予告宣言を行なった、ということではないか。名うての深慮遠謀の策士でもある信長のこと、あり得ないことではない。

前年、信長は息子に厳しい懲罰を課した。しかし謹慎処分が明けるとすぐに観衆の前で演能して見せ、宣教師らとのつきあいを再開するなど、愛の鞭の効き目はなきに等しかった。そればかりかこのたびの暴走ぶり、ある意味、公然たる反発を見るにつけ、可愛い跡取り息子を押さえるには逆の発想で臨むほかなかったのだ。扱いを誤れば、とんでもない事態を――武田信玄が嫡男義信に、また家康が嫡男信康に切腹を課すを余儀なくされたように、切腹を申し付けざるを得なくなる事態を――誘発する、そう危惧されてならなかったことは想像に難くない。

時はいまだ戦国乱世、隣国浅井家や武田家の例に見られるように、家臣とともに当主たる父親を追放するクーデターはごく身近なものであった。当の信長でさえ、26年前に己を廃し弟を立てんと図るクーデターに遭っていた。逆襲がなり、禍根《かこん》を断つべく弟を謀殺したが、トラウマとなっていた。つい2年前においてさえ、先代からの宿老《しゅくろう》林佐渡守秀貞《はやしさどのかみひでさだ》をその折の加担を蒸《む》し返《かえ》して織田家中から追放したほどであるから。

その追放が何を意味するのか、家中の者なら承知のことであった。歯向かった浅井家や謀反に走った荒木村重《あらきむらしげ》家に対する一族根絶やしの処断に見られるように、信長は若年の頃と大きく様変わりし、裏切りや謀反に加担する者すべてを許さぬ、そうした心根を想起させる、いわば信長のメッセージだったのである。林秀貞は追放された後、親戚が仕官する安芸《あき》国へ移り住んだと当地に伝わる。織田方の宿敵毛利氏の本貫地だから、敢えてそうなした秀貞の心中が察せられよう。

相前後して信長は、26年前の謀反の折、中途で信長に寝返った柴田勝家に致した書状「越《えち》前国掟条々《ぜんこくおきてじょうじょう》」の中で、「我ある方へは足をも差さざるように心持ち肝要」、つまり信長の居る方に足も向けない心がけが肝要であると記している。「足を向ける〜〜」で昔の謀反を仄めかし、脇目も振らず忠勤に励めと戒めているわけである。

重ねて言及するが、3年近く前、信長は徳川家康とその嫡子信康との確執に介入して、信康と生母築山《つきやま》殿の粛清を無理強いすることがあった（『三河物語』）。それは信長が、徳川家中でそうした父に対する謀反が起こるやも知れぬとの取り越し苦労の末に、つまり同盟者家康が武田家に通じる子らに謀反を起こされて追放されぬよう、先手を打たしめた事変であった。

かほどに自身の過去および隣国の事変の記憶が脳裡にわだかまり、恐れていたということになるが、天下の権譲渡宣言は、それとなく察知される家中の気配から恐れに囚われる余り、親心が採らせた深慮遠謀に基づく予防処置だった、そう見ることはできないだろうか。

信忠、キリシタン王国の樹立を推進。それを阻もうとする父との確執

信忠が甲州攻めの折に国師を焚殺できたのにも理由があった。キリスト教への傾倒である。宣教師らは仏僧を悪魔サタンの使徒と見ていたが、その影響と見ることができるからである。

注目すべきは、信忠時代の岐阜城政庁ではキリシタンを増やすこと、つまりキリシタン宗団を作ることが主要政策とされていたことである。1579年に岐阜を訪れたロレンソ修道士がしたためた報告が『1582年日本年報』と『日本史』に所収される。

その領地に～～（中略）～～、キリシタン宗団を作り得ようと言っていた。彼はすでに地所を与え、教会を建てるように申し入れてあったにもかかわらず、自らの岐阜の市よりも先に安土山に我らが修道院を建てたことを遺憾としたが、他面、彼の父が我らの事業に深い関心を寄せているのを知って大いに喜び、これにより自分の願いが実現されることをいっそう希望するに至った。（『日本史』「五畿内篇Ⅲ」第48章より）

宣教師らが「我らの良き友である」と讃える信忠は、岐阜に大きなキリシタン宗団を形

成しようと図っており、九州豊後の大友宗麟になぞらえることが可能だ。宗麟は日向国にキリシタン王国の樹立を図って、天正6年（1578年）に頓挫する日向侵攻を試みたほどだが、『1582年日本年報』はそうした宗麟と信忠を並べるように布教振興の様を叙述しているのである。

加えて「彼の父が我らの事業に深い関心を寄せているのを知って（信忠は）大いに喜び～～」という一文から、信忠の庇護政策は父の模倣・追随ではなく自らの発意によるものと読み取ることができる。

ならば、信忠が司祭らから伝え聞く宗麟に倣い、我もキリシタン王国を樹立せんと夢想していたことも十分にあり得る。そしてまた、キリシタン大名として名高い高山右近や大友宗麟がそうしたように、加えて父の似た所行に倣い、仏教寺院の破却、僧侶の追放を行なったであろうことも想像に難くない。彼の方向性が国師の焚殺に走らせた、ということではないだろうか。

己を主なる神デウス（＝キリスト）と称し、振る舞った魔王・信長

信長がキリスト教を庇護したことはよく知られるが、しかし入信することはなかったし、シンパだった証拠もない。ただ教義に強い関心を抱いていたことは確かで、宣教師らの報

告書やフロイスの『日本史』が繰り返し述べるところである。対して信忠は受洗寸前のシンパであった。その傾倒を信長が抑圧したことは、庇護していたとはいえ、信長のキリスト教を含む宗教に対する考え方の複雑さを示すことになるが、ならば本当のところ、信長は心の拠《よ》り所を何に求めていたのか。

少なくとも仏教ではあるまい。仏敵第六天魔王を称し、かつ仏教の堕落を言い立てて権威筋の仏教勢力を弾圧してやまなかったから、武田信玄や上杉謙信のようにいずれかの宗派に心の拠り所を求めていたとはとても思えない。

現に信長の宗教観について、フロイスは早い時期の1569年6月1日付書簡の中で、

（信長は）善き理解力と明晰なる判断力を有し、神仏その他偶像を軽視し、異教一切《いっさい》の卜《うらない》を信ぜず。～～（中略）～～。宇宙に造り主なく、霊の不滅なることなく、死後何物も存せざることを明らかに説《と》けり。

と報告している。この点、同じフロイスの手になる『日本史』は、

彼は良き理性と明晰な判断力を有し、神および仏のいっさいの礼拝、尊崇、ならびにあらゆる異教的占卜や迷信的慣習の軽蔑者であった。形だけは当初、法華宗《ほっけしゅう》に属してい

るような態度を示したが、顕位に就いて後は尊大にすべての偶像を見下げ、若干の点、禅宗の見解に従い、霊魂の不滅、来世の賞罰などはないと見なした。(「五畿内篇Ⅱ」第32章より)

と述べる。「若干の点、禅宗の見解に従った」とは、信長が臨済宗の大徳寺に小塔頭・黄梅庵を構えていたことに象徴されよう。開基は永禄5年(1562年)、28歳の時のことで、父の追善菩提のためであった。開祖となる庵主は大徳寺98世住持《じゅうじ》・春林宗俶《しゅんりんそうしゅく》(1488~1564年)だが、その感化を主に指しているのかもしれない。一方、宇宙に造り主はない、また霊魂の不滅、来世の賞罰などはないと見ていた点は重要だ。それらはまさにキリスト教の真髄であり、それらを否定しているのだから。

それでも宣教師たちはその庇護ゆえに好意的に見ようと努めていたが、最晩年のいずれかの時期を境に急変する。フロイスは『日本史』の中で、その宗教観についてこう述べている。

彼(信長)を支配していた傲慢《ごうまん》さと尊大さは非常のもので、そのため、この不幸にして哀れな人物は、途方もない狂気と盲目に陥り、自らに優る宇宙の主なる造物主は存在しないと述べ、彼の家臣らが明言したように、彼自身が地上で礼拝されることを望み、彼、すなわち信長以外に礼拝に値する者は誰もいないと思うに至った～～（中略）～～。かくて彼はもはや、自らを日本の絶対君主と称し、諸国でそのように処遇されるだけに満足せず、全身に燃え上がったこの悪魔的傲慢さから、突如としてナブコドノゾール（バビロンの王ネブカドネザル）の無謀さと不遜に出ることを決め、自らが単に地上の死すべき人間としてでなく、あたかも神的生命を有し、不滅の主であるかのように万人から礼拝されることを希望した。～～（中略）～～。しかるに信長は、創造主にして世の贖《あがな》い主《ぬし》であられるデウスにのみ捧げられるべき祭祠と礼拝を横領するほどの途方もなく狂気じみた言行と暴挙に及んだ。（「五畿内篇Ⅲ」第55章より）

『1582年日本年報追加』にもほぼ同文が見えるが、ともかくここに示される信長像は尋常なものではない。自らに優る宇宙の主なる造物主は存在しない、彼以外に礼拝に値する者はいないとは、キリスト教では宇宙の主なる造物主、唯一礼拝に値する者がデウスを指す以上、彼自身がデウスだということになる。

報告者の護教的偏向を差し引いて読むなら、信長が自らを宇宙の主なる造物主、天上界の主、デウスそのものだと、少なくとも内輪で口にしていたことは疑いない。キリスト教の根本教義、三位《さんみ》一体説によりデウスとキリストは同体だから、そう口にした時、彼は（地上においては人である）救世主キリストであると称したことになる。

そしてフロイスが1569年の報告書をしたためてから13年を経て、信長は創造主の存在を否定するのではなく、己がそれだと口にするに至っていたことがわかる。

少なくとも禅宗の教理に依拠して宗教を語ることはやめ、代わって、己こそがこの世の創造主だと唱え、あろうことかキリストとして振る舞うまでに宗教観が変容したのだ。察するに、心の中に尋常ならざる変化が生じていたことになるが、この振る舞いはキリスト教に心を寄せる信忠らにとってまごうかたない瀆神事《とくしんごと》である。そのような父に対して複雑な思い、反発心を抱いたとして不思議ではない。ならば、このあたりにも変の真相に迫る糸口が見いだせるのではないだろうか。

（※『1582年日本年報追加』を収める『新異国叢書《そうしょ》・イエズス会日本年報』〔雄松堂書店〕の文体が擬古文であるため読みづらく、そこで並行する記事については随時『日本史』から引用したい）

天正10年5月の某日、信長は救い主キリストたるべく己の降誕祭を敢行

その前に、信長の真意を確認しておきたい。「余は創造主、世の贖い主、天地の主なる神である」と公言したにせよ、そもそも日本人には馴染まず理解しにくい概念である。彼の中で咀嚼《そしゃく》できていたのか。聞きかじった教義を弄《もてあそ》ぶ口先の法螺事《ほらごと》に過ぎなかったのではな

いか。

この点、フロイスは彼の、とある宗教行為について『日本史』の中でこう述べる。

彼（信長）は領内の諸国に触れを出し、それら諸国のすべての町村、部落のあらゆる身分の男女、貴人、武士、庶民、賤民が、その年の第五月の彼が生まれた日に、同寺（摠見寺）とそこに安置されている（神・信長の）神体を礼拝しに来るように命じた。諸国、遠方から同所に集合した人々は甚大で、とうてい信じられぬばかりであった。（「五畿内篇Ⅲ」第55章より）

『1582年日本年報追加』にもほぼ同文が見えるが、年報の示す年次から天正10年のこと、しかも「その年の第五月」なる文面から見て、その年5月の所行ということになる。

注目すべきは、「余はデウスなり」と揚言し、己の誕生日を民をして祝わせた点だ。キリスト教の中核教義、三位一体説は「父なる神、子なるイエス・キリスト、聖霊の三者は同体であるが、人に対する現れようで異なる位格を持つ」とする。キリストは至高の神、デウスが人間と直に交わるべく地上界に現れた人としての存在であった。「母マリアのうちに懐胎し受肉《じゅにく》して、まったき人となって地上に生まれた」と神話化されて語られるが、ならば信長が唱えたその実体が創造主であり、かつその降誕を祝われる存在はキリストをおいてほかにない。

しかも日本には民衆を動員する誕生祝祭の習いはなかったから、ここにいう「信長誕生祭」は明らかにキリスト教文化に依拠するものである。とすると、己の誕生日を祝わせたことは「余はキリストなり」と宣言したにとどまらず、その宗旨を実体化せしめた、つまり(デウスなる)己の誕生日祝賀を、(デウスの地上への人間)キリストとしての降誕を祝う祝祭、クリスマス祭だとして人々に祝わせたことを意味する。そう、口だけのことではなかったのだ。

驚くことに、「これ(摠見寺の本尊＝信長)を大いに尊崇する者の受ける功徳《くどく》と利益《りやく》は次の如し」といって、いわば「信条」を第一に〜、第二に〜などと、箇条書きした高札をもって布告したのだ。その前書きとして『同年報追加』にこう引かれる、「これを信ずる者は必ず彼に約束するところのものを得、これを信じざる邪悪の者は現世においても来世においても滅ぶるに至るべし」と。

留意すべきは、キリスト教においてデウス(＝キリスト)を信じることで叶う約束のものとは、天(＝来たるべき世)における永遠の命と平安を指すが、同じことが謳われている点である。「信じざる者は現世においても来世においても滅ぶるに至る」とは、逆に言えば、信じるなら現世においても来世においても約束のものを得る、すなわち滅びに至らないこと、永遠の命と平安を得ることになるからである。(※『新約聖書』中の「マタイ福音

書」第7章に、キリストを信じる者は「(天の)命に至る」、信じない者は「滅びに至る」とある)

そして同寺本堂で、「創造主にして世の贖い主であられるデウスにのみ捧げられるべき祭祠と礼拝を横領する」信長の降誕祭が執り行なわれたのである。この所行は何を意味するのか。ここに一つの新たな宗教が立ち現れたといえまいか。

だとすれば、「余はキリストなり」とする宗教をなんと呼ぼうか。キリスト教は厳密にはイエス・キリスト教だから、真似てノブナガ・キリスト教と呼ぶことが妥当となろう。

なお、信長が己をキリストだと思い込み、そう振る舞った根拠については、拙著『キリストになろうとした魔王信長』に詳しい。たとえば、安土城内の摠見寺本堂に、畿内でも布教した宣教師ザビエルがデウスを大日《だいにち》と呼称したその大日如来を本尊として祀り(後年、観世音菩薩に置き換えられる)、その上層楼に盆山《ぼんさん》なる信長の神体(後述する)を祀ることで、盆山の出所と目される吉田神社が唱える吉田神道の反本地垂迹説《はんほんちすいじゃくせつ》(日本の神が全世界に垂迹して諸宗教の神々が生まれたとする)を援用して形成させた神学「デウスは余の神霊が垂迹したものに過ぎぬ」を視覚化し、世に唱えたであろうこと。

また、安土築城に伴って創建された摠見寺の摠見(総見)は全てを見るの意だが、キリスト教の神が持つ全能の目[all-seeing eye of God]、すなわちプロヴィデンスの目に因む可能性が高い。信長の戒名に惣見院/総見院が冠せられるのも偶然ではあるまい、とい

ったことが述べられる。（※ 吉田神社で長らく行方知れずの天帝を意味する「黄龍」という神石が盆山の正体と私は見る）

父への反感を募らせた信忠、おやじ殿をどうにかせねばと思い詰めて……

信長の降誕祭は紛れもなくキリスト僭称によるものであり、これ以上ない瀆神行為である。司祭や修道士、そしてキリシタン、シンパたちが、クリスマス祭が強行された5月の某日以降、その話を聞かされてどれほど怒り心頭に発したことか、想像に余りある。都教区の報告者は憤激し、年報でこう罵っている。

信長がかくの如く驕慢となり、世界の創造主また贖い主であるデウスのみに帰すべきものを奪わんとしたため、デウスはかくの如く大衆の集まるを見て得たる歓喜を長く享《きょう》楽《らく》させ給わず、安土山においてこの祭りを行なった後、十九日を経て、その体は塵となり灰となって地に帰し、その霊魂は地獄に葬られた。（『1582年日本年報追加』より）

19日を経て信長は横死したというから、6月2日から19日遡ると、同年の5月は29日までしかない小の月なので5月12日が算出される。フロイスが『日本史』の中で1560年の京にて「至聖なる御降誕の夜を一晩中祝って過した」と語るように、降誕を祝うのは前日の夕方からだから、12日未明にかけての夜にノブナガ降誕祭がミサを伴って祝われたことになる。

体は塵、灰となって地獄に堕《お》ちたとはこれ以上ない罵倒である。一般の信者にとどまらずシンパたちも信長の瀆神ぶりに怒り、同じ思いを抱いたとして何ら不思議はない。信忠が篤いシンパであるなら、どれほど嘆き、怒ったことであろうか。父への反抗心を露わにした甲州武田攻めの直後のことであり、加えて父が甲斐から阿弥陀如来像を岐阜城下にもたらし、そのためオルガンチーノら司祭たちの不審を買った直後のことでもあるから、一層そうであったろう。

救い主キリスト（＝デウス）を僭称する父が数年のうちに列島全土を平定し、支配することは信者にとって災い以外の何物でもない。ミサで「信長様は父なるデウスにしてその御子キリストであられ、ほかに天地の主はいない。我らをお救いあれ」などと唱えることは到底考えられないからだ。

気になるのは、前掲の一節について、変の19日前に挙行された降誕祭が信長横死、本能寺の変の有力な、あるいは直接の誘引になったと読み取れ得る点である。むろん「デウスの怒りが変の引き金となった」は護教的な寓意に過ぎまいが。

ならば、関係者の間で、天下布武がなって絶対君主にならぬうちになんとかせねばとの思いが共有され、そうした流れの中で信忠が父を強制的に隠棲させ、あるいは幽閉して代わりに立ち、キリシタンに優しい世を現出させたいと思い詰めた――、そうしたことも十分に考えられるのではないか。

（※カトリックの祭祀暦は一日の始まりを前日の夕方、日没に置く習いにある。また信長の誕生日については、1708年成立の『尾州古城志《びしゅうこじょうし》』ほかにより5月28日とも論じられるが、あくまで後代の二次史料に依拠するもので、いかがなものか）

豹変してキリシタンらに虐殺を恐れるトラウマを植えつけた信長の驕慢

数年前まで信長は自他ともに認める庇護者で、イエズス会々士やキリシタンにとって神の使徒、神の恩寵厚き者であり、そうした讃辞はいささかも惜しまれなかった。

それは一次史料の書簡（報告書）に数多く見いだせる。たとえばフロイスは前掲の1573年4月20日付書簡でこう語る。「私は偶像破壊者の信長がデウスの鞭として信玄との対決にその御慈悲により勝利するよう祈った」と。同年5月27日付書簡でも同様で、また『日本史』の中でも「デウスはその聖なる教えの道を開くために、彼をそれと気づくことなく選びたもうた」、「この尊大で不遜な異教徒（信長）の心を動かし、我らに対していとも親愛の情を抱かしめたのは明らかにデウスの御業であった」、「デウスはそれらの寺院と偶像を破壊するために彼を仏僧たちに対する鞭として用いたもうた」、「(信長が得た名声と富裕、権勢の）すべてが造物主の力強い御手から授けられた偉大な恩恵と賜物である」と語っている。

都教区の長オルガンチーノも1579年6月21日付書簡で「我らの主が信長を用いて比叡山及び越前の諸山の僧院（中略）を破壊し～～」と、南蛮寺の長フランシスコも同年10月22日付書簡で「主は信長を用いて我らを庇護せしめた」と述べている。巡察師ヴァリニャーノも、日本巡察直後の1583年に著した総長宛文書『日本要録（スマリオ）』第2章の中で、12年前に挙行された比叡山焼き討ちを指して「主なる神の正義の剣が彼ら（天台僧ら）の上に下されて、(天台僧らの）この罪が罰せられた」と述べ、信長がデウスの剣であると示唆している。同第24章では「(朝廷の命令書である綸旨《りんじ》「大うす払い」による）追放によって司祭たちは長い間、不遇の状態にあったが、ついに我らの主なる神（デウス）は信長を立ち上がらせ給うた」とも述べている。

いずれにおいても、デウスの定めた庇護者、その恩寵厚き使徒と見なしていたことがよくわかろう。信長もそうならんと自覚していたようで、『日本史』によれば比叡山焼き討ちは大天使ミカエルの聖日、洋暦（ユリウス暦）9月29日になされた。ミカエルはデウスの大天使で、デウスの剣と称揚され、終末に神軍の総司令としてサタンの軍勢を討ち滅ぼし、最後の審判でキリストを補佐しその実務を執るとされるが、「主なる神の正義の剣」に擬した時、宣教師たちは信長をミカエルの化身だと見ていたことになる。

実際、焼き討ちは和暦9月11日（洋暦9月29日）、三井寺（滋賀県大津市）近くの山岡屋敷に本陣を置き、兵を山麓に配することで始まった。そして翌12日払暁、全軍が攻め上がり、破壊、放火、虐殺が展開されて、残党刈りは15日まで続いた。

天魔《てんま》、第六天魔王《だいろくてんまおう》（＝天主大魔王）の所行なりと世人に糾弾されることが予想されたから、神仏を畏れぬ信長のこと、初めから開き直っていたことは疑いない。（※洋暦1573年4月20日付のフロイス書簡に、焼き討ちの翌年、元亀3年の西上に際して武田信玄が信長宛て書状に天台座主沙門《てんだいざすしゃもん》信玄と署名し、その返書に信長が第六天魔王信長と署名したと見える）

9月13日には当時、都教区の長だったフロイスが帰洛したばかりの信長を訪れており、時期が時期だけにこのことと無関係ではあるまい。延暦寺は布教反対派の旗頭《はたがしら》であったから、デウスの剣ミカエルの業としてその排除に期待するところ大であった。実際、訪問5日後に彼はインド管区長宛に焼き討ちの詳細な報告書を発している。そうした彼がミカエルの加護に与らしむべく、実行日の選定について信長に入れ知恵したことは十分にあり得たのである。

そうした良好な関係を壊すことになる驕慢の兆し、豹変の予兆はあった。そう、信長の本心、心根が露呈する変事が起こっていたのだ。天正7年（1579年）、信長は前年に始まった荒木村重の謀反を鎮圧するため、その有力与力で家老格――9城主のうちの一人――にあった高山友照、右近父子を荒木方から引き離そうと図り、都教区の長オルガンチーノを呼び出して説得のため遣わした。その折、織田方につかせ得ぬなら宣教師及びキリシタンを根絶やし（皆殺し）にすると恫喝した。そしてそれらを拘束下に置き、粛清の準備を進めさせたのである。

『日本史』にその次第が詳しい。

かくてイエズス会の同僚の一部は永原《ながはら》（近江永原城下）に拘禁され、他は信長の陣営にと二組に分けて警固されたので、一同は大いに意気消沈し、司祭は、非常に短気な信長が彼らを殺すかもしれぬと恐れを抱いた。加うるに都の教会は、所司代の村井殿の家臣によって監視されており、彼は信長のちょっとした合図でこれを襲う準備をしていたので、司祭は信長が五畿内のキリシタン宗門を滅ぼすであろうと思い定めていた。（「五畿内篇Ⅲ」第49章より）

この一節は日本側の記録に符合し、たとえば『信長公記』にこうある。

高槻の城主高山右近はだいうす門徒（キリスト教徒）であるが、信長公はそれを思い巡らせて、伴天連（司祭）を召し出した。そして「このたび高山が我が方に参って（余に）忠節を仕《つかまつ》るよう才覚（説得）を致せ。そのようになせば、今後、伴天連はいずこなりとも教会を建てることを差し許す。もしそうならずば、宗門を断絶させることになる」と仰せ付けられた。

信長が目をつけたこの高山右近は、ただのキリシタン大名ではない。畿内キリシタンの柱石、仏教流にいえば大旦那とされるキリシタンの長、主導者、いわば大黒柱である。数多くの武将を入信に導いたことでも知られるが、そうした彼が折れることは畿内キリシタンが改めて織田家の庇護下に、いや、デウスの化身に己を擬しつつあった信長の従属下に置かれることを意味した。拒めば虐殺の目に遭った一向宗徒の二の舞になるのは必定であった。図らずも信長の心根が、キリスト教とその宗団を利用する、その一点にあったことが露呈したのである。

悪いことに右近の長男と妹が荒木村重の元で人質となっており、織田につけば荒木方によって見せしめに処刑されることは目に見えていた。彼は憔悴《しょうすい》するほどに悩むことになったのである。

結局、右近は信仰を取って折れ、信長に跪《ひざまづ》くのだが、それまで庇護者をもって任じていた信長の冷酷な豹変ぶりを目の当たりにし、上面《うわつら》の態度、姿勢がいかに信用できぬものか思い知ったに違いない。キリシタンの根絶やしを口にし、その準備までさせた事実は右近らの心の疵《きず》となり、以後トラウマになったろうし、織田家中の多くの家臣がそうであったように、いつまた上様の態度、姿勢は豹変するのかと、その顔色を窺うようになったであろうことは想像に難くない。

神ノブナガ・キリストを受け容れるか？　遂に堪忍袋の緒が……

高山右近と都教区の長オルガンチーノは、京の南蛮寺造営や安土のセミナリオを含む修道院の造営と運営などで、二人三脚の関係にあった。また信忠は請うてオルガンチーノの采配により、美濃での布教活動を大いに促進させていた。

天正3年（1575年）、19歳の折に父より譲られて以来、信忠は織田家の名目上の家督であったから、岐阜城を居所としつつも、ことあるごとに安土城に詰めて父の傍らに座した。安土出仕の折にはオルガンチーノがその長を務める修道院に入り浸りだったことは疑いない。そうであれば、そこの理事長役たる高山右近と日常的に顔を合わせていたことも同様であろう。

それを傍証するのは、彼らの信長との交流である。つまり、信忠がその顔色を窺う父が深く交流していたのであれば、「父上がそうなら我が憚る必要はない」として信忠が父以上の交流を持つに至った、そうした強い可能性に繋がるからである。

フロイスは『日本史』にこう書き記している。


修道院が信長の宮殿の近くにあり、彼（信長）はつねにそれを目前に眺めていたので、我らの司祭や修道士たちは、しばしば彼と会う機会を持つようになり、十五日や二十日ごとに、若干の果物や菓子および、それに類した品物を携えて彼を訪問した。～～（中略）～～。このほか、信長はたびたびオルガンチーノ師に来訪するようにと命じた。（「五畿内篇Ⅲ」第47章より）

この一節に続けて信長が「周囲の者たちに種々質問し」、「多くの武将の前に呼び」、「外にいる者も聞けるよう広間の戸を開けさせた」とあるように、宣教師たちとの交流は公開されたものであった。

『日本史』の翻訳に携わった松田毅一《きいち》氏は、著書『近世初期日本関係南蛮史料の研究』の中で、信長と宣教師との接見・会談について、信長が死没するまでの14年間に、記録に残るだけでも京都で15回、安土で12回、ほかも合わせると31回以上になると指摘している。

フロイスが述べる通りオルガンチーノを含む安土修道院の司祭と修道士らが15～20日ごとに定期的に訪ねたのが本当なら、31回以上とはいかほどの数値になろうか。単純に計算しても1年で約20回。1580年にセミナリオを含む修道院が開所して安土に常駐するようになって以降、本能寺の変までおよそ3年になるから計60回ほどと算出される。右の頻度に加えて「このほか、信長はたびたび来訪するよう命じた」というから100回くらいは交わりを持ったことが想定される。

不可解なのは、なぜ太田牛一はそうした交わりを一つ二つでも詳しく取り上げなかったのか、である。伴天連（神父／司祭の意）に言及する記述は6か所で、いずれも「ただ触れた」体《てい》の短さだ。具体的に伴天連が誰を指すのか、どう交流したのか、まったく要領を得ない。フロイスによれば、接見は時に数時間に及び、話題も教説の深淵にまで及んだという。信長政権の最重要施策の一つキリシタン庇護に関わる目立つ事績だったことを思うと、牛一の姿勢になんとも得心がいかない。

察するに、執筆時の江戸初期にあって、牛一は強まりつつあったご時世のキリシタン禁制を憚って、そうした信長の宣教師らとの親密な交流を省いてしまったのではないか。

変のあった前年の天正9年4月、信忠は行き過ぎた能趣味を叱責されて岐阜謹慎を命じられた。これについて本章の初めの方で不自然な点を指摘し、その心酔をたしなめるためだけでなく、司祭やキリシタンとの交流に制限を加えることもその趣旨であったと考察した。だとすると、信忠の交流は、自身が頻繁に交流していた信長の目にも「行き過ぎた」頻度にあり、ならば父のそれをかなり凌ぐ頻度であったと見ることができる。

フロイスは変の前月までの信忠について「我等の良き友」と評しているし、上洛した家康らとの能鑑賞に見られるごとく、父に抗うかのように能趣味を堪能していた。そのくらいなら、謹慎が明けた天正9年7月下旬以降も、信忠は少々意固地になって安土の修道院に入り浸ることに父の目を憚ることなどなかった、そう解してさほど無理はあるまい。

ちなみに、弟の信孝も兄に劣らぬシンパだったが、信孝の方に肩入れしていた節の窺えるフロイスは、信孝が必ず週に一～二度は修道院に出向き、また修道士ロレンソにそれ以上の頻度で邸に来るよう求めていたと『日本史』に記している。フロイスは示唆しないが、彼の贔屓でなかった信忠も弟と同様であったことは疑いないだろう。

ところで、抑圧を諦めたのか、信長はもはや息子を咎め立てすることはなかったし、安土修道院の活動や高山右近に制約を課すような施策を講じた節も見受けられない。ただし、その代わりであるかのように己をデウス、キリストだと公言し、振る舞い出す。それを信長が程なくして叶う天下統一を前に、キリシタンと息子の問題を含めた天下の諸問題に及ぶ解決策、いうなれば新たな基本方針・原則を模索した帰結だったと見るなら、本能寺の変の真相を解き明かすもう一つの有力な糸口が、このあたりに潜んでいるといえそうだ。

信忠が我が師と慕っていたであろうオルガンチーノは、ことのほか日本贔屓で和装を好み、イタリア人らしく人なつこかったと伝わるから、美濃・尾張方面の大黒柱たるを志す信忠とは、東方布教推進のためにも、さらには信忠が夢想したであろう大友宗麟の挫折せる企図、キリシタン王国の樹立を促すためにも、変の時までとなってしまったが、(キリスト教的な)父のごとき慈愛をもっていっそう親密に交流していたに違いない。

そうした息子の前で、信長は天正10年に至って遂に己を救い主キリスト(=デウス)だと振る舞い出す始末。それは近い将来、天下統一がなった時、それは目前に迫っていたが、仏教、神道、純正キリスト教に代えてノブナガ・キリスト教を国教として世に強いる、そうした宗教政策を招来しよう。

そのあからさまな第一歩は5月11日の夜に現実のものとなったわけだが、強要が順調に進んだなら、クリスマス祭を冬至過ぎにではなく毎年5月11日夕方以降に祝い、そのミサにおいてイエスではなくノブナガの名を唱えねばならなくなろう。

受け容れなければ、どうなるか。その性分から見て、何かをきっかけにとんでもない挙に打って出よう。司祭や信者を拘束し、根絶やしをもって恫喝するかもしれない。3年前に、同様の恫喝に高山右近が折れざるを得なかった時のように。

危惧が現実のものとなり、皆が殉教を覚悟して首を差し出し、折れるのを拒み続けたとするなら、どうなろうか。脅しでは済むまい。延暦寺や尾張長島および加賀の一向一揆などに加えた凄惨な前例があるからだ。本能寺の変が起こらなければ、高野聖《こうやひじり》の虐殺に続いて天正10年秋か翌年早々に高野山もあわや比叡山の二の舞になるところだったが、見せしめの殺戮も厭わない、それが信長なのである。

とにもかくにも、懸念が現実のものとなってきたのだ。悲観的な者の目にはもはや猶予はないに等しかったに違いない。それゆえ信忠が、生身のおやじ殿をデウス（神）にして救い主キリストとして崇めざるを得なくなる事態を「未然に防がねば」と強迫観念に駆られたとして不思議はない。あの冷酷な信長を前にして、オルガンチーノら司祭たち、高山右近らキリシタンに、いかなる道が残されていたであろうか。

何よりも本能寺の変は篤きシンパ信忠の謀反であり、そのことを最重要視するならば、変を解く鍵はキリスト教、それもキリシタンにありといわざるを得ない。

第7章　いったい何者らがクーデター計画を立て、推進したのか？

イエズス会の黒幕説は成り立つのか？

謎めいた政変であるほど黒幕説、陰謀説が唱えられるものだが、本能寺の変などはその典型で、秀吉黒幕説、家康黒幕説、足利義昭《あしかがよしあき》黒幕説、朝廷黒幕説といったものが世に流布する。それらに並んでイエズス会黒幕説もよく取り沙汰される。

諸々の陰謀説については、鈴木眞也・藤本正行の両氏が著書『信長は謀略で殺されたのか』の中で詳しくそれらの安易さ、無神経さ、何より非実証性を難じており、ぜひ一読されたい。

私は第4章以降、ことに前章において本能寺の変の当事者、信長側、クーデター派側双方ともキリスト教に深く関わっていた高い可能性を導き出した。キリスト教のシンパであった信忠はくだんのクーデター計画の中核にあったが、ことのほか親しく宣教師らと交わっていた。20歳代と若く純な信忠に対する感化力をかんがみると、彼らの属すイエズス会が変の黒幕だったのか否かを検証することは不可欠であろう。

結論を先にいってしまおう。それはあり得ない、と。難点が多々指摘できるからだが、何よりいえるのは、信長を死に追いやった明智光秀を教唆し、弑逆に走らせるに足る密な関係が、少なくとも変より前において光秀とイエズス会との間にまったく見いだせないことである。

『1582年日本年報追加』には、光秀について「我らと親しからず、デウスの教えを嫌っていた」とあり、また『日本史』にも「我らに対してはいたって冷淡であるばかりか、悪意さえ抱いており、デウスのことについてなんの愛情も有しない」とあるのみで、会士と光秀との間に交流があったことを暗示する記述すら見いだせない。むろん国内史料においても。

ところで京紫野の大徳寺には、イエズス会と親交のあったキリシタンやそのシンパらの墓、廟《びょう》が多いことで知られる。たとえばキリシタンとしては大友宗麟、蒲生氏郷《がもううじさと》、黒田官《かん》兵《べ》衛《え》孝高《よしたか》（廟所）ら、シンパとしては高山右近に惚れ込む細川忠興《ただおき》、及び信者だったその妻・玉（ガラシャ）の名が挙げられる。ミサの要素が多く指摘されている茶の湯の宗匠・千利休の廟もあるし、信長が開かしめた塔頭黄梅庵《たっちゅうおうばいあん》（後に黄梅院）や彼自身の廟所・総見院もある。

かように大徳寺はキリシタンやシンパとの間に浅からぬ縁を持つが、しかし光秀との間には見出し難い。光秀も禅宗に帰依していたが、臨済宗の、大徳寺派とは異なる南禅寺派に属していた。フロイスは忠興の父・細川藤孝《ふじたか》についてもキリスト教に冷淡だったというが、藤孝も南禅寺派に属し、同寺の塔頭天授庵を中興したことで知られる。世に出る前の光秀は細川家の家臣だったから、藤孝の導きでその帰依する同寺派に属したのであろう。

『同年報追加』には続けて、こうある。京・南蛮寺のカリオンら司祭たちが「(変の直後)いっそう懼《おそ》れたことは(中略)我らは信長の庇護を受けた者である故、(光秀が)火をカザ(南蛮寺)に放たせ、その部下が聖堂の物を掠奪するであろう」と。『日本史』にも「(変の直後)今後どのようになるかまったく見当がつかなかった。それに司祭たちは信長あってこそ今日あるを得たのであるから、彼(光秀)が(南蛮寺に)放火を命じはしないか(中略)兵士たちをして教会を襲撃させる十分な意志がありはしまいかと、司祭たちの憂いは実に大きかった」とある。

結局、南蛮寺に実害はなかったのだが、カリオンらがあまりに無力で、そのおろおろした様に、光秀の〝裏切り〟に対する憤懣や失望感が読み取れず、首謀者たるの矜持も窺えない。この様では、とても黒幕たり得まい。

先に、変の翌日、安土修道院の面々が安土城下を逃れて明智家の庇護に与ったことに言及したが、そのことをもって、イエズス会と明智家とは無関係ではない、黒幕の証拠たり得る、と見立てることはできない。黒幕説を是とするならば、本州要部の教区長オルガンチーノが黒幕の主役たるべきだが、しかし彼は裏で操るどころか、湖上で盗賊団に拘束されてほうほうの体で逃れ、辿り着いた坂本城下で一夜の宿を供されて保護される、という体たらくであった。これは南蛮寺の司祭たちがおろおろしたことに通底するありようで、そうした無様《ぶざま》さへの言及はとても護教的偏向に馴染まない。つまり、司祭たちのありようは記述の通りだった可能性が高く、となれば、やはり黒幕たり得まい。

とはいえ、南蛮寺になんらの実害もなかったこと、そしてまたオルガンチーノらが保護された件は、明智家との間になんらかの関係、繋がりのあった可能性までは否定し得まい。

会士は厳しく政治介入を戒められ、ことに陰謀は厳禁されていた

この件について、何よりイエズス会が上長、主君に対する不服従・不忠・反逆・反抗を極度に嫌っていた点は無視できない。デウスの戒律たる「十戒」の第五戒に反するからだが、加えて教祖イエスが処刑死した直接の誘因が弟子の一人による裏切りだったことにあり、それに起因するトラウマにもよっていた。そもそも同会は日本人について芳しくない認識を有していた。「主君に対してほとんど忠誠心を欠いている」、「日本における主従関係ははなはだ放縦で（中略）彼らの間で裏切りや謀反が起こるのは不思議とするに足らない」（『日本要録』2章）などと。

在日中の巡察師ヴァリニャーノに更迭された日本支部（日本準管区）の長であった司祭カブラルは、そうした認識により日本人を信じず、新たに支部が推進しようとした「現地

適応主義」に強く反発した。それはヴァリニャーノとオルガンチーノが安土（日本支部）協議会で決議に導いたもので、現地の習俗を重んじ、取り込むとする活動規範であった。

カブラルについては日本人を非文明人として見下げ、ほかのアジア、アメリカ大陸などでとられていた手法を志向する嫌いがあったが、総長の信任篤く改革を志していたヴァリニャーノは、それに対して強い拒絶を示し、それまでの方針を改めて世俗に対する政治的、軍事的な支援を否としたのである。１５８１年のカブラル更迭から1年ほどして本能寺の変が起こったが、その頃にはヴァリニャーノの定めた規則は在日全会士にほぼ徹底していた。

論者によっては、そのようなことは表看板に過ぎぬ、記録に残さず陰で画策した可能性を過小視すべきではないと反論するだろう。しかし、まずは修道士となるための、次いで会士になるための長期に及ぶ厳しい修練や誓約の内容を思うと、反対論にはやはり無理がある。同会は修道騎士団を模した準軍事組織で、どのような理由にせよ、会憲や誓約、巡察師の定めた規則から逸脱することは許されず、デウスへの反逆と見なされて厳しい制裁を課されるからである。

ヴァリニャーノは日本支部に向けた冊子『注意と警告書』の中で、会士たる司祭たちが政治に関わることを明確に禁じた。適応主義策の一環をなす指針だが、「宗教と政治を関連させてはならぬ。信者であっても、諸侯に鉄砲や武器を与えてはならぬ」と。ことに離日した翌年の1583年に著した『日本要録』第2章の中で、明確に政治的黒幕たるを禁じた。「これ（主従関係の放縦さ）には仏僧にも少なからず責任がある。すなわち仏僧たちは自らが勢力を得るため通常これら謀反の主役、あるいは黒幕を演じるからである」とし、仏僧は悪魔の使徒であり、我らは彼らのようであってはならぬと戒めた。

同書に結実した在日中に定めた諸規則は、総長の名代たる彼の目が日本管区に届いている限り強い規制力を持っていたから、よく日本在のイエズス会に対して語られる武器商人、政治的黒幕説は的外れである。

しかし、彼は離日すると間もなくインド管区長――インド西岸のゴアにあって東アフリカからアジア、日本までを管轄する――を仰せつかり、その分、目の届きにくくなった日本管区では、財政難解消のためなどで後任者のコエリョにより、カブラルのやりようがぶり返されることとなった。その結果、豊臣（羽柴）秀吉の疑惑を招き、遂にその怒りを買って、宣教師の追放を伴う布教禁制の施行を招くことになったのは周知のことである。

ところで先に、キリシタンと明智家とが馴染み合う関係にあり得た、つまり信忠の謀反一派のメンバー同士だった可能性を導き出したが、このこととイエズス会黒幕説の否定とは、どう折り合いがつくのだろうか。

第4章において、馴染み合う関係を想起させる『1582年日本年報追加』の一節、安土修道院の面々が琵琶湖上に出て坂本城下へ難を逃れたとする段で、司祭オルガンチーノが光秀に直に会ったことが事実に反して不自然な形で沈黙されていると証した。文中で言及されずじまいとされた理由について、デウスの禁忌たる主殺しを犯した光秀本人とは関わりがなかった、そう取り繕うためだったとも証したが、ならば、南蛮寺を明智勢が掠奪するのではと司祭たちが取り越し苦労したとする記事についても、同様だったということになる。

なんらかの実害があったのなら話は別だが、変後、明智勢が残党刈りを洛中各所で行なったにもかかわらず、南蛮寺にその手が入ることもなかったから一層そういえる。やはり馴染み合う関係にあったことは否定できないだろう。

念を押しておきたいが、馴染み合うのは光秀個人とイエズス会ではなく、変の第1段階において目的を共有する光秀を含む一派との関係である。御殿炎上で信長が焼死したと確実視され、そしてその事態を招来させたのは光秀であり、その光秀に対して敵討ち、弔い合戦がなされるべきだとの認識が広く共有されるようになった段階で、その関係は反故になったわけだが、ここで留意せねばならないのは次の点である。

反故とされても、光秀自身にとってはいまだそうではなかった。つまり変後しばらくの間、以前の皆との馴染み合い、同志意識を独り継続させていた、反故との認識を芽生えさせていなかった、そうした可能性である。だからこそ、オルガンチーノ一行を坂本城下に受け容れ、かつ右近が己に与力するものと信じ込んでいた、ということになる。

そうであるならば、年報の報告者、都教区の司祭たちは、共有されていた目的が明確に反故となって以降の、光秀との馴染み合い関係をも、都合の悪いこととして報告書の中でぼかそうと図った――たとえば坂本城に光秀本人が居合わせなかったかのように曲筆した点など――、そう理解して無理はあるまい。

なお、イエズス会が陰謀を好む組織だとしばしば説かれることがあるが、それは同会が弛緩していった17世紀以降の、ことに18世紀後葉に40年に渡る解散に追い込まれた頃までのありようを指しており、会発足時の余韻がいまだ色濃く残る1580年頃においては、創始主導者イグナチウス・ロヨラの精神、及びその定めた会憲は遵守されていたのである。

信忠の謀反にキリスト教が介在していたのは確かなことだが、イエズス会の会士が画策し首謀したのでないとするならば、では誰がそうしたというのか。

第6章で信忠が頻繁に安土の修道院に通い、そこで二人三脚をとるオルガンチーノと高山右近に日常的に会っていた高い可能性を指摘したが、首謀の件でオルガンチーノを始めとする都教区の司祭たちが除外されるならば、それに匹敵する影響力を持つ本州要部キリシタンの大黒柱に目を向けざるを得ない。

それは直参として信長に重用されることで織田家中枢に組み込まれた高山右近である。彼の名は当時、兵法家として聞こえ、後に加賀前田家に召し抱えられて金沢城の縄張りを行なったほど。その才を恐れた徳川家康は大坂の陣を前にして前田家家老職にあった彼に国外追放を命じ、内外の史料（加賀藩士・吉田守尚の『混見摘写』や『1616年フィリピン年報』など）はそのため長崎へ向かう彼を豊臣秀頼が大将として指揮を執るよう、使者を遣わして請うたと伝えている。よって首謀者の最有力候補となるわけだが、その立証は慎重を要し紙数を要すので機会を改めて詳しく論じることとし、ここでは暫定的にそう見なして論を進めることにしたい。

変の19日前、ノブナガ降誕祭に憤激した高山右近らは謀反を発案!?

信長が挙行した己の降誕祭について、『1582年日本年報追加』にこう見える。

（信長は）悪魔に勧められて大いに尊崇された偶像（仏像）を諸国より安土の寺院に持ち来たった。ただしこれを崇拝させるためでなく、これによって己を崇拝させんためであった。

日本においては神の宮には通常神体と称する石がある。神体は神の心また本質ということであるが、安土山の寺院には神体はなく、信長は、己自らが神体であり、生きたる神仏である。世界には他の主はなく、彼の上に万物の創造主もないと言い、地上において崇拝されんことを望んだ。家臣等もまた信長自身に対するほか崇拝すべきものはないと明言し、同所に集めた偶像に劣らざる崇敬を致さんことを望んだ。或人《あるひと》がボンサン（盆山）と称する石を携えて来た時、彼は寺院の最も高き所、諸仏の上に壁龕《へきがん》を造らせ、ここにその石を置いた。

そして領内の諸国に布告し、市町村においては男女貴賤悉く彼の生まれた5月の日にかの寺院に来たって、同所に納めた己の神体を拝むことを命じた。諸国より集まった人数は非常に多く、ほとんど信じられざるものであった。

信長がかくの如く驕慢となり、世界の創造主また贖い主であるデウスに帰すべきものを奪わんとしたため、デウスはかくの如く大衆の集まるを見て得たる歓喜を長く享楽させ給わず、安土山においてこの祭を行った後十九日を経て、その体は塵となり灰となって地に帰し、その霊魂は地獄に葬られたことは次に述ぶるであろう。

ここにいう「諸国より集まった人々」、つまり5月11日夕方から始まる新設の降誕祭、いわばクリスマス週間に安土に群れ集まった人々とは、いったい何者なのか。実はこれに関して、『宗及茶湯日記他会記』などの一次史料や『信長公記』から、家康、穴山梅雪らの一行、及びそのほか織田一門、公家衆、大名衆、国人《こくじん》（国衆《くにしゅう》）らの武将衆、堺の会合衆《えごうしゅう》、京や安土の町衆といった多数の人士が、その期間になされた安土の催し事に参席していたことが判明している。『同年報追加』の高い信憑性から見ても、双方の人々、人士が同一であ

る可能性は高い。（※催し事の一つ5月18、19日の摠見寺本堂での能興行は、神ノブナガへの奉納興行と見ることができる）

だとすると、これは尋常ならざることである。高山右近らキリシタンは、現人神《あらひとがみ》ノブナガの支配の及ぶところ、その強制により、もはや冬至過ぎの（現行暦）12月24日夕方から25日にかけて純正のクリスマス祭を執り行なうことができず、代わりに和暦5月11日夕方から12日にかけて、それを行なわねばならなくなるからである。

このように、庇護者という仮面をかなぐり捨て己の宗教観を先鋭化させた信長を前に、信仰を守るため、どう処世せねばならないか。いや、それでは根本的解決にならないとするなら、自身がどう変質し対処せねばならないか。もし右近が、そしてことに信忠が「もはや我慢がならぬ」と、信長の意に合わせるを否《いな》とし断固として拒むなら、どうなろうか。

悪いことに、信長は右近に対して絶対的な強みを保持していた。父・友照の死罪を猶予して流罪に処していたが、右近が受け容れなければ父の罪を復し、磔刑《たっけい》に処すことができた。さすがに父を見殺しにはできまい。右近はこのたびも折れざるを得ないだろうが、しかしそれはデウスへの信仰を捨てるに等しかった。となれば、この事態を避け得る道は一つしかあるまい。

ノブナガ降誕祭の週（降誕日から8日間／The Octave of Chrismas）、右近は安土に在番していたが、その日に信長が「己の神体を拝むことを命じた」とあるから、その神体が（デウス＝信長として）上層楼に祀られる摠見寺本堂を会場とする祭事への列席を強いられたはずである。安土修道院に常住していたオルガンチーノら司祭たちについても同様であったろう。というのは、次の報告は、その彼らが実見して書き記したものと考えられるからである。

『同年報追加』には、先に見た一節のうちに「（信長は）世界の創造主また贖い主であるデウスのみに帰すべきものを奪わんとした」とあり、これは『日本史』の一節「デウスにのみ捧げられるべき祭祠と礼拝を横領するほどの（中略）暴挙に及んだ」の底本となった並行記事である。また前者の一文「（信長が）かくの如く大衆の集まるを見て得たる歓喜」は後者の一文「あの群衆と衆人の参拝を見て味わった歓喜」に並行するが、前後の文面も含めていずれも具体的な、実見した者だけがなし得る描写といえる。

続けて「～～歓喜を長く享楽させ給わず、安土山においてこの祭りを行なった後、十九日を経て（中略）信長の霊魂は地獄に葬られた」などとあり、ひどく貶《おとし》める様から推し量るに、オルガンチーノら司祭たちはそれまでの好感を一変させ、尋常ならざる怒りを信長に抱いたことが察せられる。この怒りようにも実見者の高ぶりが感じられよう。

何より注目されるのは、摠見寺本堂の上層楼に祀られるご神体、盆山なる物の安置のされようが、具体的に叙述される点である。加えて、ノブナガ信仰のご利益が、つまりその「信条」が護教的視点で大きく手を加えられていようが、ともかく採録されているという点も、である。いずれもまさにその時、実見したままに報告している臨場感に溢れている。

盆山は天正9年7月の竣工時か、それ以降に――おそらく天正10年正月より前までに――摠見寺本堂の上層楼に安置されたと見られるが、安土にあったオルガンチーノらは『1581年日本年報』あるいは『1582年日本年報』にではなく、なぜ本能寺の変特集号たる『1582年日本年報追加』に寄稿したのか。本堂上階の描写に続けて手厳しい言葉で降誕祭が言及されるが、なぜこの段で盆山に言及したのか。

ならば、やはり考えられることは一つ。安土修道院の司祭たちは降誕祭に招かれた、いや、参列を強いられた。信長の神霊を宿す盆山の祀られようを、そして本堂を教会堂に擬しての救い主ノブナガの降誕祭、ことにその中核たるミサを実見させられた。それだけでなく、そのミサでノブナガの聖体を拝領させられかけたかもしれない。このことに一同はショックを受け、「サタン（悪魔の長）に寝返ったか、信長め、地獄に堕ちよ」と密かに罵った。そして19日後に起こったその横死はデウスによる報い、神罰だとして、くだんの報告書をしたためた、と。

詳しくは前掲の拙著『キリストになろうとした魔王信長』を参照されたいが、かいつまんで述べると、信長が「横領した」そのミサは和洋折衷で、信長の三人の茶頭の内の一人、千宗易《せんのそうえき》（利休）流の「臺子《だいす》の茶」を用いて自身が司式したと推測される。なぜなら、己に擬すイエス・キリストは過越の晩餐、最初のミサとなるいわゆる最後の晩餐の場でミサの中核である聖体拝領としてパン、次いでぶどう酒を手にとって実演し、ミサの手順をペテロら12使徒に示したが、初の神・信長に捧げられるミサ、その中核たるノブナガ聖体拝領の場でそれに倣ったと考えられるからである。いうなれば、前世の我が身たるイエスを気取って実演してみせたということだ。（※前掲拙著によると、宗易流臺子の茶は臺子の訓みダイスが近似する〝デウス（ダイウス）〟の茶を意味し、酒を飲めぬ信長が宗易に求めて開発させた菓子と濃茶《こいちゃ》からなる祭儀用の茶である。宗易の茶の湯については、武者小路千家の家元を始め多くの論者がキリスト教のミサの要素に富むと指摘している）

諸々そうならば、ミサの手本を実演した後、高山右近やオルガンチーノらに「以後、クリスマス祭において汝らはこのごとく司式し、余が名を唱えよ」と申し付けた、過越の晩餐のイエスを気取って――、そう想定することは十分に可能なのではないだろうか。

シンパ柴田勝家と侍キリシタン高山右近との絆は、計画にどう作用したか？

ところで、石山本願寺攻めが本格的だった頃の、1578年1月14日付司祭フランシスコの書簡にこうある。「佐久間（信盛《のぶもり》）殿は特にキリシタンを愛し、今日まで常に三箇殿《さんがどの》を庇護していた」と。信盛の名は宣教師の報告書やフロイスの『日本史』の中に、宣教師らを信長に謁見させる仲介役、窓口として柴田勝家とともに頻繁にその名が見える。他の重臣たち、光秀や秀吉、丹羽長秀、滝川一益らにはないことで、シンパであったがゆえその役を任されていたのではないだろうか。

河内国内での布教に尽力したキリシタン大名の三箇頼照《さんがよりてる》、頼連《よりつら》父子に謀反の嫌疑が持ち上がった際、信盛は無実と助命の嘆願を信長に行なったことがある。異を挟まれることを極度に嫌う主君の逆鱗に触れる覚悟だったに違いなく、それは彼らに深く心を寄せていたからなせた業なのではないか。

現に、赦された三箇頼照を己の近江永原城下（滋賀県野洲《やす》市）に預かったが、そこは後に永原キリシタンと呼ばれる集団ができたほどである。これは庇護の賜物以外の何ものでもないが、信長のように利用価値があるからそうしたという気配は窺えない。

天正8年秋に職務怠慢を理由に織田家中から追放されるまで信盛は筆頭家老を務めていたが、彼がシンパだったとするなら、この事実は意義深い。その後を襲って筆頭家老となる柴田勝家も同様だったからである。

信盛とほぼ時を同じくして追放された林佐渡守秀貞《はやしさどのかみひでさだ》は、信長に仕える前からの織田家宿老として勝家の同僚であったが、その追放は勝家にとって明日は我が身かとショックだったに違いない。秀貞が追放の理由に挙げられた古疵《ふるきず》、26年前の対信長謀反加担の咎を共有していたからだ。この林佐渡守も池田恒興に並ぶ信忠の有力な筆頭級与力、いわば後見人だったから、信忠にとっても大きなショックだったはずである。

その勝家の元、越前北庄《きたのしょう》（福井県福井市）の[redacted]照《もてる》が流罪人《るざいにん》として預かりの身となっていた。死罪を猶予されての流罪だから、高[redacted]手際があれば即、処刑される定めにあった。この点、信盛も同じように流罪人を預かったことがある。先述の三箇頼照、頼連父子で、信盛の助命嘆願が聞き入れられた結果、信長は父の頼照については友照と同様の処分を下した。つまり、信盛へ預ける流罪としたのである。

記録に見えないが、友照の流罪処分に際しても、勝家と友照との間に繋がりがあったゆえに勝家の預かりとされた可能性が窺える。そうなら、勝家と高山父子との結びつきは流罪処分より前に遡ることになる。ならば、友照の加担した荒木村重の謀反が収束した天正7年（1579年）の段階で、すでに両者の間に深い繋がりのあったことが想定される。

このことは、その倅の右近と同様に信仰への導き手として名を馳せていた友照の導きにより、勝家も信盛と同様シンパとなったことを示そう。実際、『1581年日本年報』の付録、フロイスの同年5月29日付書簡にこうある。「柴田殿はこれに対して喜びを表し、所持のロザリオ（数珠《じゅず》状の祈祷具《きとうぐ》）、キリストの顔を描いた布及び小画像を与えた」と。内藤如《じょ》庵《あん》の甥に己のロザリオやキリスト画像を与えたというのだ。受洗こそしていないが聖具を所持し、それを若者に授けるとは本格的なシンパだったことを強く証そう。

若年の頃に妻帯するも死別したとされ、信長の妹お市《いち》の方を娶《めと》るまで独身を通しており、また俗説を除くと側室がいたとする確かな史料も見いだせない。当時にあっては珍しいことで、姦淫相手と見なされる側室を持たず独身を通していた理由が気になるところだが、それをキリスト教の戒律に求めることはできまいか。すなわち、その信仰に心を寄せ、姦淫禁忌の戒律を重んじて側室を持たなかった、と。そうならば、信忠らと同様、信長への憚りがあったゆえ受洗は控えていたが心の中では信者だった、そう見ることも十分に可能である。

さて、この書簡および『日本史』によると、勝家はこの友照を厚く遇し、その布教活動の庇護者をもって自認していた。そのため友照は、流罪が解けたとしても帰郷する気がないと吐露したほどで、培われた深い友情がそう言わしめたのではないだろうか。

天正9年（1581年）初夏、フロイスは折から巡察に訪れていた巡察師ヴァリニャーノとともに任地の九州から畿内へ久しぶりに訪れ、その命で友照を越前国北庄に訪ねることがあった。12年前、永禄13年の岐阜訪問の折に勝家と知り合い、誼《よしみ》を通じていたのだが、勝家は彼を厚くもてなし、尋常ならざる尊崇の念を示した。フロイスはこう報告している。

司祭（フロイス）と修道士が彼（友照）の家に到着すると、彼[illegible]だちに彼らが国主（勝家）を訪ねるように手配した。～～（中略）～～。[illegible]からイエズス会の友人であり、司祭とは知己であった。彼[illegible]厚くもてなし、さらに盛大な宴会を催した。そ[illegible]はその下に座し

た」（「五畿内篇Ⅲ」第54章）

宴会が終えた後、勝家は使者を遣わして宿にあったフロイスに告げた。「予はすでに年老い、禅宗の信徒である。尊師はこの機会に当国においてキリスト教の教えを説いても差しつかえない。もし司祭館や教会をこの地に造ることを望むなら、好みの場所を示すがよい。されればそのための地所を献じよう。そしてできることなら、何でも援助をするであろう」と。先立つ5月19日付の書簡には特に支援はせぬと言っていたとあり、10日ほどの間に心変わりしたようだ。フロイスと友照が説いて信長を憚る念を和らげ、篤いシンパたらしめた成果といえよう。

父は流罪人の身ゆえ、右近自身が越前を訪れることは憚れたが、勝家を介して手紙のやり取りは実質的に自由だったから、父や勝家と頻繁に情報交換していたことが考えられる。勝家については、佐久間信盛や池田恒興らがそうであったようには信長の意向による後見人関係を信忠との間に持たなかったが、信仰を介して信忠と勝家は結びついていたと見ることができる。

そしてこのたび勝家は、右の一節が証すように、それまで遠慮していたキリシタン庇護を父に憚ることなく推し進める信忠に見習う覚悟をにわかにつけたようなのである。

勝家が後見人を務めるのは烏帽子親《えぼしおや》である信忠の弟・信孝で、それゆえ信孝はおやじ様と慕っていたが、信孝は篤いシンパでロザリオを携帯していたほど。勝家自身も同様で、キリストの肖像画まで所持していた。となれば、信忠、信孝兄弟がそうしていたように、勝家も信長の目を憚りながらも友照を介して右近や司祭らと深く交わっていた、そう理解して無理はあるまい。

柴田軍と羽柴軍が変に相前後して対外戦役を収束させた事実は、何を意味する？

では、柴田勝家は光秀、村井貞勝、池田恒興、右近らと同様に、信忠を擁立せんとするクーデター計画に与していたのか。

秀吉については変の黒幕だったとよく説かれるが、その根拠は中国大返しの不自然さによる。その迅速さは変を予知していた、つまり関与していたから可能だった、と。秀吉が対毛利備中戦役を収束させたのは変の2日後、6月4日のことで、変を知って難しかった交渉をわずか1日でまとめた手際のよさも疑惑を増幅しているが、しかしその手際のよさは実は秀吉にとどまらない。勝家についてもいえることなのだ。

同じ3月に始まった秀吉の高松城を巡る備中攻防戦に比肩する一大作戦、北陸越中（富山県）における上杉方魚津《うおづ》城の攻防戦を秀吉側に先駆けて収束させたのだ。攻防が始まって3か月後の6月3日、変の翌日だが、交渉を通して落城のやむなきを悟った山本寺《さんぼんじ》孝長《たかなが》ら上杉方の守将13人が自刃して果て、織田方の勝利で終戦となった。勝家が変の一報に接したのは翌4日のことで、秀吉側の高松城落去が4日のことだから、1日早かったことになる。

備中と同時期に攻防戦が収束し得たのは偶然なのか。織田家中の有志が連携した謀が進行しているさなかのことであり、無関係とするわけにはとてもいくまい。

そうはいうものの、その謀の実行に参加するため越中や備中から馳せ参じるには、いかにも遠い。それゆえ双方が畿内で進行していた計画に関与していたとは考えにくいのも確かだが、しかしやりようで勝家、秀吉ともに決行の場まで駆けつける必要はなかったと考えられる。

たとえば、勝家が畿内の入り口、近江国のどこかに精鋭を引き連れて座陣し、早馬を立てて「権六《ごんろく》めも、上様の隠棲療養に賛同致したく存じ候」、「それをもって信忠様を新たな上様と仰ぎたく存じ候」などとしたためた書状を送って披露に及べば、もはや四面楚歌と信長を強く動揺させ、折れさせるに十分な効果を発揮したに違いない。

秀吉の方も基本的には同様であり、あるいはそれにプラスαすると、講和が成立して備中戦役が収束した時点、ないしは目途がついた時点で畿内より派遣されつつある援軍は不要となるため早期に転進させ、山陽道を東上させる、となろうか。

では、決行の場とはどこか。洛中の本能寺なのか。しかし両者が戦役をそれぞれ収束させた日時を勘案すると、それは決行日より少なく見ても数日より前であるはずだから、決行予定日が6月2日だったとは考えにくい。となれば、決行場所も本能寺ではなかった可能性が高まる。信長の在京は5月29日から（当月は小の月で29日が月末日）、予定では6月4日の朝まで。4日が決行予定日だとすると、停戦入りは遅くとも28日、29日あたりが望ましいが、現実は越中が3日、備中が4日のこと。

双方がきわめて近い日時であることから、また講和の経過から見ても、双方とも大幅に遅れたとは考えにくい。幾分か遅れたにせよ、おおむね予定通りであったと思われる。となると、想定される決行予定日は信長の在京期間、5月29日〜6月4日を外れて少々後のことになろうから、京でもないことになる。

では、どこか。先に触れたように、信長は京を4日に発って大坂に向かう予定だったから、4日のうちに、あるいはどこかに立ち寄るならば5日に、それぞれ大坂入りとなろう。しかしこの4日に京を発つというのは、p181で触れた5月27日から「一両日中」に当たる29日に安土を出立して入京するという前倒しされたスケジュールによるもので、本来は4日の数日後に発つ予定だった。となれば、大坂入りは4日ないし5日より数日後のことだった可能性が窺える。

ここで気になるのは、本能寺に持ち込んだ宝物級の茶器だ。披露はされたものの、同寺で茶会は催されず、有効利用されなかった点だ。ならば、大坂城で何らかのイベントを予定し、そこで用いる心積もりだったのか。その後は西国の戦線に出向くから有効利用の場は考えられず、従って大坂しかあるまい。6月5日から数日経た日、大坂にて1か月半前に予告した信忠への天下の儀譲渡の、大茶会を含む儀式を挙行する心積もりだったのではないか。宝物級の茶器群を携えた居城退出は、7年前に岐阜城を含む家督を信忠へ譲渡した折にも見られたが、このたびも同様、安土城を含む天下の儀譲渡の実行を意図していたことが十分に考えられるからだ。

　これに関連して、実は茶頭の津田宗及《つだそうぎゅう》と堺の代官・松井友閑《ゆうかん》とが上洛を命じられて、変の当日その途上にあったが、両者の茶頭、奉行という職掌を考慮すると、こう考えられまいか。予定日を前倒ししたため急きょ本能寺にて、大坂での大茶会を含むその儀式の次第について信長と談議し、各々その茶頭および奉行を仰せつかることになっていた、と。

　大坂城には甥の織田信澄《のぶずみ》が在番しており、本丸にあった丹羽長秀は2日に神戸（織田）信孝と合流してともに堺、住吉にあり、その翌日、四国遠征に出航せんとしていた。4日以降、大坂城には光秀の女婿であるこの信澄、そして信長に随伴する信忠とその勤番衆、信長のお供・織田長益（有楽斎）ら幾人かの織田一門、徳川家康および穴山梅雪の一行、それしかいないはずであった。信長は大坂城に少なく見ても数日は滞在しよう。いまだ本格的な修築がなされていない同城の守りは脆弱で、その近在に大名級の武将もおらず、まさに好機というほかない。

信澄は変後、謀反加担を疑われてまっ先に討たれたが、何らかの根拠があったゆえ、つまり彼もくだんの一派に与していたと見るならば、彼の守る大坂城がまさに無血クーデターの場として一派に構想されていた可能性はだいぶ増そう。

信忠および信澄の勤番衆に加えて信忠が頼りとする高山右近、また彼の室《しつ》（徳寿院《とくじゅいん》）の父・塩川長満、彼らの旗頭《はたがしら》にして信忠の後見人・池田恒興が率いる摂津の国衆、そして西進途上にある明智勢らが淀川を渡って同城を包囲する。並行して信忠は父の馬廻り衆を説いてその隠棲療養の名の下に彼らを接収する。城の内外が落ち着いたのを見計らい、皆で本丸仮御殿の広間に居並ぶ。そして顔を歪ませる信長に向かい、代表者――信長の乳兄弟池田恒興あたりか――が「上様、若殿に全権を譲りませ。そして療養のため我ら一同が用意いたせし館にお渡りなさりませ」などと語気荒く請う――。

それにしても史実は、なぜ1週間ほど早い2日に本能寺で決行となったのか。

先にその可能性に触れたが、26日の清水での一派の動向から決定的な不穏な動きありと信長に察知されたからだ。その対処を、いや、一派潰しを京でなすためであろう、信長は安土を早々に出立した。護衛部隊を伴わずに。その対処策は後日、家康の本能寺召喚ほかとなって現実化するのだが、無理を押しての早々の出立は、父の果断な性格と行動歴から見て行動予定の前倒しが想定され、そのため成り行きを取り越し苦労した信忠は、先手を打つべく28日、愛宕権現に出向いて参[illegible]密議に及び、計画の前倒しを決めた。

6月1日、京の本能寺にて決行、と。しかし先述の諸事情ゆえに、ずれ込んで2日の決行と相成った——。

5月26日段階の計画が先の通りだったとするならば、柴田勢、羽柴勢の双方が時を同じくして対外戦役を収束させたのは偶然の一致ではなかったことになる。両者を含む一派が示し合わせていたからであり、クーデター派として連携していたゆえである。そのように想定するならば、他の想定にも増して諸々に辻褄が合う。

さあ、大変なことになった。

もっとも現実は甘くなく、信長父子の死という余りに想定外の事態を前にして、一方の勝家は手際よく軍を撤収して畿内へ突進するはずの「北陸大返し」に失敗してしまった。変の前年、天正9年2月28日に挙行された内裏脇《だいりわき》の御馬揃《おうまぞろ》えに、勝家は組下《くみした》の前田利家《としいえ》ら越前・加賀衆を率いて疾駆し、期日までに上洛を果たして参加できた——秀吉は軍役中につき参加を許されなかった——が、その時の大騎行の経験が生きるはずだったのに、である。

運が悪いというか、越後上杉勢に信長父子の死、織田家中の内乱を察知されてしまったのだ。そのため背後を脅かされ、5年前に自ら率いた大軍が上杉謙信《けんしん》に一蹴されて敗走したトラウマのある手取川《てどりがわ》の増水に阻まれたことも災いして、やっと18日に近江へ入るという体たらくであった。時すでに遅く、5日も前に山崎の合戦が済んだ後であった。

もし信忠の謀反が成立していたなら幽閉されているとはいえ信長は存命しており、加えて父に代わり後継指名されていた信忠が厳然と君臨しているのだから、上杉勢があのように行動することはなく、そのため余裕で畿内方面へ疾駆できたはずである。まさに幻の北陸大返しであった。

キリスト教シンパだった黒田官兵衛の策で羽柴軍もクーデター派に与した？

では、いま一方の秀吉について、信忠や高山右近らと連携していた、つまり一派に名を連ねていたと確言できるのだろうか。残念ながら、どの史料を見ても秀吉が彼らと親密にしていた、少なくとも当時キリスト教シンパだったことを示す確かな記録は見いだせない。政権を握って後、彼特有の気を持たせる言葉、リップサービスはあったようだが。

ならば、秀吉に代わる者が羽柴勢の中にいて彼らと連携し、羽柴勢を主導し、そしてそれはシンパかキリシタンであった、という可能性を探る必要があろう。

秀吉が中国攻めを本格化させた頃、播磨の武将・黒田官兵衛孝高を軍師として重用するようになったのは周知のことだが、その官兵衛は変の一報が入った時、秀吉に天下を望むよう囁いたとされる。その官兵衛は右近と親交を結んでいた。右近の導きによりシンパとなり、後に入信したというほどに深い仲だったのである。

問題は変が起こった頃、彼が少なくとも篤いシンパだったかどうかだ。通説はフロイスの1585年8月27日付書簡や『日本史』の記述に依拠して、天正13年（1585年）に入信したとするが、これには異説がある。どうしたわけか、フロイス自身が前出のヴァリニャーノに送った『1586年報告書』の中で、官兵衛について「高貴な貴族で、三十年前にキリシタンとなった小寺《こでら》（黒田）官兵衛という人は〜〜」と書き記しているからだ。これに従えば10歳の頃、1556年あたりに入信していたことになる。少年時代の播磨国西部の布教状況や、父を始めとする一族に初期キリシタンを見いだせない事実を鑑みると、にわかに信じ難い。となれば通説がいう天正13年は蓋然性の高い受洗時となろうが、この数年前に篤いシンパだった可能性を示す証拠が、実はある。

天正8年に官兵衛は奉行を務めて姫路城を大改修したが、その際の「に」の門櫓《もんやぐら》の唐破《からは》風《ふ》屋根に据えられる複数の鬼瓦にキリシタン十字紋が彫られており、今に伝わる。官兵衛の発注によるものとする以外にその出所由来を求めようがなく、彼がキリスト教に深く心を寄せていたと考えるほかない。

だとすれば、天正8年当時にキリシタンだったか、篤いシンパだったかのいずれとなろうが、受洗がフロイスの証言通り天正13年のことだったとしても、右の事実は少なくとも彼が天正10年当時に篤いシンパだった高い可能性を示すことになる。となれば、彼の導き手だった右近およびその教友たちと、その当時も親密な交流を育んでいたと見ることができる。

そうならば、羽柴勢は官兵衛を介して柴田勢と同様、信忠擁立を目差すクーデター計画に与していた、そう見ることは十分に可能である。

この黒田官兵衛は並みの信者ではなかった。彼を入信へと誘《いざな》った高山右近は天正15年（1587年）のバテレン追放令に伴って棄教を迫られ、信仰を取る代わりに領国を召し上げられて浪々の身となってしまったが、幸いにもほどなくして加賀前田家による召し抱えを得た。もはや信者たちの柱石、主導者としての活動は叶わなくなった。召し抱えは秀吉の温情の下になされたことで実質的な流罪を意味したが、その彼に代わって官兵衛が秀吉を憚りながらも、そして右近ほどではないが、キリシタンの柱石、庇護者となって活躍することになったからである。

中国大返しの成功は無血クーデターの準備の賜物

黒田官兵衛は秀吉の信任厚い軍師で、高松城水攻めを始め毛利側との講和交渉も担ったから、羽柴軍の撤収、いわゆる中国大返しも実質的に仕切ったことが考えられる。

周知のように暴風雨の中、相当な強行軍で畿内へ戻ったわけだが、大返しが成功したのは、何よりも軍師たる彼が地元として[illegible]備前《びぜん》から播磨が、その経路だったからである。貝原益軒《かいばらえきけん》の『黒田家譜』（1688年）ほかによると、変を知るとすぐに軍を返すことを秀吉に進言し、そして難儀な殿軍《でんぐん》も家老の蜂須賀小六正勝《はちすかころくまさかつ》とともに買って出ただけでなく、先に家臣をやって姫路城下で粥《かゆ》を用意させて全将兵に振る舞い、あるいは摂津国内に着くと、神戸（織田）信孝や丹羽長秀らとの合流工作を進めた、という。

とはいえ、たとえ知恵者の彼が仕切ったにせよ、やはり中国大返しはでき過ぎである。

この「でき過ぎ感」が秀吉黒幕説を発想、増幅させるわけだが、実際、この説に立つならば一定の説明がつくのも確かである。ただし、ほとんど傍証に欠けるのも否めない。強いて言うなら、秀吉の天下掌握という結果が前提の、いわば後知恵による立論の典型ともいえる。

この説の核心は秀吉が「あらかじめ変が起こることを知っていた」という点である。論者によっては、秀吉が光秀を謀反へといざなっていたとするが、それを証拠立てるものはない。状況証拠、憶測だけの説と誹られても仕方ない。

一方で、我々はすでに「光秀の謀反」は当日の成り行き、状況の変転が招来したもので、本来は信忠の謀反が目差されていたことを承知している。そこで、本来の信忠の謀反計画に沿うよう、こう読み替えたならどうか。あらかじめ信忠の謀反のため畿内方面に軍を返す必要を心得ていた、と。

この前提に立つなら、右近と相通じていたであろう官兵衛は軍を返す必要を前から承知し、準備していたこととなり、大返し成功の理由をうまく説明できる。むしろこちらの方が秀吉の陰謀論による説明より無理な点が少ない。

そうだとすると、本来の中国大返しとしてその経緯は次のように復元できる。計画に従い、水攻めの進行を見計らって毛利との講和成立へと動き出す。成立の目標期日は信長が大坂に入るより前に設定する。少なくとも6月4日より前にだ。

実際の大返しでは兵庫（神戸）まで5日間だったが、余裕をもってプラス1日して、単純に計算すると、6月9日前後に兵庫あたりに着く予定だったことになる。

一方、随伴させる勤番衆が集まらないうちに、信長は小姓と若干の在番奉公衆を率いて性急に安土を出立していた。戦国の世においてはあり得ない護衛なしの出立は、何かにせかせられていたからであり、となれば、スケジュール的に数日の前倒しが想定され、先述のように本来は5日より数日ほど後に大坂に着くスケジュールだったことが察せられる。つまり、信長は6月10日前後のあたりに大坂城へ入るはずだった、と。だとすれば、羽柴勢は4日より前に講和がなり、5日間かそれにプラスαした日時をかけて東上する段取りだったことが考えられる。

あくまで机上の計算だが、5月26日の謀議における決行予定日は6月10日過ぎの某日となる。ならば、3日に停戦となった越中の柴田勢においても、決行予定日までにその精鋭騎馬隊が畿内に入ることは十分に叶ったはずであろう。

講和成立の目途が立った時点で援軍諸隊を[illegible]ンさせ、東へ走らせる。追って羽柴軍の主力も。摂津勢、明智勢本隊ほかは10日過ぎまでに摂津西部に至って待機し、合図を待って渡河し大坂城本丸を包囲する。あくまで「(上様より天下の儀を譲られる)信忠様奉祝と、その閲兵のため」と称して。(※決行が前倒しされた6月2日の第1段階では「譲られて信忠様が上様となられる。馬揃えが催されるゆえ、参じよ!」といったことが各所で唱えられたと考えられる)

羽柴軍主力は姫路から明石あたりにかけて進出し、背後の毛利勢を牽制しつつ、柴田軍同様に上様を遠方より威圧する。加えて秀吉麾下で当時すでに水軍の長(翌年、羽柴政権の舟奉行に任じられる)となっていた官兵衛の僚友にしてシンパの小西行長《ゆきなが》が、船団を率いて諸隊を渡すとともに大坂沖に居並び封鎖する――。

そう、中国大返しとは本能寺の変ならぬ「大坂城の変」のための大返しに備えた周到な計画の賜物だったのだ。

そのために官兵衛はまず秀吉の弟・羽柴秀長《ひでなが》や家老の蜂須賀正勝に計画を説き、同意を得たに違いない。「殿には事後承諾もやむなし」として。彼の目に、秀吉は不満を抱きつつも自分をここまで取り立ててくれた上様に対して、いまだ尊崇の念が強く、その引退強要計画を容易には受け容れそうにない、と見えたであろうからだ。

羽柴勢の説得については、5月26日の清水での謀議でも討議され、おそらく討議の結果

「このたびの上様による天下の権譲渡につき、信忠様は己への忠誠の度合いを見定めるべく、大坂表にて伺候と馬揃えへの参加を求めておられる」といった巧妙な説得文と信忠のお墨つきが作成され、羽柴勢の元にももたらされた、そう考えると諸々辻褄が合いそうである。（※「儀」にさしたる語義はなく、よって「天下の儀」は「天下の権」ととって差しつかえない）

　信長自身による信忠への天下の権譲渡予告は、織田家中で共有されていたから、それを空文句とせず、実体化させるという、案外に実現が容易でありそうに思える点で、計画への連名、加担の敷居を低めていたに違いない。そのため秀吉の家老たちに対する説得の勝算は十分にあったろう。また何よりも計画では上様の命に別状はないし、実権の放棄を伴う隠棲を受け容れてもらうだけであったから、秀吉自身に対する説得の勝算も同様だったと思われる。

　加えて秀吉にこう説くことも勝算を高めたに違いない。漢籍に詳しい官兵衛らしく、漢の高祖《こうそ》劉邦《りゅうほう》が天下を取った後、功臣たちをもはや必要なしとして排斥、謀殺していった故事を引き、2年前の佐久間・林ら重臣の追放がその前触れであると強調して、そうした事態を予防するためにも今、皆に耳を傾けてくれる信忠様が天下の主になるべきであるなどと。もっともこの説得は、ことが半ば進行済みとなってから事後承諾を得るに際して適しているといえようが。

ところが、忽然とすべての前提が崩れたのである。

察するに、官兵衛は変の第一報、続報を前に計画のすべてが無効、反故となったことを認識した。それまでの目的、信忠様の謀反を上様の敵討ちと織田の天下保持に切り替え、備えておいた資源すべてを転用して全軍を突進させた、そのため大返しがなった。物資、段取りをフルに流用できたがゆえに成功に繋がった――、これが真相だったのではないだろうか。

ともかく信忠の謀反は最悪の事態、上様の横死をもたらした。官兵衛らは秀吉に「本能寺のことは信忠様のご謀反が誘い招いたもので、それに与したことには弁解の余地がありませぬ」などと申し開きしたであろう。秀吉の心に余裕ができた山崎の合戦が終えたあたりになすのが、適切だったろうが。

秀吉は驚き、そして怒ったろう。しかし常に恐れていた上様という重石が取れた解放感を否めなかったに違いない。ならば機転の利く彼は「わかった」と受け容れ、そしてここが肝心なのだが、計画に名を連ねた面々に恩義を売るべく改めての結束を呼びかけ、まずは世の誹りを逸らすため光秀独りに咎を被せる手立てを講じた。その所産が3週間ほど後に持たれた清洲《きよす》会議であり、4か月後に成立した宣伝書たる『惟任退治記』だった、そう考えられないだろうか。

織田家中に巡らされたキリシタンらのネットワークは、どう生かされた？

すでに幾度か触れてきたように、織田家中には多くのキリシタンとそのシンパがいた。その筆頭は馬廻りの高山右近で、本州要部におけるキリシタンの柱石、大黒柱であった。秀吉の軍師・黒田官兵衛は篤いシンパであった。信長の実弟・織田長益については当時、信者だった可能性がある。信長時代に遡る号の有楽斎如庵の訓み「ジョアン」は洗礼名によくあるジョアンと同一であり、加えて『1596年日本年報』にその洗礼名ジョアンなる秀吉の茶の師について言及が見えるが、当時、豊臣姓を授かり、時たま茶の師を務めたこの有楽斎如庵をおいて該当者は見いだせない。

京都の建仁寺《けんにんじ》塔頭正伝院《せいでんいん》跡にこの有楽斎は邸を構えていたが、近年の発掘でそこから当時のキリシタン十字紋入りの瓦が出土した。姫路城にキリシタン十字紋の瓦があると先に言及したが、同じものである。よき傍証といえよう。

信忠自身、弟の信孝、信雄そして筆頭家老の柴田勝家については、信長への憚りがなければ受洗した可能性の高い篤いシンパであった。前筆頭家老の佐久間信盛もシンパだったし、池田恒興は右近や信忠の感化によって、後述するが変の頃にはシンパだっと見られる。『1583年日本年報』の中で、チューアン（[illegible]ワン／チュワンケ）なるキリシタンが言及されるが、「知識と思慮に富んだため信長が大いに尊敬した尾張国の老人である。彼は四年前にキリシタンとなり、今はすでに七十歳である」とあり、その年齢からも当時、一線を退き、信長の名誉筆頭秘書（祐筆《ゆうひつ》）と遇されていた武井夕庵に同定され得る。洗礼名については『1582年日本年報追加』にクリストヴァン（クリストフ）とあり、『当代記』などいくつかの史料から信長に諫言できたほとんど唯一の家臣であったことでも知られる。（※フロイスは1573年5月の書簡で、それとは別の人物とする書記シキアン［＝セキアン］に言及するが、織田家中で夕庵の呼称がセキアンとユーアンと2通り通用していたこともあり、他の報告者も言及するチューアンとシキアンが同一人との認識を持たなかった。惑わされぬように）

注目すべきは、『1582年日本年報』に「信長は（信忠の弟にあたる）一子の傅また執政としてチュワンケと称す七十歳の老人を付けた」とあり、先に触れたように美濃・尾張地方の布教に大いに貢献したことが強調されている点である。同地において同様の信忠との縁がただならぬものだったことが推察されるからだ。（※「一子」とは、岐阜城北西5キロほどの仏生寺《ぶっしょうじ》城にあった、後年キリシタン大名となる6男の織田三吉信秀《さんきちのぶひで》と目される）

変の時、三法師を保護し尾張清洲城へ移した信忠の家臣・前田玄以基勝についても、シンパといえた。『1583年日本年報』にこうあるからだ。「都の総督（玄以）は異教徒であるが（中略）パードレ（司祭／神父）らの親友で（中略）彼はよく我らのことを知り、すでに数回説教を聴いて筑前殿（秀吉）の前でデウスの教えを称賛した」と。その感化によるのだろう、彼の息子たちは後に受洗し、信者になった。秀吉による禁制下にあって玄以はその能吏として弾圧にあたるも、密かに匿うことがあったと伝わる。それは後年のことであり、変当時に彼がシンパであったとする想定を妨げまい。

名門細川家の嫡男・忠興は父・幽斎藤孝《ゆうさいふじたか》を憚ってか受洗こそ控えたが、正妻・玉に高山右近の話ばかりしていたというほどに終生、右近の盟友であり、ローマ字の印を用いるなどの習いを持つシンパの一人であった。後に右近の導きで受洗する蒲生氏郷も同様であった。

池田恒興は変後にキリシタンの池田丹後守教正《たんごのかみのりまさ》（洗礼名シメアン）を召し抱えたが、教正は右近と教友で、かつ千宗易の門下同士だったから召し抱えたことの意味はおのずと知れよう。岐阜の信忠に歩調を合わせ、本貫地の美濃大垣にあって嫡男元助《もとすけ》とともに布教振興策をとったため（後に次男輝政が引き継ぐ）、美濃のキリシタン人口は相当に増えて江戸初期における隠れキリシタンの多さで知られるが、そうしたことからシンパだった可能性は低くあるまい。

公家衆を主導した勧修寺尹豊については、その娘が高山友照、清原枝賢とともに最初期に受洗した結城忠正《ゆうきただまさ》の正妻であった。剣豪としても知られた忠正は友照とは長年の教友で、永禄末年の頃に隠棲したようだが、兄弟の孫ジョアンの教友だった右近のよき助言者だったと目される。何より舅の尹豊を一派に誘ったのはこの忠正だった、おそらく清原枝賢と図って、と推察される。

以上、ここに挙げたシンパたちは、名の知られた人士だったから宣教師らの記録に残るが、記録に残らない信者、シンパは遙かに数多くいたはずである。

こうして見ると、織田家中には信者やシンパが数多くおり、信長の息子たち、実弟（長益）、筆頭家老（勝家）、老名誉筆頭秘書（夕庵）からしてそうであったから、にわか信者、シンパも含め、信長の目を憚りながらも、しかしキリシタン庇護政策の環境下にあったから、織田家中で大手を振っていたことすら考えられる。家中の信者会ならぬキリシタンのネットワークが右近を軸にして形成されていたと見立てたとしても、そう無理なことではない。

もろもろ考察してきたが、愛と平和を宗旨とするキリスト者らしく高山右近あたりが無血にこだわるクーデターを発案し、推進した張本人であった可能性は捨てがたい。失敗すれば必定となるキリシタン根絶やしの危険を承知の上で敢えて推進者となったと思われるが、無血クーデター計画の立案が5月11日夕方～12日に催されたノブナガ降誕祭へ参列を強いられたことに起因するであろうことは、前言の通りである。

そうしたことは熱心な仏教徒にもいえた。この面から徳川家康が一派に名を連ねた動機の一つが推し量れるのではないか。彼は念仏信仰の一派、浄土宗の熱心な信者で、旗印に同宗の基本理念「厭離穢土・欣求浄土」を大書していたほど。彼の祖先、遊行の念仏僧徳《とく》阿弥《あみ》は還俗《げんぞく》して松平家に入り婿し、親氏《ちかうじ》と名乗って家康流松平（徳川）氏を興した（『松平氏由緒書』）が、宗旨を旗印にまで大書したのはそうした家祖以来のこだわりがあったからである。

それくらいだから、信長から「念仏門など捨て置いて余を神として崇めよ」と迫られたとしても、困惑するばかりだったはずだ。右近らと同席を重ねるうちに邪教の押しつけを防がねばという点で共鳴し、また信長の家臣化を余儀なくされるのではとの矜持を損ねる信長との経緯《いきさつ》もあって、敢えて名を連ねた、とする想定も十分にできよう。

第8章　なぜ、光秀は割を食いかねない役回り本能寺包囲を引き受けたのか

清洲会議はクーデター派の総括と歴史修正の謀議だった

変の戦後処置を議決した、いわゆる清洲会議が変から25日過ぎた6月27日に催されたが、この会議はいったい何だったのか。事後処理の意義、その真相を明らかにしなければ、変の何たるかを解明したことになるまい。

これについて通釈に違う、謎解明に繋がるかもしれない糸口として、信忠の後見役と目される堀秀政が出席していた可能性を指摘できる。『多門院《たもんいん》日記』にこうあるからだ。

七月六日。天下のこと、柴田（勝家）・羽柴（秀吉）・丹羽五郎左衛門《ごろうざえもん》（長秀）・池田紀《き》井守《いのかみ》（恒興）・堀久太郎《きゅうたろう》（秀政）、以上五人の名で、織田家所領分配について沙汰があった。

通説では執政を委ねられた4名だけが参席者とされるが、一次史料である『多門院日記』に秀政を含む5人とあるからには、彼が参席者の一人だった可能性の再考が必要であろう。

そしてまた、なぜこの会議に言及する『惟任退治記』の一節で彼の名は削除されているのか、この問題にも答えなければなるまい。

彼が参席できたのは、光秀の居城・坂本城を落とすなど主君の仇討ちに大きく貢献したことが評価されたゆえもあろうが、それだけではなかった節が窺える。『多門院日記』に「堀久太郎は城介殿の若子の御傅《おもり》を～～」とあるように、会議の結果、家督相続者・三法師の傅役を仰せつかり、加えてその織田家家督たる所領の代官も務めることになったからである。将来の織田家家老たるの保証がなされたようなもので、余程の資格があったと見ることができる。

ところで、清洲会議により褒賞として宛行《あてがい》がなされたのはここに書かれた重臣５人を含め、山崎の合戦で先鋒を務め勝利に貢献した高山右近――『塚本文書』や『１５８２年日本年報追加』に摂津国能勢《のせ》郡などに４０００石加増とある――、右近に次ぐ戦功の中川清秀、そして光秀の誘いを断ったことが評価された細川藤孝、筒井順慶《つついじゅんけい》らだけである。一般に、それらは仇討ちに功績があったことによるとされるが、勝家に仇討ちの功績はなかったから、それだけが資格だったことにはなるまい。

気になるのは次のことである。仇討ちの褒賞として宛行がなされたというのなら、明智光秀とそれに与した大名、武将の所領を分配すべきだが、実際は違う。信長の配下にあった諸領までが参席者の思惑で実質的な私領として分配されているのだ。たとえば、秀吉は光秀旧領の丹波国に加え、山城、河内国が分配されたというように。

もちろん織田家家督の所領は三法師の後見人（織田信孝と織田信雄）に託す形で保持されたが、それは信長が織田家の家督を所領とともに信忠家に譲っていたからである。しかし一方で、織田家を超越した、信長の特異な才覚が形成した、いわば武家の棟梁権によりその他の近畿地方、北陸地方（の各国国衆たち）がその支配下に置かれていたわけだが、この特殊事情ゆえ信長が忽然と欠けた状況下では、（少なくとも「天下の儀」譲渡はなっていなかった）織田家家督がただちにそれを継ぐいわれが薄く、あるいはそれを担う力量が足りず、そのためそのことを名目に有力家老たちがその権を代行すると解せるこのような帰結をとらざるを得なかった、とも言い得る。

そこで、この分配は当座のその代行のためと理解するならば、奇しくも無血クーデター、信忠の謀反が本来もたらしたに違いない帰結に、その会議の趣旨が相通じる点は無視できない。

クーデターにより信長の超越的な主権が消失することで招来される帰結を一派は予想していたはずであり、それは信忠が織田家家督のほかに信長の武家棟梁権が持つ広大な支配権を、（信長の下でその権の及ぶ範囲が限定されるはずであったろう）「天下の儀」を拡大解釈することで継承し、新体制下で「優しい形」で行使する体制として結実するはずのものであった。しかし信忠に想定されていたそれは、彼の死没により成り立たなくなった。

そのため3歳と幼い三法師の「天下の儀」代行者として有力家老らが棟梁権を分けて補完したと見られるわけだが、とりもなおさずその体制は信忠謀反後の体制の理念に従った所産と見なせる。

だとすると、ここで我々は一つの可能性を考えるべきだろう。当初、想定していた政変後の体制構築を信忠が欠けた状況下で試みた、それが清洲会議であった、と。

そうなると、無血クーデターに与したメンバーが基本的に参加する資格を持っていたといえるから、当然、一派の重鎮・勝家も資格を持っていたことになる。ならば、堀秀政の参席もその資格によるものだったのか。

山崎の合戦および光秀の居城坂本城攻略を担った戦功も大きいが、堀秀政が参席者の賛同により信忠の遺児三法師の傅役を仰せつかった点はそれ以上のものといえる。傅役はその子の父と心が深く通じる者が任じられるものだから、秀政が少なくとも信忠に深い縁を持っていたことは確かであろう。たとえばその筆頭級与力、すなわち後見役の一人であったというように。

その秀政は備中戦線にあった羽柴勢に対する信長の目付、軍監であったが、「大坂への大返し」の準備が滞りなく進められたのは、信忠との深い関係から彼がすでに黒田官兵衛を含むくだんの一派のメンバーだったゆえといえる。加えて、その若さにもかかわらず織田家の将来の家老、つまりくだんの体制の立役者として遇されたわけだが、となれば、秀政はくだんの一派の主導的な一員だった、ひいては一派の主導的メンバーゆえの準家老として参席資格だったとすらいえる。

だとすると、秀政が『惟任退治記』で重臣4人に加えられていないわけは、30歳という若さと家格の低さに加えて、高山右近同様に信忠の謀反に主導的に関与して結果的に上様の死を招いた、そのことがしばらく目立つことは慎み遠慮すべきだと見なされたゆえ、と考えられる。

通説のいう4人以外に参席者がいたとなると、秀政同様に沈黙されてきた参席者はほかにまだいた、少なくともオブザーバーとして列席していたことが想定されるが、まずは高山右近が挙げられよう。彼はくだんの一派に主導的な立ち位置で名を連ねていたから、家老たちの下座に控えていてしかるべきだし、右近ほどでないにしろ事後処理に少なからず貢献した秀吉の知恵袋・黒田官兵衛や褒賞に与った中川清秀、細川忠興、筒井順慶らも同様であったろう。

ところで忘れてならないのは、会議に三法師も顔を出した高い可能性だ。なぜ、そういえるのか。避難する三法師を清洲まで皆で追い求めて来て、誓紙まで交わして三法師を「天下の主君」に擁立したというのに、そして同じ城内にいるというのに御座に据えて拝することもしなかったとは考えにくいからだ。とはいえ、清洲城へ避難させるに功績のあった前田玄以が、三法師の手を引いて会議の中途で姿を見せる体だったであろう――このイメージが後に秀吉がそうしたかに換骨奪胎《かんこつだったい》されたと思われる——が、しかしそのこと自体きわめて重要だ。近在にいた、あるいは来ていた信長の弟・信包《のぶかね》や信長の子・信孝、信雄ら他の織田一門衆が列席していない点との対比が何か象徴的であり、そこに「信忠様の御謀反」を貫徹させせんとする故意性が匂うという意味で見逃せないからである。

では、メンバーだったのに参席しなかった家康についてはどうなのか。確かに外様《とざま》であったことにもよるだろう。しかし旧武田領へ侵攻するため6月28日に東へ向け出陣しており、それが会議の翌日である点を怪しむならば、今や失われつつある信忠組下諸将の所領、ということは彼らの主君信忠の所領と見なすべき「甲斐、信濃を保全のため代わって確保致しまする、それもこれも三法師様の御《おん》ため。戦支度《いくさじたく》に多忙を極めており欠席の段、ご容赦のほどを」といった微妙な事前の駆け引きがあったことも十分に考えられる。あくまで名目上のことだが、彼の出陣は勝家や秀吉と同様、「天下の儀」の代行者としての任務だったというわけである。

改めてこの清洲会議はどう意義づけできようか。計画の理念に従って独裁・恐怖政治を排す暫定的な新体制を決め、施行しただけでなく、不慮の出来事、上様父子の死を招くこととなった忌々しいクーデター計画をなかったことにし、歴史から抹消することが合意され実行されたという意味で、クーデター派の総括だったといえまいか。

あるいは、こうもいうことができよう。会議の趣旨は一人を除く関係者すべての、上様父子の死に無関係であることの保証にあった。そうするには、厳として存在する信長父子横死の事実に合理的説明をつけねばならない。そこで、本能寺の包囲という割に合わない役回りを受けて実行したばかりに、状況証拠的に上様父子に横死をもたらした真犯人だと誰もが見なし得る、それゆえ実際にその前提で皆が仇討ち、弔い合戦で死に追いやった明智光秀に、死人に口なしをいいことに、そして何よりもそれでなんとか筋の通る説明が叶うことから、すべてを負わせるにしかずとして合意がなされた、そうした謀議であった、と。

蚊帳の外にあった秀吉の台頭は、与した重臣たちを責める権利を得たことが誘因

羽柴勢は黒田官兵衛ら幹部の独断でクーデター派に与し、秀吉は事後承諾の形で容認した。想定されるそうした経緯から見て、秀吉は強みを持ったと見られる。つまり、こうだ。「池田殿や高山殿らが小賢しくもそのようなことを企んだゆえ、あるまじき結果を招いたのだ」などと、面々を責める特権を得た。

加えて、「わしは知らなかったのではない、そもそも信忠様の謀反計画など存在しなかったのだ」と嘯《うそぶ》いて歴史事実の抹消方針を議決せしめ、その趣旨が彼の主導で『惟任退治記』を用いて広く喧伝されることで、しだいに世人も信じて疑わなくなった。この働きも一層

の強み、優越性を彼にもたらした、と。

ことあるごとに、上様の仇討ちを含む諸々の働き、功績をしたり顔で仄めかされたなら、柴田勝家、丹羽長秀、池田恒興、堀秀政ら重臣たちは、どう反応せねばならなかったろうか。罪悪感を蘇らせ、頭が上がらなかったに違いない。山崎の合戦の帰趨を決する大功のあった高山右近が4000石の加増にとどまったのも、そうした事情が作用したゆえ、つまり（彼に想定される）首謀者であった負い目が当初、宛行それ自体を拒んだかもしれず、あれこれの問答を経て後、秀吉あたりに「ひとりいい子になって皆の顔に泥を塗るのか」とすごまれ、しぶしぶながらその石高に押しとどまらせた末の加増だったのかもしれない。

結局のところ、秀吉の台頭は同僚たちを責める権利が強く作用した、彼特有の才覚がそうした立ち位置をフルに生かし、時とともに織田家家臣たちの上に、ひいては織田家の上に立つを得た、ということではないだろうか。

会議の趣旨は、詫びつつも咎のすべてを光秀独りに負わせることにあった

驚くことがある。『惟任退治記』は本能寺の段の冒頭で、光秀が年来の逆意により謀反を起こしたと述べながら、なぜかそれ以外ではその非を鳴らすトーンが弱い点だ。

もちろん『惟任退治記』はこう述べる。光秀は連歌会を催し、発句で「時は今だ、まさ

に己が天下を治めることになる五月かな」と詠んだ。この句に含ませた裏の歌意は、「後日分かったことだが、謀反の暗示である」と。ところが、これについて文中の各所で、主君に逆意を抱くなど武士の風上にも置けぬといった悪罵が一言二言、書き添えられてよさそうだが、批判めいた言辞は見出せない。あって天罰を被ったとあるくらい。光秀の最期についても、後の太閤記物などに見える彼を貶める論調はいっさい見えない。

> 光秀は夜半に密かに五六人に（再起の計画を）告げ知らせ、もとより勝手を知った土地なので大道を通らず、田の畦《あぜ》を伝い藪原《やぶはら》の中を忍びに忍んで、坂本へと落ちて行った。
> 〜〜（中略）〜〜。
> 一方、秀吉は諸所から討ち捕り届けられた首をことごとく検分していたところ、その中に惟任の首が交じっていた。秀吉は日頃の本望が達せられ、悦びに堪えられなかった。まことに天命の為すところか。（『惟任退治記』より）

藪原の中を忍び落ちていったと事実を淡々と伝えるのみである。惨めな死に様を描かせることもない。秀吉は光秀に対し怒っていなかったのか、そうした印象すら呼びかねない筆致である。

本能寺の包囲を実行し、信長を死に追いやった張本人と一般に目される家老の斎藤利三に至っては、むしろ擁護し、その武人ぶりを讃えているほどだ。「惜しいことをした。武芸に優れるだけでなく、五常（仁・義・礼・智・信の五徳）を専らとし、朋友と親しく交わった。うちには花月を翫《もてあそ》び、詩歌を学ぶ人であった」と。武人にして文にも優れるとは最高の讃辞ではないか。

なぜ光秀に比べてかほどに同情的なのか。利三は信長を死に追いやった。光秀は二条御所で信忠をそうした。冷酷と狂気を増す信長の死は勝家、秀吉らにとって複雑だったろうが内心、喜ばしい部分もあったろう。引き替え、光秀は皆の望み、期待の星・信忠を死に追いやった。織田家の未来を黒く塗り潰した光秀には擁護の余地がなかった、ということなのか。

利三の三女お福は家康の孫・3代将軍家光の乳母として採用されたが、『春日局由緒《かすがのつぼねゆいしょ》』ほかによると、それは京都所司代・板倉勝重《いたくらかつしげ》が管轄した募集によってだった。これについては夫の関ヶ原における功績や公家勤めで身につけた教養、人脈が評価されたからとされるが、道徳的に難のある謀反人の娘、しかも家光の母・於江《おごう》にとって庇護者だった叔父を死に追いやった敵の娘である。京洛での募集なら彼女と同等かそれ以上の候補など他にもいたろうに、お福がよりによって選ばれたとは尋常なことではない。裏があったととるほかあるまい。

家光が生まれた頃の勝重は、京洛の南8キロほどに所在する伏見《ふしみ》城を居城としていた家康に何事もお伺いを立てていたから、その内意を求め、その下に決定を見たと解すのが筋であろう。となれば、その内意は強い感謝の念に起因するものだった、すなわちそれは天正10年6月1日、堺にあった時、洛中の信長から火急の出頭を命じられたが、後日その次第によっては危うく粛清されかけたこと（『老人雑話』）を伝聞し、「あそこで利三殿がああしてくれたから、今あるを得たのだ」とする感慨に依拠する内意で、それが強い推薦となった、そう解すべきではないだろうか。

今や『惟任退治記』制作の目的についてこう断言できる。クーデター派一同の責めを無となすべく変の第1段階を歴史の上から抹消し、かつ決行日前倒しという成り行きから、上様の包囲を請け負ったばかりに独り割りを食った光秀。その光秀に対して意図せず上様を死に追いやった咎を明確な意図、私欲による弑逆の咎としてすげ替え、「悪いが忍んでくれ」と詫びつつ関係者一同の責めをすべて負わせることにあった、と。『惟任退治記』の一部を除いて彼を必ずしも貶めない筆致は、そうした複雑な背景を認めない限り、説明のしようがないのである。

これはイエズス会日本支部においても同様と思われる。会士が謀反に直接、関与していなかったことは幸いにしても、信者の大黒柱にして布教の協働者である高山右近について、ローマの本部から主殺しに関わった失格者などと疑惑を持たれぬよう、その名誉を守る必要を認識した。そこで、織田家重臣たちの動向に歩調を合わせて記録から右近の謀反への関与を、ひいてはくだんの計画の存在をも抹消し、謀反の主・信忠についてはサタンに魂を売った報いで横死したのだと貶め、史実を歪めた。その所産が『1582年日本年報追加』の中の右近像であり、本能寺の変の経緯なのではないか。

全公家衆の参集を担保とするも、割を食いかねない役回りに光秀は同意した!?

なぜ光秀は、失敗したなら独り割を食うことが必定の、信長包囲という役回りを引き受けたのか。皆でやれば咎は分散するし、万が一の場合でも団結すれば身を滅ぼすことも避けられたろうに。しかし結局、独り引き受けた場合の、まさかの最悪の事態に陥った。上様を死に至らしめる、という想定外の大失態を犯してしまったのである。

津田宗及《そうぎゅう》の『宗及茶湯日記他会記』天正10年正月の条に、光秀は上様から拝領した茶器、八角釜《はっかくがま》、平釜を丁重に用い、茶室に上様自筆の書を掲げていたと見える。茶の宗匠として坂本を訪れ、実見しての記述だから信憑性は高い。ならば、変の起こる天正10年に入ってからでも、信長に怨恨を抱いていなかった可能性はきわめて高い。政治向きのことでは同僚たちと同様に義憤、公怨を募らせていたかもしれないが、私怨が蓄積されていたということはなかったと見るべきだろう。

フロイスはこれに関して、『日本史』の中で示唆に富む信長との間に起こった足蹴事件に触れている。先に引用した一節（↓p174）がそれで、論者の多くはそれにより信長に対して積もり積もった怨恨が沸点に達し、謀反に走らせたと説くが、その論拠たる史料である。家康らに対する接待は、甲州武田攻めの総帥であった信忠が総采配役を務めていたが、それは責任者であることを意味し、光秀が足蹴にされた件は監督不行届で信忠にも責めがあったことになる。ましてや信忠が光秀に具体的に何か指示を与えていたのなら、一層そうである。

それについては先に述べた通りだが、足蹴にされる屈辱は光秀を衝動に駆るに十分なインパクトとなったろう。そして上司たる信忠は光秀の、蹴られて痛む箇所を庇《かば》う様、あるいは腫れ、青あざを目にして問い質し、自責の念に駆られた。おそらく黙して多くを語らない光秀に膝を寄せ、「そうした暴挙が君臣の間になきようするため」、「徳川殿も与せる計画でござる」などと打ち明けた、といったことも十分にあり得たろう。

察するに、この変事は後年、表に漏れた。そして広まり、江戸時代に入って書かれた『川角太閤記』『続武者物語』『柏崎物語』ほかにおいて、信長の人前での大人げない打擲の場面として大袈裟に描かれることになった。

信忠が是が非でも光秀を仲間にと考えていたなら、誘いの言に「わしが四国の件を惟任殿の意に添うよう図ろうぞ」とつけ加えたに違いない。光秀やその家老斎藤利三と深い関係にある四国の長宗我部《ちょうそかべ》氏に対して、近日、信忠のライバル・弟の信孝率いる遠征軍が堺、住吉から出航せんとしていたのだ。光秀にしても家中の皆でやる謀となれば得心が行こう。気がついた時には、信忠に参加の意思を伝えていたのかもしれない。

ところが、決行のスケジュールが狂ったのである。それについて、これまでの成果を基に推測するなら、次のようになろうか。

5月28日に愛宕山を訪れた信忠が、自ら前倒しの必要を光秀に説いた。父上が逗留中の本能寺で決行するにしかず、あさって1日でいかがか、と。光秀が然りと答え、対して信忠が、ならば当日、軍勢の動員が可能な惟任殿に包囲、威圧の程をお頼み申すと頭を下げたとしたなら、どう答えようか。

先に高山右近が同行した可能性を指摘したが、だとすると、ともに請うたであろう。光秀に「もちろん我も軍勢を繰り出しましょうぞ」といった言質を与えて。とはいえ、上首尾に包囲できたとしても肝心のことがうまく運ばなかったなら、どうなろうか。あの上様のこと、うまく寺の外へ抜け出られたなら、激情に任せた大粛清は避けられぬ。「それこそ先年、謀反に走った荒木村重一族の二の舞となり、一族が根絶やしの憂き目に遭おう」、そう思い乱れたに違いない。

同席したであろう右近は、自身が味わった村重謀反の折の苦悩を語り、自身がその一員でもある摂津衆および彼の同僚馬廻り衆の有志も動員すると保証したかもしれない。信忠も「わしの濃尾《のうび》衆も動員するし、公家衆にも別の形で求めようぞ」と持ち出したろう。この点、武人の光秀にしてみれば、お坊ちゃまもお公家さんも、異教の信徒もあてにできなかったに違いない。ことに前二者はややもすれば義侠心《ぎきょうしん》が薄い、逆風が吹けば、スッと身を引いてしまいかねない。ポツンと残される明智勢は、いったいどうなろうか。

結果的には受け容れたわけだが、ならば考えられることは、そうならぬよう重い担保を求めた可能性だ。たとえば、信忠に随伴する濃尾勤番衆と、彼の息がかかる信長の馬廻り衆を包囲に参加させること、彼の旗印を貸与し包囲の際、ともに林立させること、さらに万が一の上様逆襲に備えた過剰な臨戦態勢で本能寺へ向かってよしとすることを。何より重要なのは公家衆の伺候と摂津衆の東進を確認してから入洛し、包囲に取りかかるといった前提条件をつけたかもしれない点だ。彼はこれらを提示し、対して信忠が、いや、右近がといった方がいいだろう、受け容れたゆえに呑んだ、そう考えられる。

公家衆による6月1日の本能寺伺候は、実際、勅使2名が任じられたことから公務扱いだったろうが、尋常ならざるほぼ全員という参加率からすると、光秀との間で公家衆の全員が参集し伺候すべしといった合意が成ったことも十分に考えられる。そうとなれば、もはや「信忠の謀反」は朝廷の企み事の様相さえ帯びる。担保として十分であり、勅使派遣プラス総出の伺候がなれば光秀も心おきなく、危険な出動に踏み切れたはずである。

第3章で6月1日の正午前後、雨が小降りになった頃、光秀は公家衆が待つ京へ向かうべきところを西へ向けて出陣したことに触れた。そして、そこで京へ向かってもよかったのに彼がそうしなかったのは、同志の中でやや腰が引けていたからではないかと推測した。お坊ちゃん、お公家さん、あるいは異教徒らに、明智勢だけが京洛へ軍勢を動員できるからといって、難儀で危険な役目を「調子よく押しつけられた」感がわだかまり、時折込み上がる腹立ちを否めなかった、それゆえに臍《へそ》を曲げて素直に京へ向かわなかった、と。

奇しくも、光秀の彼らに対して危惧した予感は、変の当日、本能寺へ上様説得に信忠を始め誰も来てくれなかったという形で当たってしまった、といえなくもない。

憶測が重なったが、おおむね推察の通りなら、信長が信忠の謀反かと疑ったことについて、塀外の林立せる織田家信忠流旗印を見たゆえもあったとするといっそう説明がつくし、公家衆が通常あり得ないほどの参加率で参集した謎にも、うまく説明がつくというものである。

最後にもう一つ。信忠は28日、家康一行を見送ると光秀が連歌会を催すと聞き及ぶ愛宕山へ馬を駆った。そこで光秀と相会し、大坂での決行に代えて6月1日、京の本能寺にてと大幅な前倒しを諮った。この前倒しは当初の計画を大きく歪めたわけだが、となれば、もはや天下の権譲渡の逆利用前提のクーデターではなくなったということを意味する。信長は4日以降に赴く大坂にて譲るべしと考えていたに違いないのだから。つまり、ここにおいて強訴が前提となる謀反への変質を余儀なくされたのである。

これこそが、当日、光秀に説得・強訴という泥沼にはまりこませ、また本能寺へ上様説得に同志たちを引き寄せ得なかった、さらには第2段階へと光秀をエスカレートせしめた根本要因だったのである。

クーデターは高山右近らによる信忠への打診とその同意により起動!?

首謀者と目される高山右近は、5月11日夕方~12日に司祭オルガンチーノらとともに参列を強いられ、そこでなされたミサにショックを受けた。そして、彼は9年前に主家和田氏を父とともに下克上した経歴を持つが、その荒ぶる武者心が、いや、兵法家魂が首をもたげた。「来たる天下の権譲渡を逆手にとって信忠様の世を叶えるべし――」と。

推察するに、信忠が安土入りした5月14日、右近は同志に諮った上で信忠に打診して即答を貰うと、その名の下、織田家中のキリシタン、シンパのネットワークを通じて与しそうな者らに計画を説き始めた。そして参加表明者が一定数揃った26日、清水の能興行がはねた後に設けられた酒席に臨み、信忠、家康、甘露寺経元ら、及び同日、丹波亀山へ移動途上だった明智光秀、家老の斎藤利三らの参席を得て皆の心根を確認する。

そして具体案が煮詰められ、信忠が「大坂にて」と信長から告げられていたであろう天下の権譲渡式が済み次第、決行と同意が成立して誓紙が交わされた。これを受けて右近らは人を走らせ、遠方の同志に手筈を伝えた――。このように彼と同志たちの動向が復元できよう。

一方、信長方についていては、こう復元できようか。配下にある甲賀者の諜報活動により情勢を把握できた信長は、対抗策として27日朝、森乱丸を介して信忠へ書状を致した。一読した信忠は大枠を察知されている可能性を自覚したか、安土へ弁明の使者を遣わしてきた。じらせた上で翌28日朝、使者に「家康らの堺行きはよし、しかし信忠は在京せよ。余は明日、安土を出立するゆえ」との御諚（意向／命令）を授け帰還させた。その上で、洛中に乗り込んで自ら不穏な動きを封じるため、予定していた西国親征に向けた安土出立を早めた。

6月1日、堺にあった家康をにわかに本能寺へ召喚したのは本格的に始める対処の一環であり、また同日、本能寺に参集した公家たちは御殿内の信忠との面会が叶わなかったが、信忠を巧みに環視下に置いて万が一「決行」された時の人質となせるための措置ゆえであり、参集した面前の公家衆にいっさいの音信、中座を禁じたのも同様の意図からであった――。

おやじ殿は当初の予定を早めた、この情報に接して信忠は取り越し苦労にかられ、すばやく反応した。いまだ洛中にあった右近に相談して、同じ28日、にわかな父のスケジュール前倒しに対処すべく、右近とともに家康を堺へ送り出した足で愛宕山へ騎行した。そして光秀を交えた議論を経て計画決行の前倒しを決定。その旨を同志に伝えるべく、また父の馬廻り衆のうちで己に心を寄せる者らににわかな上洛を求めるべく使いを走らせた。右近も居城の摂津高槻へ馬を駆り、西方の同志へ使いを走らせた、「若殿の件、（備中出征予定の）来月1日に京の本能寺にてと変更。すみやかなる上洛を請う」と。

後年の話だが、全宗《ぜんそう》なる側近が主君の秀吉に高山右近が謀反を企んでいると讒言《ざんげん》したことがあった。その際、右近は「悪魔は嫉妬深く、かくも多くの崇高なキリシタンへの改宗者が出ることを、そうした方法で妨害しようと懸命になっているのである。しかし私はこの仕事から手を引かぬ決意である」（『日本史』）と吐露した。悪魔とは全宗や秀吉を指そうが、遡って魔王を称した信長に置き換えるなら、決行を前にした右近と同志たちの心境も同様だった、と思いを致すことができよう。

エピローグ

光秀冤罪の淵源、信長の遺骸消失のミステリー

焼死体すら見つからずじまいの謎は、何を意味するのか？

本書では、『惟任退治記』が切腹を美化し、繰り返し言及する不可解を指摘した。そして秀吉がそれにこだわったのは、武士の中の武士・信長様がその最期に切腹しなかったはずがなく、デウスの道にある人などでは到底なかったと読み手および聞き手の脳裡に刷り込ませるためだった、とする可能性を導き出した。

その最期は自ら御殿に火を放ち焼死したことによる、これが真相だったのだが、一方で明智勢が血眼《ちまなこ》になって探したにもかかわらず、その焼死体が見つかることはなかった。『1582年日本年報追加』と『日本史』、それと小瀬甫庵の『信長記』がそうだと強調する事態、すなわち御殿の炎上により完全に燃焼して塵と灰になったとする経緯を受け容れるならば、それは信長が意図した帰結であった、つまり「余はこの体を地上にいっさい残さぬ」などと嘯《うそぶ》いて自ら御殿に火を放ち、ほとんど何も残らない焼死を遂げたことによる結末であった、そうした推測も成り立つ。

光秀は将兵に執拗に信長の遺骸を探索させたが、このことは、攻城戦をいくつも経験し

てきた戦国の世の武将として、あのくらいの殿舎炎上では、なんとか見分けがつく焼身の程度であり確認できると踏んでそうさせた可能性に通じる。実際、2007年の発掘調査などにより、信長が宿舎とした（当時の本能寺境内に設けられていた）武家殿舎が、一般に思われているほどに大きなものではなかったことが明らかになっており、それゆえ炎上に伴う火力は遺体を塵と灰にするに足るものでなかったと見ることができる。となれば、故意に塵と灰になさしめるなんらかの火力増強処置が取られていた、そう解すほかあるまい。（※火葬場の炉の中で遺体に1000度前後の火焔を当て続けて焼く場合、骨灰になるまで1時間前後を要することを念頭に入れたい）

光秀は誰の首、遺骸も公衆の面前に晒さなかった。信長の末弟・長利や五男・勝長、所司代の村井貞勝らを二条御所で（御殿に火が回る前に）討ち取っていたというのに、である。

その事実から、信長の遺骸の行方を執拗に求めたのは晒すためではなく、信長脱出の危惧に白黒つけるためであった、と推測することは十分に可能だろう。仮に脱出していて、洛外からの援軍に合流されてしまったならば、怒れる上様は親戚縁者の皆殺しを伴う大粛清を断行しよう。そうした事態を防ぐため、生きているならなんとしても探し出して身柄を確保し「籠の中」に押し込めねばならなかったはずだからである。

第1章で、明智軍主力は2日の午前8時半前後には京を立ったと証したが、実は一見それに違う一次史料がある。『兼見卿記』別本がそれだが、吉田兼和（兼見）が未《ひつじ》の刻に京の東の入り口・粟田口《あわたぐち》のあたりで京を出る光秀と対面したとある。京を出たのが午後2時前後だというのだが、『兼見卿記』別本が証せる事実は少なくとも明智軍主力のそれではなく、光秀が出京した時刻についてであり、だとすれば、光秀は本隊と別れて5時間半もの間、洛中にとどまっていたことになる。

それは落ち武者狩り、戒厳令施行などの戦後処理のためもあろうが、信長脱出の可能性に白黒つけるため本能寺の焼け跡で陣頭に立ち、酷熱の中あらゆる可能性を思案し将兵に探し回らせていたゆえ、とも考えられる。

それにしても信長は、なぜ単なる自死に飽きたらず、灰になることにこだわったのか。

仮に見分けのつく遺骸が敵方の手に落ちるとどうなるか。たとえば光秀の例で見ると、それは悲惨の一語に尽きる。首と胴が別個、首実検の場に届けられたのだが、双方は鎹《かすがい》で接合され、全裸にされた上で磔にされ、焼け跡の本能寺ほか洛中で繰り返し晒された。梅雨半ばの頃だから皮膚、肉は腐って崩れ、異臭を放ち、蛆が湧くに任されたのである。

プライド高き信長はそうした屈辱を嫌ったということだろうが、落城に際して多くの戦国武将が天守や御殿に火を放って自刃し、己の遺骸を焼かしめた最期をかんがみるならば、十分に頷ける。注目すべきは、旧本能寺跡から出土した多数の瓦の中に殿舎の屋根のものとおぼしき焼けた瓦が見いだせる点である。その赤く変質した様は数時間、摂氏1000

エピローグ

度を超える熱に晒されたことを証しているという。となれば、信長が自ら御殿に火をかけ、自らの身体が十分以上に焼かれて塵と灰になるよう図った。すなわち、建物が焼け落ちて重なり落ちる棟や梁の部材が長く燃え続けるであろう殿舎奥棟の中央寄りの御座所つまり寝室を選び、あるいは『信長公記』の記述からその隣の納戸ということもあり得ようが、いまだ動ける小姓や奉公衆を奮い立たせて夜具を含む可燃物を可能な限り集めさせ、自らその上に座し、かつその身を囲んでうず高く積ませた、そして彼らを退出させて周りの戸すべてを閉ざさせた。やがて部屋の外、内から燃え上がり、その結果、2時間を超えて炎熱が信長の身体を焼き続けることになった——、そうしたことも十分にあり得たろう。

ただし、それに際して、第3章で言及した『三河物語』や『同年報追加』に「生きながら焼け死んだ」とある一節の意義を重んじて、己の首筋に刃を当てて自死を図ったということはなかったと考えたい。燃え上がる火焔に囲まれた信長は、早期に、火事による死因の3割を占めるという一酸化中毒ないし窒息による意識障害、失神に見舞われ、そして脳の酸欠死に陥った——、これが死因だと私は考える。

とはいえ、信長の遺骸が判別できない程度の黒こげ遺体になることでも、晒される屈辱を避けるという目的は達せられようから、その屈辱を避けるためにこそ己の身体を塵と灰になさしめたとする説明では、動機づけとして役不足を否めない。そこで、己を塵と灰にならしめた動機については、もっとしかるべきことがあった、と私は考える。

信長の死に様、キリストに倣った身体を地上に残さずの昇天が冤罪を招来させた

最晩年の信長は天地万物の創造主デウス（＝キリスト）たるを自認してそう振る舞った。そのため絶体絶命の機に臨んで、己が真のキリストであるならば、前世の我が身イエス・キリストがそうであったように、全能の神として人々が死んだと見なすキリストの死を演じて後、デウスとして本来の居所、天上界に戻るため身体を地上に残さず昇天する必要がある、己の体は消え煙となって天に昇らねばならない――。つまり、キリストの故事が我が身に実現されねばならない、そう信長が思い込んでいた可能性はその強すぎる矜持、尊大さから見て決して低くはあるまい。

そう、己の身体を焼き尽くし、煙となって京都盆地中の衆目の中、荘厳に天空に昇る必要があった、ということである。これこそが塵と灰しか残さず消え去った動機であり、『聖書』に倣ったキリスト気取りが誇り高き信長をそのように自縛《じばく》した、そう考えられるわけである。（※キリスト教では自死の禁忌があるが、西洋の武将が殺人の禁忌を軽視していたのと同様に自死は重視されていなかったことに留意されたい）

信長が機に臨んで幸若舞《こうわかまい》『敦盛《あつもり》』を舞い、謡ったことはよく知られる。それは源平合戦に参陣した『敦盛』の主人公、武蔵国の武者熊谷直実《くまがいなおざね》が世をはかなんで後年、出家するに

際して、

思へばこの世は常の住み家にあらず、〜〜（中略）〜〜。人間《じんかん》五十年、下天《げてん》のうちを比ぶれば夢幻の如くなり。ひとたび生を享《う》（受）け、滅《めっ》せぬもののあるべきか。

と吐露する一節に求められる。この大意は、人の世の50年など下天のうちの1日に過ぎず、夢や幻のように儚《はかな》いものだ、となろうか。

他にも信長は、小唄「死のうは一定《いちじょう》、しのび草には何をしよぞ、一定かたり起こすよの」を好んだ。大意は、人は死ぬ定めにある。しのび草、すなわち偲ぶ種（くさ）として何をしようか（人の語りぐさとして、生きている間に何をなすべきか）、その生きた証たる偲び種《ぐさ》・業績をもって、後の人は我を思い起こし、語りぐさとすることであろう、となろうか。

それぞれに表出される死生観に酔っていたことが想像されるが、「50年など儚くも短いもの。もはや我は語られるに足る業績をあげた。いつ死んでもよい」といった心がけでいたことは、自ら戦場の真っ直中に駆け入ることを厭わなかった、死を恐れぬサムライ信長のありようからも明らかであろう。言葉だけのものでなかったということだが、ならば、そうした死に様を自ら演出したとして、なんら不思議はないだろう。（※信長の享年は数え歳49）

諸々そうなると、いよいよこう断言できる。信長の考えでは、追いやられて死ぬことを強いられたのではない。定められし昇天の時が来たからであった。その矜持を、つまりフロイスのいう傲慢さと尊大とを保つべく、「神罰も仏罰も受けることなく誰もなし得なかった大事業をなした余は奇蹟の発現者であり、デウス（至高神《しこうしん》）にほかならない」との確信を証そうと、デウスの受肉体キリストとして地上からの消失を図り、そうなるべく実行した、と。

信長にそうさせる状況を結果的に現出せしめたと言えるものの、それがため、信長に手を下して死に至らしめたわけではない光秀はあらぬ無実の濡れ衣を着せられることになった、私はここにそう結論づけたい。

若年より名うてのかぶき者であった信長なら、常人が考えつかない右のごとき奇想天外な自己顕示をやらかしたとしても、そう驚くべきことではあるまい。ともかく信長は独りよがりが過ぎたのだ。独裁者が陥りがちなありようだが、それゆえ戦々恐々としていた彼の周囲、家臣や世人が、「上様があそこで死んだことは、むしろ我々にとって、いや、世にとってもよかったのだ」といった少々口外することが憚れる思いを共有していたことは想像に難くない。だとするなら、本能寺にあった信長を結果的に死に至らしめた実行犯である斎藤利三に深い同情を示す『惟任退治記』の、次のような不可解な一文にも納得の行く説明が叶うであろう。

それは「ある人述べて曰く、異国の公冶長、縲絏の中にあれども、その罪にあらず」だが、この大意は、ある人が利三について述べて曰く、中国の春秋時代、孔子の弟子にして女婿の公冶長は捕縛されて縄を打たれたが、決して真の罪を被ったわけではなかった。つまり、利三は世間から信長弑逆の実行犯たる罪に問われたが、決してそれは真の罪にあらず、天の前では無罪である、となろう。

光秀の細川藤孝宛書状に見える注目すべき一文はこうであった。「(謀反について)我ら不慮の儀に存じ立て候」と。大意は、信長・信忠父子に対する(実のところはそうでないと我は言い訳したいが、しかし人の目にはそう映る)弑逆という不慮の、予想外の事態に立ち至ってしまった、となろうが、今やこの新たな視点で読むべきである。「我らも少々やり過ぎだったのかもしれないが、まさか(キリスト気取りが高じて)あれくらいのことで火を放って自ら焼け死ぬとは思いもしなかった、結果的に死に追いやってしまい、弑逆の汚名を余儀なくされた」、そうした思いが込められていた、と。

あとがき

改めて思い知ったのですが、刷り込みとは恐ろしいものです。同じ史料を目にしていながら、ある章句の捉え方が180度変わってしまうのですから。「はじめに」と「プロローグ」でその存在意義を強調した『惟任退治記』ですが、これなどはその典型といえます。しかし今や、私にとってこれほど貴重な史料はありません。変のわずか4か月後に書かれたものであり、何より偏向の次第がおおむね把握できているのですから。

もう一つ、忌まわしい刷り込みがあります。そう、バテレンの史料は護教主義に毒されており、それに論証の多くを依存させてはならぬとする刷り込みです。そのため、いまだほとんどの論者が宣教師たちの記録をつまみ食い的に引いて利用するだけで、二次史料の『信長公記』に勝る主軸史料として扱わない姿勢は、ともかく災いなるかなです。やはり280年に渡る禁制のなせる業でしょう。心底に染み込んだキリスト教忌避という形の洗脳、そういって無理はないのではないでしょうか。

そうした万難を払い退けてやっと真相が解けたのですが、最後の最後まで一筋縄ではいきませんでした。光秀も信忠の謀反に深く関わっており、ことが第1段階で済んでいれば問題はなかったでしょう。しかし現に信長を死に追いやってしまいました。主君を死に追いやった――、厳としたこの事実を前にし[illegible]長、累[illegible]していた冤罪論は頓挫しかけました。

これでは陰謀論・黒幕論による「知らずのうちに光秀は操られていたのであり、それゆえ罪はない」といった凡百の従来説と変わりないではないですか。

粘った末、信長の宗教観、死生観を深く考察するに及んで、そして信長の遺骸消失の謎を追うことで、遂にすべてが解けました。「やった!」と小さくではありますが、叫んだものです。

微力ながら、世を覆う偽られしものは正していきたいものです。偽りの史観がいつまでも後世代の心を歪め続けないためにも。

著者

〈参考文献〉

「イエズス会日本年報（新異国叢書）」村上直二郎訳　雄松堂書店
「フロイス日本史」3・4・5　松田毅一・川崎桃太訳　中央公論社
「日本巡察記」ヴァリニャーノ／松田毅一・佐久間正編訳　桃源社
「耶蘇会士日本通信」村上直二郎訳　駿南社
「十六・七世紀　イエズス会日本報告集」第Ⅱ期　松田毅一監訳　同朋舎

右5点については、多々引用させていただいた。謝意を表したい。

「高山右近の生涯　日本初期基督教教史」ヨハネス・ラウレス　中央出版社
「高山右近の研究と史料」ヨハネス・ラウレス　六興出版社
「高山右近」海老沢有道　吉川弘文館
「大航海時代叢書11巻」佐久間正ほか訳　岩波書店
「新約聖書」日本聖書教会
「本能寺の変　431年目の真実」明智憲三郎　文芸社
「ここまでわかった！明智光秀の謎」歴史読本編集部編　KADOKAWA

「真説　本能寺」桐野作人　学習研究社
「信長の親衛隊」谷口克広　中央公論新社
「信長公記」太田牛一／榊山潤訳　教育社
「信長と天皇」今谷明　講談社
「キリシタン黒田官兵衛」雑賀信行　雑賀編集工房ほか

「国立国会図書館デジタルコレクション」より、
「惟任退治記」「三河物語」「信長公記」「本城惣右衛門覚書」「多門院日記」
「当代記」「老人雑話」「鷺森日記」「兼見卿記」「言経卿記」「天正十年夏記」
「宗及茶湯日記他会記」「フロイス書簡」「小畠文書」「総見院殿追善記」

本能寺の変を巡る出来事経過表〔1582(天正10)年〕

月日	本能寺の変を巡るできごと
前年暮れ頃	織田信長、安土城内の摠見寺本堂に己を神体とする盆山を、デウスに擬す本尊・大日如来像の上方に祀らせる。
2～4月	甲州武田攻め。嫡男信忠、武田氏を滅ぼす。
3月26日	信長、嫡男信忠へ天下の権を譲る予告宣言。
5月某日	信長、ノブナガ・キリスト信条を布告。信ずれば永遠の命に与《あずか》ることを説く。
5月11日	**夜～翌日未明**、信長、自らの降誕祭、クリスマス祭を自ら司式して執り行なう。これより多数の人士を招待した降誕祭週間（The Octave of Christmasの８日間）が展開。 　信長の聖体拝領を伴うミサに列席するを強いられた高山右近らキリシタン、及びシンパたちの激怒。
12日	高山右近ら、無血クーデター計画を発案。
13日	信忠、岐阜を発《た》つ。
14日	徳川家康、穴山梅雪ら一行、近江の番場に着き、そこで信忠と行き合う。同日、信忠、安土に着く。 　祭儀の次第を聞かされた信忠、憤激。高山右近らの打診を承諾。ここに〝信忠の謀反〟計画、起動。
15日	家康ら一行、安土に着く。ノブナガ降誕祭、たけなわ。早くてこの夕刻、奈良の興福寺門跡から張良の操り人形を含む献納品が届く。
16日	この日以降、右近、オルガンチーノら、穴山梅雪にキリスト教を説く。おそらくこの日、信忠、右近を家康に引き合わす。 　興福寺からの「盃臺《さかずきだい》」なる張良の操り人形を用いる趣向の演能の予定を知って逆上した信長、能興行を含む饗応役の明智光秀を足蹴にする。 　この前後に、信忠、謀反計画に光秀を誘う。
17日	対毛利備中戦線の羽柴秀吉から援軍の要請が届く。信長、安土詰め勤番にあった明智光秀とその組下諸将に、中国出陣のための帰国と

↖

月日	本能寺の変を巡るできごと
	軍備を下知《げち》。
5月18日	信長、己の神霊・盆山を祀る摠見寺本堂にて、2日に渡る舞と能の興行を催す。
19日	家康、演目「めくら沙汰」をリクエスト。信長、舞った梅若太夫に癇癪を起こし、折檻《せっかん》する。
20日	信長、城内の高雲寺御殿にて祝宴を張り、家康らをもてなす。その後、天主閣に案内して披露。 　家康らに信忠の案内で堺・大坂を遊覧すべしと申し付ける。6月10日過ぎに、大坂城にて信忠への天下の権譲渡の儀を想定して。
21日	信忠、家康ら安土を発ち、京へ入る。相前後して高山右近、入洛。 　この頃以降、信忠、右近らと共に家康を説得。家康、浄土宗信仰を守る観点からも説得に傾く。
22日	信忠と公家衆、町衆との交歓が連日持たれる。 　右近の父・友照の教友結城《ゆうき》忠正の口利きで、その舅にして公家衆の首魁・勧修寺尹豊《かじゅうじただとよ》及びその僚友・甘露寺経元《かんろじつねもと》に謀反加担が打診される。
23日	尹豊と経元の建議で、公家衆及び誠仁《さねひと》親王が計画に加担するか否か詮議。加担に決する。
24日	この日あたりに、信長、不穏な動きを確信する。対処策をその途次、京で実行すべく西国親征の出立を決意する。安土勤番衆の勤番を外し、(近国) 馬廻り衆へ軍備と安土参陣とを下知する。 　その下知の内容を踏まえて、右近ら、クーデター決行の次第を練る。決行は上様大坂入り6月10日過ぎの某日に大坂城本丸にて、と。
25日	右近ら、信忠の謀反に加担する連名者たちに招集を掛ける。
26日	清水寺本堂の舞台にて能興行。「信長を討て」が黙示される演目「鞍馬天狗《くらまてんぐ》」を家康がリクエスト。 　そのはねた後、甘露寺経元が酒席を設け、そこで謀議が持たれる。信忠、家康、右近、光秀、斎藤利三、村井貞勝、勧修寺晴豊らが参席。決行の決議。越中にある柴田勝家、備中にある羽柴勢の黒田官兵衛らへ使者を走らせる。ここに〝信忠の謀反〟、起動。

月日	本能寺の変を巡るできごと
	信長の目付・長谷川竹、不穏な決定的動向を安土に報告。
5月27日	報告を受けた信長、不穏な動きに即刻対処すべくスケジュールを前倒して、己《おのれ》のにわかな安土出立を陣触れし、また使者を立てて京の信忠に在京を命じる。 対して信忠、使者を安土へ遣わして弁明。 この日、明智光秀、愛宕権現へ参籠。
28日	信忠らと別れて、家康ら堺へ発つ。 信忠、右近を伴って愛宕権現へ。連歌会さなかの光秀を呼び出し、計画の大幅前倒しを諮る。6月1日本能寺にて決行と決す。同寺包囲を委ねる光秀への担保として、右近ら摂津衆および彼の同僚馬廻り衆有志の包囲参画と公家衆らの本能寺参集を約束。 信長、信忠へ天下の権に添えて安土城も譲るため、持ち出すべき宝物級茶器の選定に一日を費やす。 高山右近、高槻《たかつき》へ帰城。
29日	昼頃から雨。 信長、馬廻り衆の安土参集を待たず、安土を発つ。午後、京の本能寺へ入る。 信忠の実質的な出頭。弁明に努める。 信長、明智軍と組下諸将の備中出陣を正式に陣触れ。 この夜、光秀、家老たちを集め、翌日、信忠の謀反に加担し行動することを告げ、準備を開始。 (太陰暦でこの5月は小の月、29日まで)
6月1日	夜来の土砂降り雨。 ・正午前後に雨は止み、午後の後半より、晴れる。 ・午前中、公家衆、雨に祟《たた》られて予定の本能寺参集が成らず。それにより決行は順延と憶測され、明智軍ほか組下諸隊は備中戦線を差して出征。 信長、本降り雨のため遅れて家康を召喚する使者を発たせる。 ・午後に入り公家衆、本能寺内の御殿へ参集。殿上人ら39人を含む50人余が信長の前に揃う。 ・午後、西進中の光秀の元へ公家衆の動向を知らせる使者が着き、翌日の馬廻り衆の勢揃い及び閲兵を含む京の情勢がもたらされる。光秀、全軍を反転させ東進。 ・夜、明智軍、京を差して街道を進む。新月の夜で月明かりなし。

月日	本能寺の変を巡るできごと
6月2日	晴れ。【本能寺の変】 ・午前3時50分過ぎの頃、払暁《ふつぎょう》の始まり。 明智軍、桂川を渡り、下京西郊に至る。 ・4時過ぎの頃、下京《しもぎょう》の木戸内へ。 ・同30分前の頃、本能寺の包囲を開始。 ・同30分過ぎの頃、包囲に伴って喧嘩《けんか》のような騒ぎが起こる。 ・同40分前後の頃、斎藤利三《としみつ》ら100人前後の将兵、境内の御殿前庭へ押し入り、信忠への天下の権即時譲渡及び某所隠棲の要請を開始。 信長の小姓たち、怒声をもって、程なく腕力も伴って退去を迫る。抗《あらが》い踏みとどまらんとする利三ら。 ・同45分前後の頃、包囲が完了。 御殿の縁先に信長が出御。 この頃、信忠、決行を知り、天下人として立つべく本能寺へ向かう。途中、所司代と行き合わせ、儀式は二条御所でとの献言を容れて二条御所へ向かう。 ・同47分、日の出。 ・同50分前後の頃、斎藤利三ら、強訴の埒が明かず。 ・5時前後の頃、利三ら、大人数を境内に入れ、威嚇のため御殿の周囲に展開させて旗指物を林立させ、鬨《とき》の声をあげさせる。 再び出御した信長への最終的な強訴。 ・同10分前後の頃、信長、利三ら将兵を弓矢、次いで槍をもって追い回し、門木戸の外へ駆逐する。強訴、破綻。 ・同30分前の頃、光秀、最悪の場合、御身を損なってでも身柄を確保せよと下知。 ・同30分前後の頃、鬨の声と銃撃を伴う襲撃が始まる。明智勢、門木戸を切り破り、築地壁を引き倒して御殿区画へ乱入する。 信長、背に矢を受けるも屈せず、薙刀《なぎなた》で成敗《せいばい》しまくる。 信長、威嚇の発砲を断続的に受け、銃創を負う。「もはやこれまで」と御殿の奥へ入り、火を掛ける。 ・同45分前後の頃、御殿の炎上。それに伴い信長、焼死。順次、本能寺境内の諸坊も延焼。 明智軍、順次、信忠の入る二条御所を差して移動。 ・6時前後の頃、明智軍、二条御所の包囲を開始。【二条御所の変】 ・6時過ぎの頃、包囲を完了。当初の目的は、反クーデター派に備えた信忠の守護だった。 ・同15分前後の頃、信忠、父の敵《かたき》討ちを決意し、そう宣言。光秀らによる擁立を頑なに拒む。程なくして光秀が「返り討ち」を決意。 ・同30分前後の頃、交渉が成り、誠仁親王一家と女房衆、勤番衆ら

月日	本能寺の変を巡るできごと
(6月2日)	の退去が始まる。 ・同45分前後の頃、親王一家の退去が終える。 ・7時前後の頃、明智勢、二条御所へ攻撃を開始。 1時間余の間、二条御所の攻防戦。 ・8時過ぎの頃、信忠ら自害し、二条御所焼け落ちる。事変の終結。 ・8時半の頃、明智軍主力、安土目差し、京洛を出る。 ・午後2時過ぎ頃、残務を終えた光秀、洛中を出る。
6月3日	・柴田勝家、対上杉戦線を収束させる。 安土修道院のオルガンチーノら、坂本城の明智家を頼る。
4日	・羽柴秀吉、中国戦線を収束させ、中国大返しを開始。
13日	・山崎の合戦。明智光秀、敗死。
27日	・清洲会議。
10月15日	羽柴秀吉、(信長の子で養子の)秀勝を喪主として大徳寺にて信長・信忠の葬儀を挙行。あわせて『惟任退治記』を公表。
10月半ば	イエズス会日本支部、「信長の死について」と題する『1582年日本年報追加』を完成。

著者

斎藤 忠 （さいとう・ただし）

1957年、埼玉県熊谷市生まれ。早稲田大学政治経済学部卒。

フリージャーナリストとして活躍。

農業誌『菜園王』(国書刊行会)の編集長を2002年より5年間、務める。

長年、日本史の研究を続ける。『聖書』研究にも造詣が深い。

埼玉県比企郡に在住。

おもな著書に、

『古代史定説に異議あり』（青年書館)、『あざむかれた王朝交替　日本建国の謎』『「三国志」を陰で操った倭王卑弥呼』『裏天皇の謎と安倍晴明』『キリストになろうとした魔王信長』(学研パブリッシング)、『解読された「聖書」とイエスの謎』(日本文芸社)、『封印されたマリアのキリスト教』(学習研究社)などがある。

DTP／株式会社千秋社
装丁／杉本欣右

※本書は書き下ろしオリジナルです。

じっぴコンパクト新書　366

天正《てんしょう》10年《ねん》の史料《しりょう》だけが証《あか》す本能寺《ほんのうじ》の変《へん》の真実《しんじつ》

2019年7月10日　初版第1刷発行

著　者……………斎藤 忠
発行者……………岩野裕一
発行所……………株式会社実業之日本社
〒107-0062　東京都港区南青山5-4-30
CoSTUME NATIONAL Aoyama Complex 2F
電話（編集）03-6809-0452
（販売）03-6809-0495
http://www.j-n.co.jp/
印刷・製本…………大日本印刷株式会社

ISBN978-4-408-33864-4（第一趣味）